O CONSELHO DE SEGURANÇA DA **ONU** & OS CONFLITOS NOS **GRANDES LAGOS**

O CONSELHO DE SEGURANÇA DA ONU & OS CONFLITOS NOS GRANDES LAGOS

Análise seletiva e interpretativa das resoluções sobre o Congo

Sébastien Kiwonghi Bizawu

Copyright © 2008 Editora Manole Ltda., por meio de contrato de co-edição com o autor.
Logotipo: *Copyright* © Escola Superior Dom Helder Câmara
Copyright © Associação Propagadora Esdeva
Projeto gráfico e editoração eletrônica: Departamento Editorial da Editora Manole
Capa: Departamento de Arte da Editora Manole

Dados Internacionais de Catalogação na Publicação (CIP)
(Câmara Brasileira do Livro, SP, Brasil)

Bizawu, Kiwonghi Sébastien
 O conselho de segurança da ONU & os
conflitos nos Grandes Lagos : análise seletiva e interpretativa das
resoluções sobre o Congo / Sébastien Kiwonghi Bizawu. -- Barueri,
SP : Minha Editora, 2008.

 Bibliografia.
 ISBN 978-85-98416-46-5

 1. Congo (República Democrática) - História
2. Congo (República Democrática) - Política e
governo 3. Nações Unidas - Resoluções 4. Nações
Unidas. Conselho de Segurança 5. Segurança
internacional 6. Solução pacífica de controvérsias
internacionais I. Título.

07-9111   CDD-967.51

Índices para catálogo sistemático:
1. Congo : República Democrática : Resoluções da
ONU : História 967.51

Todos os direitos reservados.
Nenhuma parte deste livro poderá ser reproduzida,
por qualquer processo, sem a permissão expressa dos editores.
É proibida a reprodução por xerox.

1ª edição – 2008

Editora Manole Ltda.
Av. Ceci, 672 – Tamboré
06460-120 – Barueri – SP – Brasil
Tel.: (11) 4196-6000 – Fax: (11) 4196-6021
www.manole.com.br
info@manole.com.br

Impresso no Brasil
Printed in Brazil

Ao meu querido pai, herói (*in memoriam*),
à minha mãe e aos meus irmãos, com ternura,
e ao povo da República Democrática do Congo, pela
grandeza e nobreza.

Agradecimentos

Agradeço, em nome do Bom Deus, à minha Congregação religiosa, pelo Padre Djalma Antônio da Silva, Representante Legal e Superior Provincial, por todo o apoio dado e, de modo especial, pela realização do meu sonho de publicar este livro.

Que todos aqueles que, de uma maneira ou de outra, de perto ou de longe, participaram do meu sucesso nos estudos e me deram muita força para agüentar as adversidades da vida, encontrem neste livro a expressão da minha profunda gratidão.

De modo especial, agradeço ao dr. Tarcísio Correia Brito, por sua fantástica e preciosa ajuda, e ao Pe. Paulo Stumpf, por sua disponibilidade para abraçar este livro com muito carinho.

A todos os meus professores, agradeço por seus ensinamentos e experiências de vida durante dois anos de convivência. Destaco toda a minha gratidão ao meu orientador, Bruno Wanderley Júnior, pelo incentivo às minhas pesquisas e por ter aceitado de bom grado, desde o início, este projeto.

Aos doutores Lusia Ribeiro, Carlos Augusto Canêdo Gonçalves da Silva, Mário Lúcio Quintão, Giovanni Clark, Luiz Quadros Magalhães, Leonardo Nemer Caldeira Brandt e Kabengele Munanga (USP), agradeço pelo exemplo de seriedade e profissionalismo.

Ao meu pai *(in memoriam)*, meu herói, por ter me ensinado a ser fiel a compromissos e a viver os valores e princípios ético-cristãos nas relações interpessoais e na convivência social, a minha gratidão e admiração.

Agradeço à minha mãe, mulher de fé e de fibra, dinâmica e perseverante, mulher africana com a pele de ébano, mulher dos campos dourados das savanas congolesas, mulher dos riachos e dos grandes rios, mulher a quem Deus conhece a plenitude da bondade, do amor e da ternura, verdadeiro tesouro para os filhos, exemplo de paciência, de uma vida partilhada no espírito de solidariedade.

Aos meus irmãos, Alphonse Mundele, Julien Kaposa, Hubert Bwanga, Joseph Kiwonghi Suza Kiala e François Kiwonghi, meu agradecimento pelas infalíveis orações e pelos constantes conselhos de perseverança na vida religiosa e sacerdotal.

À minha única irmã, Marie Madeleine Buyula, precioso dom divino à nossa família, no momento em que menos se esperava, agradeço pelo apoio apesar da distância.

Aos meus amigos e amigas dos lugares por onde passei evangelizando e levando a Palavra de Deus para acalentar, consolar, reconfortar e semear a paz, a concórdia e o amor, seguindo os passos dos Santos Arnaldo Janssen e José Freinademetz, especialmente, ao pessoal de Barra Mansa e Rio de Janeiro – RJ; Santa Isabel, Domingos Martins e Marechal Floriano – ES; Belo Horizonte, Barbacena e Juiz de Fora – MG.

"Ninguém nasce odiando outra pessoa pela cor de sua pele, ou por sua origem, ou, ainda, por sua religião. Para odiar, as pessoas precisam aprender e, se podem aprender a odiar, podem ser ensinadas a amar, pois o amor chega mais naturalmente ao coração humano do que o seu oposto.
A bondade humana é uma chama que pode ser oculta, jamais extinta."

Nelson Mandela

Nota do autor

O presente livro visa a analisar a complexidade dos conflitos dos países dos Grandes Lagos, dentro da perspectiva da segurança coletiva, em busca de meios pacíficos para solucionar as controvérsias com base no Capítulo VI da Carta da Organização das Nações Unidas (ONU) ou no uso da força e da legítima defesa individual e coletiva em caso de agressão de um Estado por outro, alicerçado no Capítulo VII junto ao art. 51 da mesma Carta, tendo em vista a manutenção da paz e da segurança internacionais. O texto destaca as resoluções do Conselho de Segurança sobre a Missão da ONU na República Democrática do Congo (MONUC). Segue-se no desenvolvimento da problemática a linha das teorias do equilíbrio do poder para justificar os conflitos em suas vertentes geopolíticas e geoestratégicas e o respectivo impacto no cenário internacional em matéria da paz e da segurança coletiva.

Belo Horizonte, 2007.

Prefácio

O livro do professor Kiwonghi Bizawu nos oferece uma visão da história, das instituições e dos problemas da África, especialmente da República Democrática do Congo, e o funcionamento do sistema de segurança coletiva no caso dos conflitos nos países dos Grandes Lagos.

Para realizar esta tarefa, o professor Kiwonghi analisa importantes conceitos por meio da história africana, passando pelos processos de colonização e descolonização; imperialismo e colonialismo contemporâneo; construção da nacionalidade e problemas econômicos e sua influência na política e na geração de conflitos internacionais; bem como o poder, a soberania e a democracia.

Em um segundo momento, o professor nos oferece uma visão histórica e estrutural da ONU antes de analisar o caso dos conflitos envolvendo os países e os povos dos Grandes Lagos e as resoluções do Conselho de Segurança.

A intervenção da ONU depois dos massacres em Ruanda e em Burundi mostra a missão deste organismo na administração de guerras civis em curso. Entretanto, o brutal massacre em Ruanda podia ter sido impedido e não foi. A necessidade de uma intervenção rápida deve ser suprida pelas organizações internacionais, evitando a dependência de intervenção de tropas estrangeiras, como ocorreu em Ruanda com relação às tropas francesas.

As guerras civis no pós-Segunda Guerra Mundial têm como fator gerador, em larga medida, interesses econômicos de grandes corporações que são capazes de utilizar a diversidade étnica, ou forjá-la, para criar o conflito. Muitas vezes, este poder econômico é capaz de pôr em marcha as máquinas de guerra de países europeus, americanos e africanos.

A questão do conflito na região dos Grandes Lagos e, especificamente, o massacre de Ruanda, coloca uma discussão urgente a ser enfrentada: as nomeações de grupos e sua utilização pelas diversas formas de poder. Numa época em que as reivindicações, as conquistas de direitos de grupos de identidade e o fortalecimento da política de identidade sobre a política de classes (que direcionou a ação política do século XIX e boa parte do século XX) toma conta do cenário político global, devemos nos perguntar sobre o papel das nomeações e o quanto as nomeações de grupos nos são úteis ou como podem nos separar em vez de guardar valores com os quais nos identificamos.

Os conflitos étnicos escondem interesses econômicos de grupos econômicos e políticos. As razões pelas quais boa parte das pessoas envolvidas nos conflitos luta efetivamente não existem. A diversidade étnica e cultural, as diferenças de altura, cabelo, cor da pele, idiomas e outras mais, diferenças em torno das quais surgem nomes e nomeações, e sobre as quais criam-se identificações, chamadas de identidades, não passam de encobrimento do real jogo de interesses daqueles que põem em marcha multidões se aniquilando para defender ou buscar interesses que não são os seus.

Nesse sentido, o professor Kiwonghi cita Dominique Franche, que observa:

"...o genocídio perpetrado em 1994 em Ruanda foi a conseqüência de um conflito em que o fator étnico se manifestava em nível de um discurso político fantasmático: apenas existia em Ruanda que uma etnia com três componentes cujas relações haviam sido etnicizadas artificialmente por longos anos a ponto de adquirir o *status* de uma verdade estabelecida..." (GHEBALI, 2001, p.31-44b)

As nomeações de grupos criam falsas identidades, com valores e diferenças inexistentes, que servem para criar divisões e facilitar a dominação, incentivada pelo invasor e colonizador europeu.

Alain Badiou, em seu livro *Circonstances 3 – Portées du mot "juif"*, conta que, no final dos anos de 1970, o primeiro ministro francês, Raymond Barre, após o atentado contra a Sinagoga da Rua Copérnico, declarou tranqüilamente que judeus e franceses inocentes haviam morrido no atentado. Essa maneira de contar os fatos esconde um subconsciente racista vindo dos anos de 1930. Palavras como judeu, cristão, muçulmano, comunista, liberal, branco, negro, vermelho, tútsis, hútus, francês, brasileiro, europeu, árabe, congolês, entre outras, têm sido utilizadas para manipular, dividir e encobrir o que há de comum entre todas as pessoas escondidas por esses nomes: a condição humana, a pessoa. Esquecemos que por trás dessas nomeações escondem-se nomes próprios, pessoas, cada qual com seu sonho, desejo, frustração e história. A condição de pessoa nos une muito mais do que as diferenças podem desunir. A condição humana de ser um sujeito singular e diverso deve ultrapassar as identificações diversas dos grupos, das religiões, das nacionalidades e das características físicas que possam ser utilizadas para nos separar. Antes de tudo, somos pessoas.

Encerrando com Alain Badiou[1] que, na apresentação de seu livro citado, diz: *"J'aime en outre qu'ainsi ce livre s'achève par l'hommage rendu à une pluralité de noms propres, seul réel qu'on puisse opposer à la dictature des prédicats."*

---
1 BADIOU, Alain. *Circonstances, 3 – Portées du mot "juif"*, Paris: Editions Lignes et Manifestes, 2005. p.19.

Podemos dizer que o livro do professor Kiwonghi Bizawu resgata a reflexão sobre a necessidade de criarmos um mundo em que a pluralidade dos nomes próprios seja preservada como fator de união em uma comunidade. Nomes próprios, estes, que constituem o único real que pode se insurgir contra a ditadura dos nomes próprios.

Belo Horizonte, 2007
Jose Luiz Quadros de Magalhães
Professor da UFMG e PUC-MG

Abreviaturas

ACP	Grupo dos Estados da África, do Caribe e do Pacífico
ADF	Forças Aliadas Democráticas (Uganda)
ADP	Aliança Democrática dos Povos
AFDL	Aliança das Forças Armadas para a Libertação do Congo
AGI	Acordo Global e Inclusivo
AGONU	Assembléia-geral da Organização das Nações Unidas
AIA	Associação Internacional Africana
AIC	Associação Internacional do Congo
ANC	African National Congress (Congresso Nacional Africano)
APR	Armadas Patrióticas Ruandesas
CEAC	Comitê de Estudos do Alto Congo (ou CEHC)
CE	Comunidade Européia
CEDEAO	Comunidade Econômica dos Estados da África Ocidental
CEI	Comissão Eleitoral Independente do Congo
CEHC	Comité d'Études du Haut-Congo (ou CEAC)

CENTO	Central Treaty Organization (Organização do Tratado Central)
CIJ	Corte Internacional de Justiça
CMM	Comissão Militar Mista
CMR	Collège Militaire Royal du Canada (Academia Militar Real do Canadá)
CPI	Corte Penal Internacional
CPS	Conselho de Paz e Segurança
CS	Conselho de Segurança da ONU
DDR	Plano de Desarmamento, Desmobilização e Reinserção
DDRR	Programa de Desarmamento, Desmobilização, Reinstalação e Reintegração
DDRRR	Programa de Desarmamento, Desmobilização, Repatriamento, Reassentamento (Reinstalação) e Reintegração
DIC	Diálogo Intercongolês
DIP	Direito Internacional Público
EIC	Estado Independente do Congo
EUA	Estados Unidos da América
FAI	Força Africana de Intervenção
FAR	Forças Armadas Ruandesas (ex)
FARDC	Forças Armadas da República Democrática do Congo
FDLR	Forças Democráticas da Liberação de Ruanda
FLN	Frente de Libertação Nacional
FMI	Fundo Monetário Internacional
FNLR	Frente Nacional pela Libertação de Ruanda
FORPRONU	Força de Proteção das Nações Unidas na Iugoslávia
FPR	Frente Patriótica Ruandesa
HRW	Human Rights World (Direitos Humanos Mundiais)
IGADD	Autoridade Intergovernamental para o Desenvolvimento
MLC	Movimento de Libertação do Congo
MRC	Movimento Revolucionário Congolês
MSF	Médicos Sem Fronteiras
MONUC	Missão da Organização das Nações Unidas na República Democrática do Congo
NEPAD	Nova Parceria para o Desenvolvimento da África
NMOG	Neutral Military Observer Group (Grupo Observador Militar Neutro)

NU	Nações Unidas
OI	Organizações Internacionais
OIR	Organizações Internacionais Regionais
OMP	Operações para a Manutenção da Paz
ONGAT	Organizações Não-governamentais de Alcance Transnacional
ONU	Organização das Nações Unidas
ONUC	United Nations Operation in the Congo (Operação das Nações Unidas no Congo)
ONUSIDA	Programa Conjunto das Nações Unidas sobre o HIV/Sida
OTAN	Organização do Tratado do Atlântico Norte
OTASE	Organização do Tratado da Ásia do Sudeste
OUA	Organização da Unidade Africana
PNA	Países Não-alinhados
PNUD	Programa das Nações Unidas para o Desenvolvimento
PESC	Política Externa e de Segurança Comum
QG	Quartéis Gerais
RCD	Rassemblement Congolais pour la Démocratie (Agrupamento Congolês pela Democracia)
RCD-Goma	Rassemblement Congolais pour la Démocratie-Goma (Goma é a capital da província do norte: Kivu do Congo)
RDC	República Democrática do Congo
SADC	Southern African Development Community (Comunidade para o Desenvolvimento da África Austral)
SDN	Sociedade das Nações
SG	Secretário-geral da Organização das Nações Unidas
TPI	Tribunal Penal Internacional
TPIR	Tribunal Penal Internacional sobre Ruanda
TPIY	Tribunal Penal Internacional sobre os crimes ocorridos na ex-Iugoslávia
UA	União Africana
UE	União Européia
UNOMUR	United Nations Observer Mission Uganda-Rwanda (Missão Observadora das Nações Unidas em Uganda-Ruanda)
UNTACD	Conferência das Nações Unidas sobre o Comércio e o Desenvolvimento

UDPS	l'Union pour la Démocratie et le Progrès Social (União Democrática para o Progresso Social)
URSS	União das Repúblicas Socialistas Soviéticas
ZANU	Zimbabue African National Union (União Nacional Africana do Zimbábue)

Sumário

Capítulo 1 Introdução 3

Capítulo 2 Marco teórico 15

Capítulo 3 A ONU e os antecedentes históricos da África . . 37

3.1 Processo de colonização e descolonização 37
    3.1.1 Colonialismo contemporâneo versus imperialismo:
    as duas faces da mesma moeda 37
    3.1.2 Descolonização 49
    3.1.3 Descolonização da África subsaariana 52
    3.1.4 África nas relações internacionais e as conseqüências
    da descolonização 57
3.2 Os princípios da Carta da União Africana à luz dos conflitos
    dos países dos Grandes Lagos 60
3.3 A ONU e os conflitos regionais dos Grandes Lagos 63

	3.3.1	A ONU e os principais atores dos conflitos dos Grandes Lagos........... 63
		3.3.1.1 A importância da ONU 63
	3.3.2	Violações flagrantes dos Princípios da ONU e do Ato Constitutivo da UA 65
	3.3.3	Principais atores nos conflitos dos Grandes Lagos 66
	3.3.4	A questão da nacionalidade................... 68
	3.3.5	Ruanda de Paul Kagame 69
	3.3.6	Uganda de Yoweri Museveni 70
	3.3.7	Burundi de Pierre Buyoya..................... 71
	3.3.8	República Democrática do Congo (RDC): de Kabila-Pai a Kabila-Filho 72
	3.3.9	MONUC 72
	3.3.10	Direito Internacional e direito de "perseguição"........ 75
	3.3.11	Doutrina militarista de Kagame e Museveni 78
	3.3.12	As razões econômicas dos conflitos................ 79
3.4	Os Acordos de Lusaka 80
	3.4.1	Os Acordos de Arusha....................... 82
	3.4.2	Os Acordos de Sun City (África do Sul) 83
3.5	Eficácia dos meios de soluções pacíficas .... .84
3.6	Princípio do equilíbrio do poder .... .85
3.7	As condições para uma paz permanente................ .86
3.8	A democracia em crise............................. .87
	3.8.1	A "síndrome de Kabila" e as novas perspectivas da RDC .. 89
	3.8.2	Breve comentário sobre a Constituição atual da RDC.... 94
	3.8.3	Crise da soberania e democracia 97
		3.8.3.1 Noção da soberania....................... 97
3.9	Crise da democracia na África?......................101
3.10	A vitória da democratização da democracia............103

Capítulo 4 Análise das resoluções do Conselho de Segurança da ONU sobre a República Democrática do Congo (RDC) 107

4.1 Breve histórico das Nações Unidas 110
4.2 Missão primordial da ONU 113
4.3 Elementos definidores do sistema de segurança coletiva . . . 121
4.4 A influência da França na África: colonialismo continuado . . . 126
4.5 Mandato e atribuições do Conselho de Segurança (CS). 129
4.6 Análise da evolução da missão da MONUC na RDC 132
    4.6.1 O que é a MONUC? 135
4.7 Resoluções do Conselho de Segurança de 1999 a 2001: missão de observação e Acordo de Lusaka. 137
    4.7.1 Resolução n. 1.179: cooperação entre ONU e OUA 137
    4.7.2 Resoluções sobre os princípios da Carta da ONU 138
    4.7.3 Resoluções do CS: negociação e Acordo Global e Inclusivo 145
    4.7.4 Constatações. 147
4.8 Aspectos jurídicos das Resoluções de 1999–2001 149
    4.8.1 Impacto dos conflitos na ordem jurídica internacional e a Carta da ONU 149
    4.8.2 Decisões do Conselho de Segurança: voluntariedade ou obrigatoriedade? 154
    4.8.3 Ações específicas oriundas das resoluções: primeira fase 158
    4.8.4 Resoluções de 2001 a 2004: aplicação do Plano DDR e do Capítulo VI da Carta 159
    4.8.5 Da situação fática e jurídica 161
    4.8.6 Resoluções de 2004 a 2005: uso da força conforme o Capítulo VII da Carta 163

4.8.7 *Aspectos jurídicos das resoluções* *164*
4.8.8 *Busca de uma solução regional: conferência sobre a paz* *165*

Capítulo 5 Análise seletiva e interpretativa das resoluções 175

5.1 Mandato da MONUC e Acordo de Lusaka 175
5.2 Reações do CS: o resgate da autoridade. 180
5.3 Evolução ou involução da MONUC e da missão na região dos Grandes Lagos 182
  5.3.1 *Aplicabilidade do Capítulo VII da Carta da ONU* *182*
  5.3.2 *Evolução positiva dos conflitos*. *184*
5.4 Situação da RDC: agressão ou legítima defesa? 187
5.5 O CS e os princípios de respeito à soberania, à integridade territorial e à independência política. 190
5.6 Segunda fase do mandato da MONUC e as resoluções do CS de 2003 a 2005 192
5.7 Complexidade dos conflitos dos Grandes Lagos 196
5.8 Desafios da MONUC e da comunidade internacional 204

Capítulo 6 Conclusão 213

Bibliografia 221

CAPÍTULO 1

Introdução

O juízo de valor emitido sobre a África refere-se a um continente abandonado pela comunidade internacional, mergulhado em guerras étnicas e sujeito a crises e tragédias humanitárias. A problemática da violência no continente africano insere-se, num primeiro momento, na lógica da doutrina realista do equilíbrio de forças, considerada, por excelência, um instrumento de pacificação de um ambiente anárquico, tendo em vista o surgimento após a independência da maioria dos países africanos em conflitos de sucessões oriundos de contestações de sistemas políticos vigentes em alguns de seus Estados. Trata-se de uma época em que prevaleciam os golpes militares, as rebeliões e as intervenções de mercenários para defender uma determinada ideologia em detrimento de vidas humanas, gerando, para tanto, uma instabilidade crônica do sistema internacional. Tais situações de conflitos permanentes levaram a Organização da Unidade Africana (OUA) a defender os princípios da intangibilidade das fronteiras, ou seja, da soberania territorial e da independência política dos Estados-membros. Os mesmos princípios encontram-se explanados na Carta da Organização das Nações Unidas (ONU), dando-lhe, sempre, embasamento jurídico para dirimir conflitos interestatais.

Em um segundo momento, faz-se necessário analisar os conflitos surgidos na África, em especial os conflitos dos Grandes Lagos, dentro da nova ordem internacional estabelecida após o fim da bipolarização das relações internacionais, isto é, dentro da nova situação criada pelo fim da Guerra Fria.

Com efeito, o fim da Guerra Fria, ao qual se acrescentam outros momentos históricos, como a queda do muro de Berlim (1989), a unificação da Alemanha (1990) e o fim do império soviético (1991), marca um momento decisivo e determinante no cenário internacional. São eventos que provocaram um repensar no tocante ao conceito da manutenção da paz e da segurança internacionais. Em primeiro lugar, percebe-se, nesses acontecimentos, a aurora de um processo de democratização em nível global e, em seguida, a vitória dos valores capitalistas sobre as ditaduras assentadas na ideologia marxista-leninista, assim como o processo de globalização do sistema de segurança coletiva previsto na Carta da ONU.

Para entender melhor o desenvolvimento desta obra, vale contextualizar os conflitos dos Grandes Lagos dentro da evolução histórica da noção da segurança coletiva, uma vez que a busca da paz na região citada, assolada pelas guerras, pelas perdas de vidas humanas e pelas graves violações dos direitos humanos e do direito internacional humanitário, é de interesse geral para a comunidade internacional. Esta é a razão pela qual justifica-se a presença da Missão das Forças da Paz da ONU na região dos Grandes Lagos e, principalmente, na República Democrática do Congo (MONUC).

Considerando as elevadas perdas humanas e as significativas destruições materiais decorrentes dos conflitos – notadamente, as guerras napoleônicas –, surgiu, no âmbito europeu, a necessidade de lutar a favor da paz. A diplomacia européia, na lógica das grandes conferências do *Concert Européen*, comprometeu-se a prevenir ou, pelo menos, a limitar as guerras, cada vez mais vistas pela opinião pública como anormais. Assim, estabeleceu-se a consciência para a defesa dos interesses comuns e um certo estatuto de neutralidade permanente, o qual gerou, conseqüentemente, uma limitação substancial do direito de recorrer à guerra, ou seja, o *jus ad bellum*.

Contudo, não obstante a restrição, nota-se uma ambigüidade no que diz respeito às noções e à aplicabilidade do *jus ad bellum* e do *jus in bello* – o direito aplicável em caso de conflito e, notadamente, na condução das operações. Apesar de a proibição de recorrer à força não ser geral, buscam-se soluções pacíficas para os conflitos. A Segunda Convenção de Haia (1907), denominada Convenção Drago-Porter[1], por exemplo, proibiu o recurso à força armada para exigir o reembolso da dívida contraída pelo governo de um país.

Há de se mencionar, também, o Pacto da Sociedade das Nações (SDN)[2], firmado em 1919, que antecede diretamente a organização da segurança coletiva preconizada pela Carta das Nações Unidas[3] e

---

1 Drago era ministro argentino, apoiado em sua doutrina pelos Estados Unidos e por seu representante Porter no tocante ao recuso à força armada para obrigar o governo a pagar a dívida contraída. Tal convenção referiu-se ao uso da força armada das potências européias contra a Venezuela, para obrigá-la a pagar suas dívidas (Combacau; Sur, 2001, p.620).

2 Em seu décimo artigo, o Pacto da SDN conceitua a noção de Segurança Coletiva como sendo um mecanismo cujos "componentes se comprometem a respeitar e a garantir contra toda a agressão exterior a integridade territorial e a independência política presente de todos os membros" (David; Roche, 2002, p.65).

3 Segundo Combacau e Sur (2001, p.621a), em relação à carta da ONU, o Pacto da SDN comporta duas dimensões: uma normativa e outra institucional. No plano normativo, inexiste no Pacto uma limitação tão extensiva de recurso à força quanto à Carta. Neste caso, mesmo declarando ilícitos certos recursos à guerra, a proibição no Pacto não é geral. No que concerne ao plano institucional, além da intervenção dos órgãos, Assembléia ou Conselho, quanto à solução pacífica dos desacordos, o Pacto tem um mecanismo de medidas coercitivas.

o Pacto Briand-Kellog[4], concluído em 1928, sob a iniciativa da França com anuência dos Estados Unidos.

Apesar dos mecanismos para solucionar os conflitos entre países-membros, a SDN fracassou no campo da segurança coletiva por vários motivos. Os principais são a ausência da universalidade, caracterizada pela recusa dos Estados Unidos em participar da segurança coletiva; as lacunas jurídicas do texto, considerado ambicioso na punição reservada aos agressores; a obrigatoriedade das sanções, que dependiam de um voto unânime do conselho; e o próprio caráter inédito da segurança coletiva como modo de estabilizar o sistema internacional da época, utilizando-se de práticas tradicionais, enquanto se firmavam, nos bastidores, acordos mediante a diplomacia secreta. A saída dos Estados Unidos não ajudou a França e a Inglaterra a definirem seus posicionamentos comuns e a superarem suas divergências e fraquezas.

Contrariamente à Carta da ONU, elaborada em razão da Segunda Guerra Mundial, mas independente de qualquer tratado, a regulamentação contida no Pacto da SDN encontra-se estreitamente ligada às condições da paz fixada pelo Tratado de Versalhes, do qual o próprio Pacto fazia parte. Desse modo, seu fracasso foi questionado, uma vez que o mesmo visava à situação da Europa e seu equilíbrio.

Com o fracasso da SDN, a noção da intervenção foi reabilitada – não como intromissão em assuntos de um outro Estado para manter, modificar e restabelecer[5], mas no sentido de não-ingerência em caso de conflitos infra-estatais, ou seja, de conflitos internos.

Baseando-se nisso, a Carta da ONU, ao adotar a manutenção da paz como objetivo primordial, provoca uma reviravolta radical na história das relações internacionais, proibindo, em princípio, todo recurso à força, toda guerra ou intervenção militar, transferindo ao

---

4 O Pacto Briand-Kellog visa às proibições iniciais, reduzindo as "rachaduras" do Pacto da SDN, condena "o recurso à guerra para solucionar os desacordos internacionais" e renuncia "à guerra como instrumento de política nacional nas relações mútuas das partes" (tradução livre).

5 David; Roche, 2002, p.65a.

Conselho de Segurança (CS) a responsabilidade para resolver os conflitos e, quando necessário, tomar medidas coercitivas, econômicas e também militares.

A queda do Muro de Berlim (1989), prenúncio do fim da Guerra Fria com o desmembramento da União Soviética (1991), trouxe, incontestavelmente, uma forte esperança de que os propósitos e princípios contidos na Carta fossem realizados. Esperava-se uma nova ordem mundial. Sobretudo, levando-se em consideração as intenções de desenvolver relações amistosas entre as nações, com base no respeito ao princípio de igualdade de direito e de autodeterminação dos povos, a fim de fortalecer a paz universal (art. 1º, § 2º da Carta). Infelizmente, viu-se o surgimento de vários conflitos em todos os continentes, provocando uma onda de refugiados. Em alguns casos, os organismos humanitários tentaram aliviar o sofrimento de milhares de seres humanos sem rumo e sem pátria. Em caso de conflitos armados, nem sempre os beligerantes facilitam os trabalhos dos organismos de ajuda humanitária e permitem a abertura de um corredor humanitário a fim de atender aos desafortunados.

A persistência dos conflitos, apesar da existência da Carta da ONU, assinada por quase todos os Estados, tem deixado muitas pessoas apátridas e sem acesso a recursos que supram suas necessidades básicas. É o que ocorre no caso dos conflitos dos países dos Grandes Lagos, objeto deste livro que, de antemão, não pretende esgotar a vasta matéria sobre esses conflitos regionais complexos e multifacetados nem restringi-los aos Estados beligerantes, pois abrangem outras nações e diversas organizações internacionais. Entre elas, destaca-se a ONU, que se faz presente pela MONUC em território congolês, supervisionando o Acordo de Lusaka (1999) entre beligerantes internos e externos e zelando pela organização de eleições transparentes, livres, democráticas e críveis.

A compreensão das guerras que envolvem os países dos Grandes Lagos deve emanar também do entendimento global que se tem da época da colonização e descolonização, do período da Guerra

Fria, do processo do pan-africanismo e da inserção do próprio continente africano no cenário mundial.

Sem sombra de dúvida, os conflitos africanos, desde a época colonial até a era contemporânea, já dizimaram milhões de vidas, incluindo as mortes decorrentes de doenças endêmicas. Os prejuízos materiais são incalculáveis. A expectativa de vida diminuiu bastante em vários países africanos, chegando ao patamar de 34 anos em países como Uganda, Ruanda, República Democrática do Congo, Zâmbia, Zimbábue etc.[6] Diante dessas disputas sangrentas e crônicas, há de se lamentar a indiferença da comunidade internacional a respeito do tratamento dado ao continente africano, visto que a mesma tem dado maior ênfase aos conflitos no Oriente Médio (Iraque, Israel e Palestina) e na Europa (Kosovo e Bósnia). Viu-se como, com maior rapidez, milhares de soldados foram mobilizados para conter os massacres na ex-Iugoslávia e como seus responsáveis ou mandantes foram levados ao banco dos réus pelo Tribunal Penal Internacional de Haia.

Em contrapartida, foi necessária uma década para que a denominação genocídio fosse efetivada e para que se instalasse o Tribunal Penal Internacional de Ruanda (TPIR), com o intuito de apurar a responsabilidade dos antigos dirigentes ruandeses no que diz respeito aos massacres de tútsis e hútus moderados.

Justifica-se a indignação, no plano internacional, pelo modo como são tratados os conflitos do continente africano quando comparados à mobilização que se faz, tanto em recursos humanos quanto financeiros, para atender aos refugiados da Bósnia, da Macedônia ou de Kosovo, bem como endossar a causa palestina com direito à transmissão diária, por parte da mídia, das atrocidades dos soldados israelenses e, recentemente, dos horrores cometidos pelos soldados americanos nas prisões iraquianas. Do outro lado, o silêncio foi ainda mais inquietante no que diz respeito ao genocídio das populações sudanesas na região do Darfur, fronteiriça com o Chade. Atualmente, o que interessa mais ao mundo é a guerra de

---

6 Segundo o Relatório de ONUSIDA e dos Médicos sem Fronteiras (MSF).

George W. Bush no Iraque, o unilateralismo americano e o preço do petróleo no mercado mundial.

No momento em que se dá maior destaque às notícias dos soldados americanos e policiais iraquianos mortos em Bagdá nas explosões de carros e homens-bomba, centenas de pessoas são assassinadas nos campos de refugiados, milhares de mulheres são violentadas pelos diferentes grupos armados nas regiões dos Grandes Lagos e crianças são recrutadas para o combate.

O desafio em questão consiste em ter os conflitos armados contemplados pela diplomacia no direito internacional e superados pela solidariedade entre os povos. São crimes de guerra contra a humanidade que interpelam e deixam a comunidade internacional diante de sua responsabilidade de capturar e julgar os responsáveis pelos crimes cometidos em total desrespeito aos direitos fundamentais, à dignidade humana e ao direito humanitário internacional.

As reações tímidas e, na maioria das vezes, retóricas do Conselho de Segurança inquietam as boas consciências e deixam perplexos os defensores dos direitos humanos, pois as mesmas decisões, uma vez não respeitadas, carecem de medidas enérgicas para coibir as atrocidades.

Em certos casos, viu-se a ONU humilhada em suas decisões, como ocorreu com a intervenção americana no Iraque, em 2003. Não se sabe quando acontecerá a reabilitação da Organização das Nações Unidas enquanto perdurar o unilateralismo americano, o qual já abriu um precedente com a invasão da RDC por outros países dos Grandes Lagos, que se julgaram auto-suficientes para perseguir os supostos responsáveis pelo genocídio ruandês de 1994 e outros grupos rebeldes considerados uma ameaça à segurança interna, infringindo, contudo, os propósitos e princípios da Carta da ONU e as normas do direito internacional de convivência pacífica entre os povos.

Não se pretende abordar nesta obra uma "cultura da guerra", menos ainda fazer apologia à política do uso da força empregada pelos Estados e grupos rebeldes envolvidos nos conflitos dos Grandes Lagos, pois cabe ao Conselho de Segurança da ONU a responsabilidade principal, salvo exceções levantadas no Direito Internacional em caso de legítima defesa do Estado vítima da agressão. Procura-se analisar a atual situação dos conflitos dos países dos Grandes Lagos em face das resoluções do Conselho de Segurança da ONU em relação à guerra na República Democrática do Congo (RDC), perpetuada pelos Estados fronteiriços de Uganda, Ruanda e Burundi, sob o olhar cúmplice das grandes potências[7] e, posteriormente, interpretar, no âmbito jurídico, as conseqüências oriundas da aplicabilidade ou não dos Capítulos VI e VII da Carta da ONU, sendo, portanto, a própria Carta da ONU o referencial teórico por excelência, enriquecida pela farta doutrina a respeito do direito internacional e de relações internacionais. O método hipotético-dedutivo alicerçado em uma interpretação teleológica tanto da Carta como dos acontecimentos mundiais, em uma visão local e global premente, enriquecerá o conteúdo, dando-lhe mais clareza, objetividade e imparcialidade.

Considerando a tensão atual nos países dos Grandes Lagos, a complexidade dos problemas na região e a missão dos membros das Nações Unidas, torna-se imperioso analisar os interesses que estão em jogo e as conseqüências desastrosas dos conflitos. Ao mesmo tempo, é necessário pensar em meios eficazes para acabar, de uma vez por todas, com as guerras que já fizeram milhares de vítimas e deixaram milhares de crianças órfãs, acarretando, ainda, um atraso no desenvolvimento do continente em relação ao restante do planeta.

Serão abordados, em primeiro lugar, os antecedentes históricos do continente africano e a criação da ONU para uma melhor compreensão dos problemas crônicos da África, cujos países, após as duas Grandes Guerras e a Carta da ONU, iniciaram o processo de luta para a libertação e independência plena, saindo, assim, do jugo colonial.

---

7 A guerra civil na RDC foi chamada, no início, de Terceira Guerra Mundial, pois envolvia sete países: de um lado, Angola, Chade, Namíbia, RDC e Zimbábue; e do outro, Burundi, Uganda e Ruanda, sem contar com a presença dos mercenários do Sudão e da Ucrânia.

A complexidade dos conflitos daquela região remete à questão da segurança coletiva, uma vez que a busca de soluções em face das controvérsias encontra-se enraizada aos princípios e propósitos da Carta da ONU em sua dimensão jurídica de manter a paz e a segurança internacionais, sob a responsabilidade e com a autorização do Conselho de Segurança, evitando, dessa forma, uma ameaça à paz, reprimindo atos de agressão ou qualquer outra ruptura da paz, de conformidade com as disposições do Capítulo VII da citada carta.

Em um segundo momento, a menção do marco teórico destacará a argumentação jurídica oferecida pela própria Carta, bem como o rigor epistemológico do acervo literário pertinente consultado para o desdobramento dos pressupostos escolhidos.

Em terceiro plano, serão analisadas as razões dos conflitos regionais, em especial, os conflitos nos países dos Grandes Lagos, seus atores, as teorias em que se baseiam alguns deles para perpetuar a guerra e, obviamente, a questão do genocídio ruandês, pivô e pretexto justificativos da invasão da RDC (Figura 1.1), em nome da segurança interna pelos Estados dirigidos por presidentes tútsis. Tal fato consiste em uma demonstração de forças aliadas sob os auspícios de alguns países ocidentais interessados em manter sua influência em uma região rica em minérios.

No quarto capítulo, serão analisadas as resoluções do Conselho de Segurança da ONU sobre a República Democrática do Congo, classificando-as segundo a evolução gradativa da situação e do mandato da MONUC, amparadas pelos dispostos nos Capítulos VI e VII da Carta das Nações Unidas (ONU), partindo da supervisão do Acordo de Lusaka até o uso da força contra as milícias que aterrorizam as populações civis na parte leste da RDC.

O quinto e último capítulo ressalta a evolução positiva dos conflitos, a agressão da RDC, a aplicabilidade do Capítulo VII da Carta da ONU e os desafios da MONUC e da Comunidade Internacional no tocante à construção da paz nos Grandes Lagos.

Em virtude da complexidade dos conflitos, e não apenas da situação do Congo, tratar-se-á dos aspectos políticos e jurídicos dos mesmos, bem como das soluções a serem apontadas para promover a construção da paz (*peacebuilding*) de forma concomitante com a busca da paz (*peacemaking*) nas zonas que se tornaram palco permanente de enfrentamentos dos grupos armados que atuam nas fronteiras dos Estados envolvidos nos conflitos referidos anteriormente.

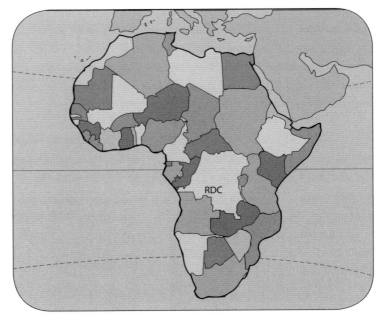

Figura 1.1 África: República Democrática do Congo (RDC) (no centro) e região dos Grandes Lagos.

CAPÍTULO 2

Marco teórico

Os conflitos dos Grandes Lagos abrem um capítulo novo e inédito na já conturbada história da ONU, tornando-se um desafio para a comunidade internacional, devido à sua complexidade e ao envolvimento de muitos beligerantes, tanto internos quanto externos. Assim, a situação traz à baila a necessidade da aplicação do Capítulo VII da Carta da ONU, tendo em vista a preocupação com a problemática da segurança coletiva mediante ações eficazes e efetivas do Conselho de Segurança.

Após o fracasso da SDN, que permitia o sistema da guerra justa em razão da liberdade e do poder discricionário dos Estados soberanos, passou-se, com a criação da ONU, a adotar um sistema alicerçado na legalidade racional, uma vez que a ação armada é autorizada em dois casos. A saber: a existência de uma agressão que justifique a legítima defesa e a existência de uma ameaça à paz constatada pelo Conselho de Segurança, dependendo da sua autorização ou intervenção para promover a segurança coletiva para a manutenção da paz, conforme o art. 1º, § 4º da Carta da ONU, como garantia do engajamento assumido por todos os membros da ONU que, segundo o art. 2º, § 4º, deverão evitar em suas relações internacionais a ameaça ou o uso da força contra a integridade territorial ou a independência política de qualquer Estado, ou qualquer outra ação incompatível com os propósitos das Nações Unidas.

Rompendo com o complicado sistema das alianças de antiguerras e interessados em criar mecanismos para garantir a paz dos vencedores, os líderes aliados, após reunião em São Francisco no dia 26 de junho de 1945, resolveram criar uma organização para promover o equilíbrio internacional a fim de "preservar as gerações vindouras do flagelo da guerra, que por duas vezes (...) trouxe sofrimentos indizíveis à humanidade", bem como

> reafirmar a fé nos direitos fundamentais do homem, da dignidade e no valor do ser humano, na igualdade de direito dos homens e das mulheres, bem como das nações grandes e pequenas, e estabelecer condições sob as quais a justiça e o respeito às obrigações decorrentes de tratados e de outras fontes do direito internacional possam ser mantidos, e a promover o progresso social e melhores condições de vida dentro de uma liberdade mais ampla.[8] (Preâmbulo da Carta da ONU)

A Carta visa, em seu art. 1º, à cooperação internacional alicerçada na manutenção da paz e da segurança internacionais, com a tomada de medidas efetivas para evitar ameaças, reprimir os atos de agressão ou qualquer outra ruptura da paz e chegar, por meios pacíficos e de conformidade com os princípios da justiça e do direito internacional, a um ajuste ou uma solução das controvérsias ou situações que possam levar a uma perturbação da paz, tendo em vista o desenvolvimento das relações amistosas entre as nações,

---

8 Carta da ONU, 1945.

baseadas no respeito ao princípio de igualdade de direito e de autodeterminação dos povos, dos direitos humanos e na promoção do progresso econômico, social e cultural de todos os povos.

Sabe-se, contudo, que, apesar da criação da ONU e das normas introduzidas na Carta, os conflitos armados aumentaram além dos mecanismos previstos, sendo alguns interestatais, outros infra-estatais, a ponto de deixar impotente o Conselho de Segurança com o uso do veto em tempo de Guerra Fria e, após a bipolarização, pela instrumentalização do mesmo pelas grandes potências que, para justificar suas ações militares seletivas, começaram a agir sem mandato ou autorização do Conselho, abrindo, para tanto, um precedente jurídico no direito internacional.

Situa-se no mesmo diapasão Simone Martins Rodrigues, quando afirma que, com os dois blocos polarizados e o uso persistente do veto no Conselho de Segurança, a ONU era incapaz de manter a paz e prevenir a ocorrência de conflitos como pretendiam seus fundadores.[9]

Nota-se que as atitudes unilaterais das grandes potências são uma ameaça ao direito internacional e à manutenção e segurança internacionais, assim como ocorreu com os problemas que chocaram e mobilizaram a comunidade internacional, como a fome na Somália e na Etiópia, o genocídio em Ruanda (1994), a limpeza étnica em Kosovo, os atentados terroristas em 11 de setembro de 2001 contra as torres gêmeas nos Estados Unidos e os de Madri, em 9 de março de 2003, e outros acontecimentos mundiais que ainda deixam o mundo em estado de espectador e de extrema impotência diante do inesperado e inimaginável. É o caso dos conflitos dos países dos Grandes Lagos que provocaram a morte de mais de quatro milhões de pessoas, conforme informações dos organismos internacionais especializados em conflitos.

Em tese, constata-se que a abordagem dos conflitos dos Grandes Lagos se insere no contexto da lógica da segurança coletiva por tratar-se de uma ameaça à paz e à segurança internacionais, ou ainda

---
9   Rodrigues, 2000, p.46a.

de uma ruptura da paz com a perpetuidade de atos de agressão contra um Estado-membro da ONU, contrariando o princípio contido no art. 2º, § 4º da própria Carta da ONU, segundo o qual

> todos os membros deverão evitar em suas relações internacionais a ameaça ou o uso da força contra a integridade territorial ou independência política de qualquer Estado, ou qualquer outra ação incompatível com os propósitos das Nações Unidas.

Os objetivos são formulados no art. 1º e visam à manutenção da paz e da segurança internacionais. Trata-se, então, da segurança coletiva em seu aspecto normativo e proibitivo.

A Carta dispõe ainda que, para manter a paz e a segurança, é necessário desenvolver relações amistosas entre as nações, baseadas no respeito ao princípio de igualdade de direito e de autodeterminação dos povos, e conseguir uma cooperação internacional para resolver os problemas internacionais de caráter econômico, social, cultural ou humanitário promovendo e estimulando o respeito aos direitos humanos e às liberdades fundamentais para todos, sem distinção de raça, sexo, língua ou religião. Trata, ainda, da garantia de segurança internacional, bem como a tomada de medidas efetivas para evitar ameaças à paz, chegando a um ajuste ou uma solução das controvérsias ou situações que possam levar a uma resolução por meios pacíficos.

Essa regra, cuja primazia é incontestável do ponto de vista da aplicação universal, apresenta uma exceção que delimita, porventura, o seu alcance, no art. 51, *in verbis*:

> Nada na presente Carta prejudicará o direito inerente de legítima defesa individual ou coletiva no caso de ocorrer um ataque armado contra um membro das Nações Unidas, até que o Conselho de Segurança tenha tomado as medidas necessárias para a manutenção da paz e da segurança internacionais.

Sabe-se, no entanto, que, várias vezes, a legítima defesa é apresentada como uma exceção ao princípio da proibição de recorrer ao uso da força.

Diante de tal idéia, segundo Combacau e Sur (2001, p.623b), seguindo os próprios termos da Carta, seria mais exato falar em regulamentação restritiva que em interdição ou proibição de princípio de recurso à força. Se o art. 51 constitui uma exceção, não seria apenas em relação ao art. 2º, § 4º, mas, como indica o conteúdo, em relação a toda a Carta; por exemplo, em relação ao art. 2º, § 3º, o qual contém a obrigação de resolver pacificamente as controvérsias.

> Enfim, e, sobretudo, a legítima defesa aparece mais como uma conseqüência da interdição de certos recursos à força, e especialmente de agressão armada contra a qual ela constitui uma réplica justificada. É porque a agressão armada é proibida que a legítima defesa é autorizada e não por causa da interdição do recurso à força que a legítima defesa é tolerada. (Combacau; Sur, 2001, p.623c, tradução livre).[10]

O princípio de proibição do uso da força, exceto por legítima defesa, é bem usado na doutrina, assim como prova a sua aplicação pela Corte Internacional de Justiça no caso dos Estados Unidos contra Nicarágua (1986). Em certos casos, o mesmo princípio encontra-se mencionado sem referência à legítima defesa, como é o caso da Resolução n. 2.625 (XXV), da Assembléia-geral das Nações Unidas (AGONU), à qual acrescenta-se a Resolução n. 3.314 (XXIX), de 14 de dezembro de 1974, que define o termo "agressão" como sendo o uso da força. Tais resoluções contribuem para esclarecer o conteúdo da regra costumeira, pois, de um lado existe a prática dos Estados e, do outro, a atitude do Conselho de Segurança, a quem

---

10 "Enfin et surtout, la légitime défense apparaît bien plutôt comme une conséquence de l'interdiction de certains recours à la force, et spécialement de l'agression armée contre laquelle elle constitue une réplique justifiée. C'est parce que l'agression armée est prohibée que la legitime défense est autorisée et non en dépit de l'interdiction du recours à la force que la légitime défense est tolérée".

cabe a competência de determinar a autoridade e o conteúdo das regras ou das proibições.

As duas resoluções têm caráter normativo e são consideradas como pertinentes em direito internacional, uma vez que o princípio de abstenção à ameaça ou ao uso da força pelos Estados é tratado como princípio fundamental do direito internacional.

A Resolução n. 2.625 (XXV), complementando o art. 2º, § 4º da Carta da ONU, é uma declaração relativa aos princípios do direito internacional concernentes às relações amistosas e de cooperação entre os Estados, em conformidade com a Carta da ONU, enquanto a Resolução n. 3.314 (XXIX), como já mencionado, refere-se à definição de agressão. Porém, seu objeto mais restrito concerne diretamente às responsabilidades do Conselho de Segurança, de um lado, e a legítima defesa, do outro, em relação à agressão por ela definida. Tal definição, mencionada em anexo, contém um Preâmbulo e oito artigos, sabendo-se que a Assembléia da ONU aprovou a definição convencida de que ela contribuiria para reforçar a paz e a segurança internacionais, uma vez que a agressão é "a forma mais grave e a mais perigosa do uso ilícito da força, que contém em seu bojo a existência de todos os tipos de armas de destruição massiva, a ameaça possível de um conflito mundial com todas as conseqüências catastróficas e que convém, então, a este estado dar uma definição da agressão."[11]

Define-se, então, a agressão como o uso da força armada por um Estado contra a soberania, a integridade territorial ou a independência política de um outro Estado, ou de qualquer outra maneira incompatível com a Carta das Nações Unidas.[12]

Repara-se que, no art. 2º, o uso da força armada em violação da Carta da ONU por um Estado, agindo primeiro, constitui a prova suficiente, à primeira vista, de um ato de agressão. Mesmo se o Conselho de Segurança concluísse, conforme a Carta, que um ato de agressão havia sido cometido, não seria justificado, consi-

---

11 Resolução n. 3.314 (XXIX), anexo.

12 Resolução n. 3.314 (XXIX), art. 1º, anexo.

derando outras circunstâncias pertinentes, incluindo o fato de que os atos em causa ou suas conseqüências não são de uma gravidade suficiente.

Percebe-se que a ocupação da RDC pelas forças estrangeiras constitui um ato da agressão que tem embasamento jurídico no art. 3º da Resolução n. 3.314 (XXIX), quando dispõe o seguinte:

> Art. 3º. (a) A invasão ou ataque do território de um Estado pelas forças armadas de um outro Estado, ou toda a ocupação militar, mesmo temporário, resultando de uma tal invasão ou de um tal ataque, ou toda anexão pelo uso da força do território ou de uma parte do território de um outro Estado.

Considerando a inviolabilidade do território de um Estado por outro, bem como a manutenção da paz e da segurança internacionais, tomando medidas coletivas eficazes no intuito de prevenir e de descartar as ameaças à paz e de reprimir qualquer ato de agressão ou uma outra ruptura da paz, a agressão em si torna-se um crime contra a paz internacional. Cabe, no entanto, ao Conselho de Segurança determinar a existência de um ato de agressão.

O Conselho de Segurança pode interpretar um ato de agressão sob o prisma político, uma vez que suas decisões são mais políticas e menos jurídicas. Nesse sentido, assinala Yoram Dinstein, no que diz respeito à agressão, à violação ou qualquer outra ameaça à paz, que "não é imperativo para o Conselho determinar especificamente que a agressão foi cometida".[13]

Ressalta-se, no anexo da Resolução n. 2.625 (XXV), que o direito internacional está assentado nos princípios da liberdade, da igualdade, da justiça e do respeito aos direitos fundamentais do homem, como o de desenvolver as relações amistosas entre as nações, independentemente das diferenças dos sistemas políticos, econômicos e sociais ou de seus níveis de desenvolvimento. Portanto, faz-se necessário o estrito respeito aos princípios da Carta da

---

13 Dinstein, 2004, p.175-6a.

ONU e daqueles que regem o direito internacional, concernentes às relações amistosas e à cooperação entre os Estados, incluindo o princípio da não-intervenção nos assuntos internos de um Estado em outro, como condição essencial a cumprir para que as nações vivam em paz umas com as outras, porque a prática da intervenção, sob qualquer forma que seja, não apenas constitui uma violação do espírito e do conteúdo da Carta, mas também tende a criar situações que colocam em perigo a paz e a segurança internacionais.[14]

Analisando sob a vertente da intervenção armada de Estados estrangeiros no leste da RDC, sob alegações de perseguir grupos armados suscetíveis de ameaçar a paz e a segurança interna de cada um deles, há de se salientar que tal atitude constitui um ato de agressão e pode desencadear da parte do Estado agredido outros atos de violência, mas sob alegação de legítima defesa.

Em face das modalidades de agressão, a doutrina fala em agressão direta e agressão indireta, que são, porventura, proibidas. A Corte de Justiça tem contribuído bastante ao apreciar casos referentes à intervenção militar em países soberanos em nome da segurança ou da legítima defesa preventiva.

É preciso recordar que, além da importância do papel do Conselho de Segurança contido na Carta da ONU, reconhecendo-lhe no art. 39 "o poder discricionário de determinar o que se constitui em ameaça à paz, ruptura da paz e atos de agressão" (Jo, 2004, p.621), em matéria de segurança coletiva, há de se invocar, também, a utilização de uma organização regional pelo Conselho de Segurança para o uso da força após esgotar todos os meios pacíficos.

A busca de soluções pacíficas remete a um dos pilares da segurança coletiva, constituído por regras de comportamento dos Estados, ou seja, a conduta dos Estados obrigados a solucionar suas controvérsias por meios pacíficos (art. 2º, § 3º da Carta), impedindo-os de usar a força, seja contra a integridade territorial ou independência política de qualquer Estado, seja de qualquer outra

---

14 Preâmbulo da Resolução n. 2.625 (XXV), anexo.

maneira incompatível com os propósitos das Nações Unidas (art. 2º, § 4º), salvo em caso de legítima defesa individual ou coletiva, conforme o art. 51 da Carta da ONU.

O segundo pilar relativo à segurança coletiva faz parte das medidas coletivas a serem tomadas pelo Conselho de Segurança, que detém o poder de qualificar os comportamentos (art. 39) e, conseqüentemente, de designar o(s) culpado(s) e de recomendar, ordenar ou tomar medidas para manter ou restabelecer a paz e a segurança internacionais, com fulcro nos arts. 40 (medidas provisórias), 41 (medidas que não implicam o uso da força armada) e 42 (medidas militares).

Observa-se, então, a necessidade de recorrer à ONU, por meio do Conselho de Segurança, em caso de ameaça, ruptura ou agressão à paz para evitar a anarquia. O Capítulo VII é a chave do uso da força, que é, praticamente, desafiado pela rapidez dos acontecimentos e sua complexidade, bem como por uma nova doutrina que não é mencionada pela Carta, isto é, a legítima defesa preventiva para justificar ataques, ou seja, agressão de um Estado soberano contra outro e invasão de um território sem autorização do Conselho de Segurança.

O caso dos conflitos dos Grandes Lagos reforça a importância do uso da força, conforme o Capítulo VII da Carta, em face da invasão do território congolês por tropas estrangeiras, como medidas coercitivas para preservar a integridade territorial e a independência política, bem como a manutenção da paz e a segurança internacionais, identificando os autores da agressão e graves violações dos direitos humanos e do direito internacional humanitário[15], entregando os invasores às autoridades judiciárias

---

15 O Direito Internacional Humanitário (ou Direito dos Conflitos Armados) é um ramo do Direito Internacional Público constituído por todas as normas convencionais ou de origem consuetudinária, especificamente destinadas a regulamentar os problemas que surgem em período de conflito armado.
Tais regras podem ser de três tipos: a) Direito de Genebra, alicerçado em quatro convenções de Genebra de 1949, para a proteção das vítimas de guerra e dos seus dois Protocolos Adicionais de 1977; b) Direito de Haia, constituído pelo direito da guerra, ou seja, pelos princípios que regem a conduta das operações militares,

competentes para serem julgados por crimes de guerra e/ou crimes contra a humanidade.¹⁶

Os crimes de guerra (*war crimes*) consistem em infrações aos costumes e leis de guerra, abrangendo, ainda, maus-tratos, homicídio, deportação de civis dos territórios ocupados para trabalhos forçados, morte de reféns, saques de bens tanto públicos quanto privados e aniquilação de aldeias e cidades por motivo fútil ou que não se ampare em exigências militares. No conceito dos crimes contra a humanidade (*crimes against humanity*), encontram-se homicídios, extermínios, escravizações, deportações e todo e qualquer outro ato desumano ou cruel contra civis praticados antes ou no decorrer da guerra, inclusive as perseguições políticas, raciais e religiosas, quando praticadas em decorrência de um crime que seja conexo ou que esteja na jurisdição do tribunal. Em sua Resolução n. 95 (I), a Assembléia da ONU afirma que:

> direitos e deveres dos militares participantes na conduta das operações militares e limitam os meios de ferir o inimigo. São regras que se encontram nas Convenções de Haia de 1899 (revistas em 1907) e em algumas regras do Protocolo I Adicional às Convenções de Genebra, de 12 de agosto de 1949; c) as regras de Nova York, por ter suas atividades desenvolvidas pelas Nações Unidas no âmbito do direito humanitário. Trata-se da Resolução n. 2.444 (XXIII) adotada pela Assembléia da ONU em 1968.

16 Para Convenção sobre a Imprescritibilidade dos Crimes de Guerra e dos Crimes Contra a Humanidade, de 26 de novembro de 1968, os crimes de guerra e crimes contra a humanidade incluem-se entre os crimes de direito internacional mais graves. São também visados como crimes as infrações graves às Convenções de Genebra, os crimes contra a humanidade, cometidos em tempo de guerra ou em tempo de paz, incluindo o *apartheid* e o genocídio.

Os crimes de guerra estão definidos no Estatuto do Tribunal Militar Internacional de Nuremberg de 8 de agosto de 1945 e confirmados pelas Resoluções n. 3 (I) e 95 (i) da Assembléia-geral das Nações Unidas, de 13 de fevereiro de 1946 e 11 de dezembro de 1946, nomeadamente as infrações graves enumeradas na Convenção de Genebra, de 12 de agosto de 1949, para a proteção às vítimas da guerra.

Os crimes contra a humanidade, cometidos em tempo de guerra ou em tempo de paz, estão definidos no Estatuto do Tribunal Militar Internacional de Nuremberg de 8 de agosto de 1945 e confirmados pelas Resoluções n. 3 (I) e 95 (i) da Assembléia-geral das Nações Unidas, de 13 de fevereiro de 1946 e 11 de dezembro de 1946; a evicção por um ataque armado; a ocupação; os atos desumanos resultantes da política de *apartheid*; e ainda o crime de genocídio, como tal definido na Convenção de 1948 para a prevenção e repressão do crime de genocídio, ainda que estes atos não constituam violação do direito interno do país onde foram cometidos.

> *Genocide is a denial of the right of existence of entire human groups, as homicide is the denial of the right to live of individual human beings; such denial of the right of existence shocks the conscience of mankind, results in great losses to humanity in the form of cultural and other contributions represented by these human groups, and is contrary to moral law and to the spirit and aims of the United Nations.*

Para serem analisadas, as considerações feitas sobre a segurança coletiva em que se inserem os conflitos dos Grandes Lagos destacam o papel da ONU e a intervenção da MONUC, para proibir atos ilícitos dentro de seus limites, mediante o uso da força armada, se necessário.

Exige-se, para tanto, uma cooperação entre Estados, dando às Nações Unidas toda assistência em qualquer ação a que elas recorrerem de acordo com Carta, conforme o art. 2º, § 5º, para que as medidas coercitivas sejam eficazes e que prevaleça o respeito aos princípios do direito internacional.

Para Simone Martins Rodrigues, a defesa da autorização para o uso da força em suporte às operações da ONU está refletida no texto da Agenda para a Paz, pois

> a Agenda considera que a essência do conceito de segurança coletiva como descrito na Carta está no fato de que, se os meios pacíficos falharem, as medidas previstas no Capítulo VII deverão ser usadas, segundo a decisão do Conselho de Segurança, para manter a paz e a segurança internacional. E o principal fator presente nas operações de manutenção da paz atuais é a falta de capacidade para lidar como os novos problemas que têm surgido nas áreas de conflito, diminuindo cada vez mais sua eficácia e a segurança de suas tropas.[17]

Como se pode observar, o presente trabalho destaca a responsabilidade do Conselho de Segurança no que diz respeito à busca de so-

---
17 Rodrigues, 2000, p.53b.

lução por meios pacíficos (Capítulo VI da Carta) ao analisar as resoluções sobre a RDC na perspectiva dos conflitos dos Grandes Lagos sob as vertentes geopolíticas e geoestratégicas e, em face da persistência das lutas armadas e violações de direitos humanos e do direito internacional humanitário, aplicar o Capítulo VII dentro de suas prerrogativas, autorizando o uso da força, tendo em vista a segurança coletiva alicerçada em medidas coercitivas eficazes e dissuasivas, fazendo, assim, a paz um imperativo do direito internacional.

A segurança coletiva não pode ser apenas reduzida à prevenção da guerra, ao uso dos meios coercivos, incluindo militares para dissuadir, reprimir os agressores sob responsabilidade e autorização do Conselho de Segurança, mas exige, também, um olhar sobre outras formas de desafios em matéria de segurança, como a segurança alimentar e a segurança ambiental.

Em relação à busca da manutenção da paz e da segurança internacionais, a situação atual da África no cenário mundial torna-se um desafio para a comunidade internacional. Faz-se necessário atacar outros inimigos da paz e da segurança, tais como a fome, a pobreza, a mortalidade infantil e materna, as infecções de HIV/Aids, da malária e de outras doenças endêmicas, assim como o desenvolvimento sustentável do continente africano. Hoje em dia, as operações da manutenção da paz quebraram o paradigma de apenas fazer a guerra, mas são acompanhadas por operações humanitárias devido aos milhares de refugiados, vítimas inocentes dos conflitos armados.

Partindo da própria história da África, nota-se que o continente passou e continua passando por períodos difíceis de conflitos, lutas tribais e guerras impostas e financiadas pelas grandes potências e multinacionais. O olhar triste sobre a África deixa os otimistas cada vez mais céticos em face da indiferença e do abandono do continente pela comunidade internacional.

A década de 1960 marcou o tempo de emancipação da África por meio do acesso de vários países à independência, terminando, desse modo, em tese, o jugo colonialista e imperialista do Ocidente.

Após a independência, pensava-se que a elite africana recentemente formada conduziria os países herdados da colonização para a liberdade e o bem-estar, porém, força é constatar que, em mais de 40 anos de independência, a situação dos povos havia piorado e que a África está sujeita a doenças endêmicas e a problemas sérios de desenvolvimento e de democracia.

A existência dos conflitos na região dos Grandes Lagos e os acontecimentos no Darfur, na Costa de Marfim e em outras regiões em guerra comprovam a necessidade de democratizar a maioria dos países do continente para que eles se adaptem às constituições fundadas em princípios de soberania, democracia, segurança nacional e Estado de Direito, ou seja, que eles entrem no concerto das nações, adequando-se às novas exigências das relações internacionais abarcadas pela necessidade real de respeito aos direitos humanos e às culturas, da vontade política no cumprimento da democracia e do desenvolvimento, bem como a aplicação de uma dose de tolerância no encontro das culturas no mundo de hoje.

Abordando a situação de instabilidade que acarreta intervenções tanto em sua dimensão preventiva, como preconizada pela política do presidente Bush, quanto em sua vertente humanitária, Cristina Soreanu Pecequilo se refere ao tempo do colonialismo para caracterizar a permanência de situações de crises e conflitos endêmicos. Segundo ela, na África, essas crises têm suas raízes no processo de colonização destas regiões pelas potências européias e na sua subseqüente independência, representando realidades de transição política marcadas pela violência.[18]

Nota-se que a situação de alguns países africanos tem melhorado bastante, por paradoxal que pareça, apesar dos focos de conflitos em alguns deles. Angola, por exemplo, reencontrou o caminho da paz; os países dos Grandes Lagos têm percorrido etapas importantes e determinantes suscetíveis de conduzi-los a uma resolução pacífica dos conflitos. Antes da morte inesperada do vice-

---

18 Pecequilo, 2004, p.217.

presidente John Garang[19], foi selado no Quênia um acordo de paz, envolvendo os beligerantes sudaneses, após vários anos de guerra entre o Norte muçulmano e o Sul cristão e animista.

Para diminuir os conflitos e solucionar controvérsias que envolvem os países-membros entre eles ou entre grupos armados, espera-se, além das intervenções diplomáticas e militares da ONU, uma diplomacia ativa da União Africana (UA)[20] na consecução de soluções nos conflitos.

Para isso, cabe aos dirigentes africanos dar respostas aos desafios levantados no limiar do século XXI, tal qual o da globalização, como uma oportunidade de desencalhar e, ao mesmo tempo, como uma inquietação para não perder o rumo diante das mudanças que a humanidade conhece. É necessário que a África se insira na economia mundial, abarcando o desafio de estabelecer a democracia em um continente marcado pelos regimes militares e ditatoriais apoiados pelas grandes potências desde a época colonial.

Enquanto se discute sobre a cooperação da comunidade internacional, com a participação efetiva e determinante dos paí-

---

19 John Garang foi, durante anos, chefe militar da rebelião cristã do Sul do Sudão contra o regime de Kartum. Morreu em um acidente de helicóptero após uma visita ao presidente ugandês.

20 A União Africana (UA) é a organização que sucedeu à Organização da Unidade Africana (OUA). Fundada em 11 de julho de 2002, tendo por primeiro presidente o sul-africano Thabo Mbeki, presidente em exercício da OUA na época da fundação da nova Instituição. Criada nos moldes da União Européia, a UA tem como objetivos: acelerar a integração política e socioeconômica do continente e favorecer a promoção da democracia, dos direitos humanos e do desenvolvimento da África, visando ao aumento dos investimentos externos por meio do NEPAD, bem como a criação de um banco central de desenvolvimento.
São órgãos da UA:
A Conferência: reunião dos chefes de Estados e de governo uma vez por ano, órgão de decisões da União; O Conselho Executivo; A Comissão, cujo presidente atual é Alpha Oumar Konaré, ex-presidente de Mali; A Corte de Justiça; e O Parlamento Pan-africano, criado em março de 2004, que abriu suas portas em setembro de 2004 na África do Sul. Exerce atualmente um papel consultivo; O Conselho de Paz e de Segurança; Comitê de Representantes Permanentes; Comitês Técnicos Especializados; Conselho Econômico, Social e Cultural; e Instituições Financeiras. Disponível em: www.fr.wikipedia.org/wiki/Union_africaine e www.africa-union.org. Acessado em: 20/2/2005.

ses desenvolvidos, no tocante ao desenvolvimento do continente africano por meio da Nova Parceria para o Desenvolvimento da África (NEPAD)[21], mediante o aumento de investimentos externos e a implementação dos próprios objetivos da União Africana, vê-se mais uma vez a África mergulhar em novas crises, como as situações de conflitos que prevalecem nos países dos Grandes Lagos, na Costa do Marfim e, recentemente, em Togo, com a investidura do Faure Gnassingbé à presidência da República, após a morte do seu pai, Eyadema, ditador durante 38 anos no poder.[22]

Tanto na região dos Grandes Lagos quanto nas outras regiões africanas, a sensação de anarquia ocorre exatamente pelo desrespeito às regras constitucionais que favoreçam a implementação da democracia e a participação maciça do povo no que diz respeito à formação de uma verdadeira nação.

Para Pecequilo, a anarquia corresponde à ausência de um governo e de leis que definam os parâmetros de comportamento e regulagem de um determinado espaço, provendo-lhe ordem.[23]

---

21 NEPAD é a Nova Parceria para o Desenvolvimento da África, uma nova visão e um quadro estratégico para o renascimento da região. Visa a suprir o atraso que separa o continente dos países desenvolvidos. Esse fosso a ser preenchido é o coração do NEPAD. Não se trata apenas do financiamento dos projetos.
Os principais objetivos do NEPAD são:
- Erradicar a pobreza;
- Colocar os países africanos, individual e coletivamente, no caminho do crescimento e do desenvolvimento sustentável;
- Pôr termo à marginalização da África no contexto da globalização e promover sua integração completa e aproveitável na economia mundial;
- Acelerar o reforço das capacidades das mulheres a fim de promover seu papel no contexto de desenvolvimento socioeconômico.
Quanto às prioridades, o NEPAD pretende estabelecer condições favoráveis para o desenvolvimento sustentável, assegurando a paz e a segurança; a democracia e a boa governança política, econômica e empresarial; a integração e a cooperação regional e o reforço das capacidades.

22 Com efeito, ocorreu naquele país um golpe militar com aparência de legitimidade do poder, uma vez que os militares, ao saberem do falecimento do presidente da República, apressaram-se para empossar o seu filho, que era deputado, mas exercia a função de ministro do Desenvolvimento, em 7 de fevereiro (dois dias após o falecimento).

23 Pecequilo, 2004, p.38b.

Observa ainda que:

> No Sistema Internacional a ordem nasce das relações que se estabelecerão entre os atores e a sua dinâmica, predominando a lógica da competição e da sobrevivência, do choque de interesses. Tais choques levarão a um cenário de perfil incerto que, dependendo do contexto, da época dos atores envolvidos, oscilará entre dois eixos básicos, o da cooperação e o do conflito. O poder será o definidor das Relações Internacionais.[24]

Como pode-se perceber, no âmbito das relações internacionais e do próprio direito internacional, as tentativas dos militares de tomar o poder ou iniciar guerras contra países vizinhos, utilizando-se de subterfúgios para desafiar a comunidade internacional, é inadmissível, inaceitável no momento em que se valoriza, nos Estados de Direito, o princípio de legitimidade do poder, posto que a verdadeira autoridade repousa sobre uma legitimidade que não é contestada, o princípio de respeito da soberania nacional e da integridade territorial uma vez que a intangibilidade de fronteiras permanece um imperativo absoluto e o princípio de apoio às soluções de conflitos, sobretudo, com as mediações africanas, evitando-se, desta maneira, a perenidade dos conflitos e das catástrofes humanitárias.

Ao examinar a situação que prevalece, atualmente, na região dos Grandes Lagos, em geral, e na RDC, em particular, força é reconhecer que, além dos fatores de crises e instabilidades que geram os conflitos e lutas armadas, existem ainda os relacionados às revisões constitucionais que favorecem a permanência no poder de alguns chefes de Estados africanos, fato este que, em seu discurso no Quênia, o Secretário-geral da ONU, Kofi Annan, denunciara.

Quanto às mudanças constitucionais, vale destacar a situação da RDC quando ocorreu o assassinato de Laurent-Désiré Kabila, em 16 de janeiro de 2001. Com o advento do filho, Joseph Kabila, os atores políticos, em 2002, optaram por uma Constituição de transição

---

24 Idem.

com roupagem de respeito às regras democráticas do poder que emana do povo e não de um grupo querendo prevalecer e preservar seus interesses escusos.

Observa-se, no entanto, que a indicação do filho de Laurent-Désiré Kabila como presidente da República provocou uma crise de legitimidade do poder caracterizada pela violação aos direitos constitucionais em nome da segurança nacional. Pode-se falar em desconstituição da Constituição na RDC, como uma afronta ao processo de democratização do país, inclusive de outros países africanos, iniciado após a queda do muro de Berlim.

Nessa perspectiva, pode-se também analisar as crises de soberania e democracia, partindo dos paradigmas antigos até o entendimento atual dos dois institutos. Como entender a soberania, nesse caso de conflitos dos Grandes Lagos, em que a RDC denuncia uma agressão de países vizinhos, desestabilizando a região inteira?

O que significa o termo "democracia" para a maioria dos países africanos envolvidos em conflitos? Que tipo de democracia eles preconizam?

É sob a ótica dos conflitos dos Grandes Lagos, considerando a política militarista dos governos vizinhos à RDC, que procura-se, sucintamente, abordar a influência dos militares na vida política africana, de modo geral, e congolesa, em particular, bem como a influência colonialista e neocolonialista da França na África, principalmente no tocante aos conflitos em tela.

Assim, descobre-se, mais uma vez, a figura imperialista do ocidente que, em detrimento de vidas humanas, faz prevalecer a proteção dos seus interesses, em uma perspectiva realista de Morgenthau, Raymon Aron e Walz.

Torna-se necessário, dentro desse cenário de conflitos e de jogo de interesses, entender a postura e as reações da comunidade internacional, tendo em vista suas recomendações relativas aos meios pacíficos de resolução de conflitos dentro das perspectivas da Carta da ONU, União Africana (UA) e outros blocos regionais, como a Comunidade Econômica dos Estados da África Ocidental

(CEDEAO), isto é, examinar a complexidade dos conflitos, tanto em nível global quanto em nível regional ou local.

Se, de um lado, os próprios dirigentes africanos escolheram as ditaduras, as rebeliões e os golpes de Estado como meios para resolver os conflitos internos, do outro, a comunidade internacional tem se destacado pela inércia no início das crises em razão da falta de uma política preventiva em caso de conflitos. Esconde-se atrás de uma retórica e burocracia que deixa morrer milhares de pessoas antes que sejam tomadas decisões salutares.

As intervenções da ONU sempre ocorreram após meses ou anos de massacres de populações civis e sob uma forte pressão internacional. A verdade é que a mesma comunidade internacional é refém do direito e dos interesses geopolíticos e geoestratégicos das grandes potências. A incapacidade da mesma para administrar os conflitos e iniciar o diálogo tem minado sua autoridade e provocado certa desconfiança.

Na mesma linha e com ângulo próprio, Simone Martins Rodrigues pondera:

> As reações da ONU, e especialmente do Conselho de Segurança, quanto às ameaças à paz e à segurança têm sido desorganizadas e seletivas. Cada medida tem sido criada *ad hoc*, geralmente quando o desastre principal já ocorreu. Se isto vai se resolver com o fortalecimento da Organização no pós-Guerra Fria depende do aumento do consenso, dos interesses comuns, de melhoramentos no sistema de vigilância e das normas internacionais para que as ações coletivas possam ocorrer com o amplo respaldo dos membros da ONU e apoiadas em sólidas construções legais. A preocupação que cresce com importância são os dilemas a respeito de como agir a situações de violência maciça, emergências humanitárias, colapso de autoridade e abusos aos direitos humanos, que não representam combates interestatais, mas questões internas de cada Estado.[25]

---

25 Rodrigues, 2000, p.45-6c.

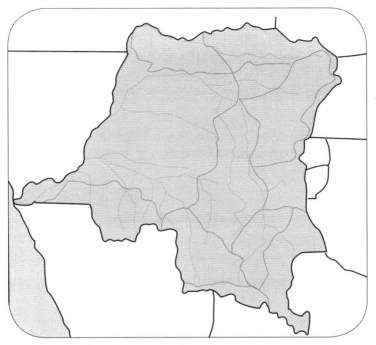

Figura 2.1   República Democrática do Congo (RDC).

CAPÍTULO 3

A ONU e os antecedentes históricos da África

3.1 PROCESSO DE COLONIZAÇÃO E DESCOLONIZAÇÃO

3.1.1 Colonialismo contemporâneo *versus* imperialismo: as duas faces da mesma moeda

Na concepção de muitas pessoas, o continente africano é ainda um mundo desconhecido e fantasioso. Se é conhecido, é bonito em paisagem, mas selvagem, como apresentado nos filmes de Tarzan. Trata-se do estereótipo veiculado pelo ocidente que, por vários anos apoderou-se das riquezas africanas sem nenhuma preocupação com o desenvolvimento do continente, salvo a ajuda financeira estrutural de ponto de vista econômico.

A África é vista como o continente de "safári" (Paris-Dacar), destruído pelas guerras e doenças endêmicas (Aids e malária), de contingentes de refugiados e de pobres. Em contrapartida, é um continente de contrastes, pois, além de ter em seu bojo a maioria dos países pobres, é dona de recursos naturais fabulosos, como diamantes, ouro, urânio, petróleo etc.

Constata-se cada vez mais o aumento dos conflitos no continente africano, enquanto a comunidade internacional apela ao diálogo, à convivência entre os povos, à solidariedade e à construção da paz universal. Enquanto o primeiro mundo tende a intensificar as conquistas do capitalismo, percebe-se um retrocesso dos países africanos no tocante ao desenvolvimento. Com efeito, os conflitos, muitas vezes chamados de étnicos, aproveitam mais aos invasores e milícias locais armadas pelas "forças negativas" que as populações locais empobrecidas, uma vez que tornaram-se fontes de enriquecimento dos instigadores das guerras e seus familiares ou membros do mesmo clã ou da mesma tribo. A perpetuidade desses conflitos tem prejudicado o desenvolvimento dos países vítimas de agressão por parte dos vizinhos, como tem acontecido com a RDC.

Para melhor entendimento do colonialismo na África, vale lembrar alguns dados relevantes no cenário mundial, que marcaram o direito internacional público.

No século XVII, ocorreu a assinatura do Tratado de Vestfália (1648), cujas principais decisões contemplaram: a) criação de novos Estados: Suíça; b) independência dos Países Baixos da Holanda; c) a Alsácia foi incorporada à França.[26]

A Paz de Vestfália é um marco importante porque, a partir dela, inicia-se o imperialismo francês e a desintegração do Sacro Império Romano Germânico. Sabe-se que, mais tarde, a França levou para a África sua visão hegemônica, para melhor dominar os países africanos sob sua tutela após a Conferência de Berlim (1884-1885).

Há de ressaltar, ainda, que o processo de colonização enquadra-se no período de desestruturação e reestruturação da Europa das Nações, caracterizado pela agonia da *Republica Christiana*, pela Paz de Vestfália, em 1648 e pelo princípio de equilíbrio do

---

26 Mello, 2002, p.163.

poder.²⁷ Segundo Henry Kissinger, o sistema do equilíbrio de poder nasceu no século XVII, a partir do colapso final da aspiração medieval à universalidade – conceito de ordem mundial que era o amálgama das tradições do Império Romano e da Igreja Católica.²⁸ Em uma época marcada pelas alianças e a busca de hegemonia, a Paz de Vestfália significa uma liquidação com o passado, marcado pela desintegração do Sacro Império Romano e o surgimento de uma Sociedade Internacional de Estados laicos, bem como o nascimento de uma sociedade de monarquias absolutas e sua eventual regulamentação. Com o colapso da idéia de um império europeu hegemônico, isto é, o colapso da unidade, da universalidade, passa-se ao princípio da *raison d'État* preconizado pela França, por intermédio de Richelieu, que esperava ser beneficiada em matéria de segurança pelo enfraquecimento do Sacro Império Romano.

Se Grotius (1625) condenava a guerra de religião, os colonizadores da África declararam guerra às religiões tradicionais consideradas genericamente como coisas do demônio.

Em 1713, os Estados europeus firmam o Tratado de Utrecht baseado no princípio de equilíbrio (balança de poder), procurando, para tanto, o equilíbrio continental. Do outro lado, mais expedições para explorar matérias-primas da África sairiam da Europa em plena fase de industrialização do velho continente. Não se trata de mera coincidência quando, no momento em que ocorrem as conquistas das terras africanas, na Europa usam-se as compensações territoriais como mecanismo para assegurar o princípio do equilíbrio do poder, já que era considerada a questão da fertilidade do solo, o número e a qualidade das populações.

---

27 Para Henry Kissinger, o equilíbrio de poder não visava a evitar crises ou mesmo guerras. Funcionando bem, destinava-se a restringir a capacidade de alguns estados dominarem outros e a limitar a extensão dos conflitos. Seu objetivo não era a paz, era a estabilidade e a moderação. Por definição, um quadro de equilíbrio de poder não satisfaz completamente a todos os membros do sistema; o equilíbrio funciona quando mantém as insatisfações abaixo daquele nível em que a parte prejudicada tentará derrubar a ordem internacional (Kissinger, 1999, p.16a).

28 Kissinger, 1999, p.57b.

A fertilidade do solo, bem como o número e a qualidade das populações em jogo, foram utilizados como padrões objetivos pelos quais seria determinado o acréscimo de poder que as nações receberiam individualmente graças à aquisição do território. Embora esse modelo tivesse sido aplicado de modo algo grosseiro no século XVII, o Congresso de Viena refinou a política de compensações, para o que nomeou, em 1815, uma comissão estatística encarregada de avaliar os territórios pelos parâmetros de número, qualidade e tipo de população.

Na parte final do século XIX e princípio do século XX, foi novamente, e de modo deliberado, aplicado o princípio da compensação à distribuição de territórios coloniais e à delimitação de esferas de influência coloniais ou semicoloniais. A África, em particular, foi nesse mesmo período objeto de numerosos tratados que delimitavam a esfera de influência das principais potências coloniais. Desse modo, a competição entre França, Grã-Bretanha e Itália pelo domínio da Etiópia foi resolvida, provisoriamente, adotando-se o modelo das partilhas da Polônia e, pelo tratado de 1906, dividiu o país em três esferas de influência, no intuito de estabelecer naquela região um equilíbrio de poder entre nações interessadas.[29]

Sabe-se, todavia, que as três partilhas do território polonês (1772, 1793 e 1795) que favoreceram à Áustria, à Prússia e à Rússia marcaram o fim do princípio do poder, uma vez que tal divisão ocorreu em detrimento de outras nações signatárias da Paz de Utrecht.

Deve-se mencionar que, paralelamente aos acontecimentos na Europa que puseram fim à guerra dos Trinta Anos (1618-1648), os quais acarretariam o primeiro dos grandes Congressos internacionais – a paz de Vestfália (1648) –, os holandeses, na África, conquistavam os portos de São Tomé e São Paulo de Loanda (1641), na embocadura do Rio Congo, onde os capuchinhos italianos

---

29 Morgenthau, 2003, p.341-2a.

evangelizavam as populações do Reino Kongo, já em decadência. Este século, no continente africano, marcou o apogeu dos Reinos Kuba (hoje províncias de Kasai Ocidental e Oriental na RDC) e Lunda (atualmente uma parte das províncias de Kasai e Bandundu) e inaugura também o tráfico de escravos nas regiões de Baixo Congo e Katanga, sempre no território da atual RDC.

É importante lembrar esses fatos "conexos" para demonstrar que é no cenário mundial que devem ser analisados os conflitos atuais na África e as raízes de suas causas. Se a África é o berço da humanidade, torna-se evidente a impossibilidade de compreender os conflitos nela ocorridos sem considerar a complexidade de sua história e as diversidades étnicas, culturais e lingüísticas de suas populações. A perenidade de alguns conflitos pode ter suas origens antes da época colonial propriamente dita, mas se atrela aos tempos das conquistas missionárias[30] e da exploração de matéria-prima para assegurar a industrialização da Europa. Tal paralelismo é feito, na medida do possível, no tocante aos grandes eventos celebrados na Europa e aos fatos ocorridos na mesma época no continente africano.

Após a Paz de Vestfália, que inaugurou o imperialismo francês, e a celebração da Paz de Utrecht, fundada no princípio do equilíbrio, cujo alcance se daria por meio de compensações territoriais, a Europa foi marcada pela Revolução Francesa (1789), assentada nos princípios de igualdade, fraternidade e liberdade.

O segundo dos grandes congressos europeus foi o de Viena (1815), durante o qual foi manifestada a tendência de internacionalizar os rios e de proibir o tráfico negreiro.[31] Criaram-se, ao

---

30 Em relação à conquista e à presença missionária na África, pode-se enumerar três fases importantes: a) de 1488-1498, a fase de descoberta; b) séculos XVI e XVII, fase de entrepostos; c) século XIX, fase de disputa e partilha européia dos territórios africanos.

31 Foi em 1498 que o primeiro navio negreiro chegou aos Estados Unidos, inaugurando, para tanto, o tráfico de escravos no Atlântico. Prática que, durante três séculos e meio (1550 a 1880), teve como conseqüência a diminuição da população da África e a desorganização das estruturas políticas e sociais. Na mesma época, os portugueses estabeleceram um tipo de protetorado e evangelizaram o império Kongo que eles abandonariam mais tarde, no final do século, indo para

mesmo tempo, novos Estados (Suécia-Noruega; Bélgica-Holanda). No mesmo ano, do outro lado do continente africano, *Nabiembali* funda o Império Mangbetu no Noroeste da atual RDC. Em 1816, o explorador inglês Tuckey sobe o rio Congo até as cataratas de Yelala e inaugura o período das "explorações científicas do século XIX" na África Central e Austral. Paralelamente, no tocante aos chefes tradicionais, cresce, consideravelmente, o poder das circunscrições (conglomerado de aldeias) Zandé, graças ao tráfico de escravos e ao comércio de armas. Nota-se, desde então, a existência do tráfico de armas entre os chefes das aldeias e os colonizadores. Atualmente, no contexto dos conflitos dos Grandes Lagos, cabe às Forças Armadas da República Democrática do Congo (FARDC) e à MONUC desarmar as milícias e demais combatentes que perturbam a ordem no leste do país, principalmente na região de Ituri.

De 1874 a 1878, o explorador inglês Henry Morton Stanley (1841-1904), antes por conta própria e depois auxiliado pela Associação Internacional do Congo (AIC)[32], atravessou o continente africano de Leste a Oeste, descendo o rio Congo, sua embocadura. Os negreiros começam, então, a penetrar a zona florestal e a instalar-se na parte oeste do rio Lualaba.

Em 12 de setembro de 1876, o Rei da Bélgica, Leopoldo II, organizou uma conferência geográfica internacional, da qual surge a Associação Internacional Africana (AIA), em 14 de setembro de 1876, cujo objetivo é de abrir a África à civilização, de abolir o tráfico de escravos. A conferência foi realizada em Bruxelas e definiu uma "zona de ação" dentro do continente africano, delimitada ao norte pelo Sudão egípcio, ao sul pela bacia do rio Zambeze e ao leste e oeste pelos oceanos.

Enquanto em 1878, segundo Celso Mello (2002, p.166c), o Congresso de Berlim regularizava a situação dos Estados balcâni-

---

a Angola, onde o tráfico dos escravos era mais fácil. Esse século marcou o início do tráfico negreiro na região de Baixo Congo. Disponível em: www.congoonline.com/histoire/. Acessado em 28/11/2005.

32 *Association Internacionale du Congo*. Disponível em: www.britannica.com/eb/article-9009950. Acessado em: 28/11/2005.

cos, a Bósnia-Herzegovina foi ocupada e administrada pela Áustria em nome da Turquia; a Sérvia, a Romênia e o Montenegro obtiveram aumentos territoriais. No mesmo ano, em 30 de outubro, o rei Leopoldo concluía um acordo com Stanley para criar postos no Congo e negociar tratados com os chefes tradicionais locais, em nome da AIA, denominada mais tarde *Comité d'Études du Haut-Congo* (CEHC).[33]

Percebe-se, nesse ligeiro paralelismo, a influência do imperialismo e colonialismo europeus na pessoa de Leopoldo,[34] que se apoderaria do Congo e dos exploradores ingleses e portugueses, apesar de não ser oficial até a sua consagração pela Conferência de Berlim (1885); entretanto, para estender melhor a dominação e assentar seu poder, Leopoldo enviou para o Congo missionários católicos com a intenção de abrir a primeira escola em 1880, inicialmente, com uns vinte alunos. Em 1883, o Congo é denominado AIC, presidida pelo rei Leopoldo II e, a 15 de novembro de 1884[35], no Congresso de Berlim, a AIC se tornaria Estado Independente do Congo (EIC), cujo soberano é Leopoldo II, tendo por sede do governo a cidade de Boma na província de Baixo Congo, depois Leopoldville, a atual capital Kinshasa.

Observa Adam Hochschild (1999, p.94) que:

> [...] na Europa, a sede por terras na África já era quase palpável. Havia algumas reivindicações conflitantes que precisavam ser resolvidas, e, obviamente, urgia impor algumas regras básicas para a divisão final do bolo africano. Bismarck ofereceu-se para ser anfitrião de uma conferência diplomática, a ser realizada em Berlim, que discutiria algumas dessas questões. Para Leopoldo, a conferência era uma oportunidade a mais de reforçar sua posição no Congo.

---

33 Comitê de Estudos do Alto Congo.
34 O rei da Bélgica, Leopoldo II, entregou as terras do Congo ao Estado belga em 1889, em um testamento.
35 A data marca a abertura da Conferência de Berlim.

No tocante às relações internacionais, somente o ato final de 26 de fevereiro de 1885 da Conferência de Berlim (Ato Geral de Berlim) fixa o estatuto convencional da bacia do Congo (liberdade de comércio e de navegação do rio Congo) e os limites do Estado Independente do Congo. Pelo fato de abandonar alguns territórios, Leopoldo recebe em compensação a região de Katanga (rica em minérios). Contudo, substitui-se a soberania pessoal do rei Leopoldo à da Associação Internacional, e o novo Estado do Congo obtém o reconhecimento das potências internacionais. Assim, em 6 de maio de 1885, mesmo em Bruxelas, Leopoldo I formou o governo e substituiu Stanley por *sir* Francis de Winton, outorgando-lhe o título de Administrador-geral. O território é dividido em distritos dirigidos pelos comissários.[36]

Começa, a partir desse momento, uma nova fase no território do Congo, caracterizada pelo imperialismo[37] e colonialismo[38]. Afinal, o que é colonialismo? O que é imperialismo?

Segundo Geofrey K. Roberts (1972), citado por Celso Mello (2002, p.175-6d), colonialismo é a prática de ocupação, pela força ou meios pacíficos, de território que se acha relativamente subdesenvolvido com o fim de nele estabelecer elementos do Estado ocupante e empregar o território principalmente para vantagens

---

36 *História da República Democrática do Congo*. Disponível em: www.congoonline.com. Acessado em: 28/11/2005.

37 Entre 1870 e 1945, a expressão "imperialismo" é usada para descrever a expansão violenta por parte dos Estados, ou de sistemas políticos análogos, da área territorial da sua influência ou poder direto, e formas de exploração econômica em prejuízo dos Estados ou povos subjugados, geralmente conexos com tais fenômenos.

38 O colonialismo indica a doutrina e a prática institucional e política da colonização; enquanto a colonização é o processo de expansão e conquista de colônias, e à submissão da força ou da superioridade econômica, de territórios habitados por pessoas diferentes das do potência colonial. Colonialismo define, mais propriamente, a organização de sistemas de domínio (Dicionário de Política).
O colonialismo contemporâneo é definido como a expressão do nacionalismo dos Estados europeus e de aumento das rivalidades internacionais, o intrincado jogo bismarckiano de desafio dos equilíbrios estabelecidos, ou o fim da supremacia econômica e política inglesa assim como o aparecimento de novas potências industriais concorrentes à busca de matérias-primas e mercado; ou ainda, a criação de estruturas de domínio total para organizar a exploração sistemática dos recursos, uma necessidade histórica para a expansão do capitalismo.

econômicas. No colonialismo, há sempre uma política de povoamento. Em geral, a colônia é despovoada ou habitada por uma raça diferente. A colônia é sempre inferior. No imperialismo, é criada uma relação de dependência, mas alguns membros podem ter *status* de quase igualdade com a potência imperial, por exemplo, o Canadá, no século XIX, em relação à Grã-Bretanha.

No mesmo diapasão, situa-se Ricardo Seitenfus ao dizer que:

> O colonialismo europeu foi uma atividade guerreira por excelência que se materializava pela ocupação militar, tanto de terras devolutas quanto de regiões habitadas por sociedades consideradas inferiores, impregnando as relações internacionais com marcas indeléveis presentes na contemporaneidade. Assim, por exemplo, tanto o sistema clientelístico quanto a geografia lingüística e cultural das atuais relações internacionais originaram-se durante o colonialismo.[39]

Quanto ao imperialismo, Morgenthau denuncia, em primeiro lugar, o desuso da própria expressão na teoria e na prática da política internacional. Esclarece para isso os três equívocos mais populares engendrados pelo uso indiscriminado da mesma política.

Para ele, nem toda política de uma nação constitui, necessariamente, uma manifestação de imperialismo. Assim, define o imperialismo como uma política que visa à demolição do *status quo*, que busca uma alteração nas relações de poder entre duas ou mais nações. Neste caso, surgem duas correntes: a primeira representada pelos anglófobos, russófobos e antiamericanos que se opõem, em princípio, a uma determinada nação e suas políticas, considerando cada acréscimo do poderio como ameaça ao mundo, ou seja, uma maneira de conquistá-lo. Salienta o autor, no segundo equívoco, que não se pode considerar como imperialista toda política externa que vise à preservação de um império já existente. A idéia é que:

---
39 Seitenfus, 2004, p.34a.

Constitui uma atividade imperialista qualquer ação desenvolvida por uma nação, como a Grã-Bretanha, a China, a União Soviética ou os Estados Unidos, no sentido de manter sua posição de preponderância em certas regiões. Desse modo, o imperialismo se torna identificado com a manutenção, defesa e estabilização de um império real, em vez de equiparar a um processo dinâmico de aquisição de um novo império.[40]

Nessa fase, nota-se o imperialismo britânico, ou seja, a sua política externa voltada para suas possessões ultramarinas.[41] Nos Estados Unidos, o debate político sobre imperialismo centrado nas expressões consolidação, proteção e exploração, deixava entrever a política de *status quo*. Todavia, verdadeiros debates foram realizados após o período de expansão imperialista. Para os países europeus envolvidos na conquista das colônias, o imperialismo adquiriu uma conotação econômica, tendo em vista o processo do forte crescimento industrial na Europa. Trata-se, portanto, do terceiro equívoco que deu origem às teorias econômicas e que, nos dizeres de Morgenthau, ocultaram a verdadeira natureza do imperialismo.

No tocante às teorias econômicas, Morgenthau enumera três escolas: marxista, liberal e "diabólica", às quais correspondem diferentes tipos de imperialismo e cujo advento encontra-se em três estímulos: guerra vitoriosa, caracterizada pela expressão "Paz de Cartago", que retrata as relações entre vencedor e vencido; "Guerra Perdida", preconizando a eventual política imperialista do perdedor que, mais cedo ou mais tarde, procurará se vingar; fraqueza, vista como possível política imperialista a ser desenvolvida pelos Estados considerados fracos ou surgir os espaços politicamente vazios para dar lugar a Estados mais fortes do que eram antes.

O desejo ilimitado de poder a que se refere Hobbes em sua obra *Leviatan* deixa transparecer os três objetivos do imperialismo,

---

40 Morgenthau, 2003, p.99b.
41 Morgenthau, 2003, p.99c.

observa Morgenthau. A saber: o domínio de todo o globo, visando à construção de um império mundial, assim como pretendeu Hitler; ou o domínio do poder continental no intuito de construir um império continental, conforme as conquistas de Luís XIV, Napoleão III e Guilherme II; ou ainda o imperialismo local encontrado mais nas políticas monárquicas, como as de Frederico, o Grande e Luís XV.

Seguindo a lógica de Morgenthau diante da existência de três tipos de imperialismo, no que diz respeito à origem, e três tipos de imperialismo em função de seus objetos, a propagação do imperialismo ocorre com a implantação de três métodos: o imperialismo militar, baseado na conquista militar; o imperialismo econômico, fundado no controle econômico e o imperialismo cultural, também chamado de ideológico, com o objetivo de conquistar as mentes dos cidadãos do território conquistado ou dominado, alterando, para tanto, as relações de poder entre as duas nações.

Percebe-se, na realidade, que o imperialismo e o colonialismo andam lado a lado como irmãos gêmeos, e que um favorece a expansão capitalista do outro.

Todavia, vale recordar que a Primeira Guerra Mundial trouxe uma nova subdivisão das posses colonialistas entre as potências vencedoras, passando as colônias das potências vencidas a serem governadas sob o controle internacional. A respeito disso, declara o art. 22 do Pacto da SDN que tais territórios haviam de ser considerados como "mandatos", controlados por uma missão permanente *ad hoc*: mandato B (Camarões, Togo, Tanganica, Ruanda e Urundi), administrado à guisa de colônias e repartidas entre Inglaterra, França e Bélgica, não incorporados à outras posses coloniais; mandato A (Síria, Líbano, Transjordânia e Palestina), preparado para a independência a curto prazo; mandato C (Ilhas Pacíficas e Sudeste africano), sem limites às potências mandatárias. O que já explica a primeira brecha no sistema colonial. Mais tarde, surgem movimentos de resistência e de libertação dos sistemas coloniais.

É nesta ótica que se inserem hoje os conflitos dos Estados dos Grandes Lagos como sujeitos de direito internacional que foram colonizados e explorados, tendo sido submetidos a todas as formas do imperialismo mencionadas. Esta região convive hoje com as conseqüências da época colonial e imperialista em que comunidades que viviam em paz foram separadas pelas fronteiras fictícias e viram também algumas etnias sendo valorizadas nos moldes da dominação da raça branca ou ariana. É o caso da minoria tútsi[42] de Ruanda, que foi julgada superior pelos colonizadores, em detrimento da maioria formada por hútus[43], pela administração belga. Aos tútsis, foram confiados cargos importantes na administração local e considerados bons e valentes combatentes, criando, assim, o mito da bravura dos tútsis.

A história repete-se nos Grandes Lagos porque a minoria tútsi, sempre protegida pelos colonizadores e imperialistas, se reserva o direito de fazer a guerra contra os Estados vizinhos, massacrando, estuprando e torturando, sem ser incomodada pela Comunidade Internacional, desde que ela levanta a bandeira do genocídio de 1994 ou a questão de segurança nas fronteiras em face das ameaças dos interahamwe (ex-soldados do exército ruandês refugiados na RDC), ou ainda tornar-se porta-voz de banyamulenge (tútsis congoleses de origem ruandesa).[44]

A atitude expansionista de Ruanda, Uganda e Burundi, países em que vivem as etnias hútu e tútsi, ao invadir a RDC, tem demonstrado uma estratégia de suas elites calcada nos moldes da

---

42 Tútsis e hútus são dois povos que disputam o poder em Ruanda e Burundi. Os hútus formam a maioria da população.

43 O ano de 1923 marca a elevação de Leopoldville ao estatuto de "Distrito urbano" e, ao mesmo tempo, a entronização de um "Mwami" hútu para chefiar os imigrantes Banyaruanda de Kivu (no lugar do tradicional tútsi). Os banyamulenge seriam, no início, um grupo de ruandeses denominados assim por aqueles que já haviam se instalado desde 1881, porque se dirigiam para Mulenge. Disponível em: www.historyindian.tripod.com/congo/id1.html. Acessado em: 28/11/2005.

44 Os banyamulenge são tútsis de origem ruandesa instalados no leste da República Democrática do Congo, notadamente na região de Uvira, desde a colonização belga, que vivem alegando ter escolhido das armas para se defender contra uma eventual "limpeza étnica".

burguesia européia, para obrigar não apenas seus respectivos povos, mas também a comunidade internacional, a apoiar políticas imperialistas e expansionistas centradas na exploração ilícita dos recursos naturais da rica RDC. A conquista ou a desestabilidade da RDC significa ter acesso às riquezas naturais e conquistar mais terras para assentar populações tútsis, uma vez que o país, como Ruanda, tem a maior densidade populacional da África. As razões da perpetuação dos conflitos dos Grandes Lagos serão expostas adiante.

3.1.2 Descolonização

Entre 1942 e 1962, a descolonização marca o momento da independência e libertação de muitos países do jugo do colonizador. Ela ocorre em duas etapas, sendo que a primeira se concretiza logo após a Segunda Guerra Mundial, abrangendo o Próximo Oriente, o Oriente Médio e o Sudeste Asiático; a segunda, iniciada em 1955, ano que marca a Conferência de Bandung, concerne, essencialmente, ao norte da África e à África negra ou subsaariana. Para alguns autores, a primeira fase, de 1945 a 1960, refere-se, especificamente, ao Oriente Médio e ao Sudeste Asiático, com o afastamento da Grã-Bretanha e da França do Oriente Médio e do continente asiático, acarretando a independência do Líbano e da Síria (1946), da Índia e do Paquistão (1947) e da Indochina. A segunda fase está ligada à "libertação das colônias africanas, que encontraram na ONU uma organização atenta aos seus anseios" (Seitenfus, 2004, p.37b).

É nessa perspectiva que a Assembléia-geral da ONU adota a Resolução n. 1.514, de 14 de dezembro de 1960, referente à outorga da independência aos países e aos povos coloniais, marcando a Era da descolonização principalmente nos países africanos. A declaração considerou uma negação dos direitos fundamentais do homem a submissão dos povos à dominação e exploração estrangeiras. Conclamou o direito à autodeterminação para que, em virtude dele, todos os povos estabeleçam seu estatuto político e persigam, livremente, seu desenvolvimento econômico, social e cultural. Trata-se de uma verdadeira consagração do princípio da autodeterminação dos povos. A mesma Declaração referiu-se, também, à independência, denunciando o pretexto utilizado pelos colonizadores para retardá-la, alegando falta de preparo nos planos político, econômico, social ou educacional.

Tal posicionamento mostrou, claramente, que os povos teriam de lutar para conquistar sua autonomia e independência. Surgem, então, na África, muitos movimentos nacionalistas lutando contra os colonizadores – franceses, ingleses, belgas – e tentando recuperar mais espaço territorial, uma vez que as divisões das fronteiras herdadas da colonização eram consideradas artificiais.

Assim, as conseqüências dessas reivindicações são as sangrentas guerras em vários países africanos, do Norte ao Sul, do Oeste ao Leste, inclusive as secessões e sucessivas crises políticas no Congo Belga, em 1961. O continente foi sacudido pela Guerra do Biafra,[45] classificada como o mais grave e sangrento conflito territorial do período da descolonização, devido à proclamação da independência do Biafra em 30 de maio de 1967, desencadeando uma guerra civil diante do posicionamento do governo federal em não aceitar a emancipação da região.

Carece do apoio da comunidade internacional e amparo jurídico na Carta da Organização da Unidade Africana (OUA)[46],

---

[45] Biafra é o nome que tomou a região sudeste da Nigéria ao proclamar sua independência em 30 de maio de 1967. A região foi novamente incorporada à Nigéria em 15 de janeiro de 1970. Disponível em: www.pt.wikipedia.org/wiki/Biafra. Acessado em: 28/11/2005.

[46] A Organização da Unidade Africana (OUA) foi criada em 25 de maio de 1963 com o objetivo principal de promover a unidade e a solidariedade entre os Estados africanos, tendo por órgãos: Assembléia de Chefes de Estados Africanos e de Governo, Conselho de Ministros, Secretariado-geral, Comissão de Mediação, Conciliação e Arbitragem e tem por sede a cidade de Addis Abeba, Etiópia. Em 11 de julho de 2000, foi substituída pela União Africana, cujo objetivo é acelerar a integração política e socioeconômica do continente. Seus órgãos são: Conferência da União, Conselho Executivo, Parlamento Pan-africano, Tribunal de Justiça, Comitê de Representantes Permanentes, Comitês Técnicos Especializados, Conselho Econômico, Social e Cultural, Instituições Financeiras, e tem por sede a cidade de

que não reconhecia o princípio da autodeterminação dos povos, para não prejudicar o da intangibilidade das fronteiras herdadas do colonialismo.

Reconhecia, com efeito, apenas o princípio da integridade territorial, o direito à independência. Qualquer movimento separatista era considerado subversivo e não merecia apoio nem reconhecimento internacional.

Não obstante os conflitos oriundos da afirmação dos nacionalismos e da consciência de ter uma identidade própria diante do poder colonial, o Terceiro Mundo[47] fortaleceu-se ao pensar no crescimento econômico de todos os países que ficaram à margem dos dois blocos existentes.

Observa Maurice Vaisse:

> O ano de 1955 é o da virada, marcado pela conferência de Bandung, que decide por unanimidade apressar e generalizar a descolonização e marcado também pela decisão dos Estados

---

Addis Abeba, Etiópia. Organização da Unidade Africana (OUA). Disponível em: www.fd.uc.pt/CI/CEE/OI/OUA/Ficha-oua.htm. Acessado em: 25/11/2005.

47 Segundo a Wikipédia, a enciclopédia livre, a expressão "Terceiro Mundo" é uma designação genérica usada para designar nações de economia subdesenvolvida ou em desenvolvimento que, geograficamente, não faz mais sentido. É um termo considerado politicamente incorreto. Aplica-se, geralmente, às nações pobres da América Latina, da África e da Ásia. A origem do nome está na chamada "Velha Ordem Mundial", a divisão geopolítica de poderes e blocos de influência durante o período da Guerra Fria (1945-1989). O "Primeiro Mundo" seria composto pelos países capitalistas desenvolvidos, enquanto o "Segundo Mundo" seria composto pelos países socialistas industrializados. Restariam no "Terceiro Mundo" os países capitalistas economicamente subdesenvolvidos geopoliticamente não-alinhados (...) São comumente considerados "Terceiro Mundo" as seguintes regiões do planeta: África, América Latina e Sudeste Asiático. Disponível em: www.pt.wikipedia.org/wiki/Terceiro_Mundo. Acessado em: 28/11/2005.

Segundo Humberto M. Rasi, a expressão "Terceiro Mundo" (*Tiers Monde*) foi cunhada pelo demógrafo francês Alfred Sauvy em 1952 como referência às nações novas da Ásia e da África que estavam avançando para a independência das potências coloniais européias como conseqüência da Segunda Guerra Mundial. Sauvy observa nas aspirações dessas nações semelhança com o Terceiro Estado da França pré-revolucionária, a qual, na Assembléia Nacional, representava o povo comum em contraste com outros dois grupos minoritários, mas privilegiados – o clero e a nobreza. Disponível em: www.dialogue.adventist.org/articles/09_1_rasi_pp.htm. Acessado em: 28/11/2005.

Unidos e da URSS de levantar os limites impostos à admissão de novos membros nas Nações Unidas. Esta foi uma decisão favorável à libertação dos povos colonizados. (Vaisse, 1996, p.44a)

Afirma ainda que:

A Segunda Guerra alterou profundamente as relações das metrópoles européias com as suas colônias. Pôs a nu a fragilidade dos impérios, que ficaram minados pelas sementes nacionalistas disseminadas durante o conflito. E fez surgir duas grandes potências. Estados Unidos e URSS, ambas anticolonialistas, embora cada uma à sua maneira.

A URSS é favorável à descolonização por razões ideológicas – a descolonização enfraquece os países ocidentais – desde 1956 que a defende fervorosamente. Os Estados Unidos, em princípio, apóiam o combate dos povos colonizados por razões sentimentais e históricas. Dão, aliás, a independência às Filipinas, em 1946, mas não tomam posição oficial, para não embaraçar os Aliados. (Vaisse, 1996, p.65b)

3.1.3 Descolonização da África subsaariana

A segunda fase da descolonização refere-se aos países da África subsaariana que conquistaram a independência nos anos 1960 e que hoje são palco de guerras sangrentas e atrocidades sem fim. Considera-se, nessa segunda fase, a realização da Conferência de Bandung[48], de iniciativa de países asiáticos, como marco nas rela-

---

48 A Conferência ocorreu de 17 a 24 de abril de 1955, na Indonésia, e mudou a história da descolonização. A iniciativa partiu dos chefes de Governo da Birmânia, do Ceilão, da Índia, da Indonésia e do Paquistão (grupo de Colombo), que decidiram convocar uma Conferência dos países asiáticos e africanos. Os 24 governos foram representados e manifestaram três tendências: uma tendência pró-ocidental (Filipinas, Japão, Vietnã do Sul, Laos, Tailândia, Turquia, Paquistão, Etiópia, Líbano, Líbia, Libéria, Iraque e Irã), uma tendência neutra (Afeganistão, Birmânia, Egito, Índia, Indonésia e Síria) e outra tendência comunista (China e Vietnã do Norte). Os outros Estados não tiveram tendência definida (Vaisse, 1996, p.58c).

ções internacionais entre a África e a Ásia, uma vez que traz em seu bojo muitas mudanças concernentes à colonização e, ao mesmo tempo, manifesta a vontade e a busca de uma coexistência pacífica em uma época de Guerra Fria.

Fato surpreendente é que, pela primeira vez, países do "Terceiro Mundo" discutem de seu destino sem a participação dos países europeus, dos Estados Unidos ou da URSS. Procura-se, em primeiro lugar, condenar o colonialismo e pregar a emancipação colonial na busca de uma nova via quanto às soluções dos problemas comuns. Em um encontro histórico, Nasser, Tito e Neru, em Brioni (18 a 20 de julho de 1956), preconizam o bloco do não-alinhamento, contrapondo-se aos dois blocos existentes, ou seja, ao mundo já bipolarizado.

Quanto ao continente africano, de modo geral, pode-se dizer que a descolonização ocorreu primeiramente com os países do norte da África, com menção dos movimentos nacionalistas que simbolizam a luta pela autodeterminação dos povos, considerando a presença francesa em vários países. Em seguida, com os países da África subsaariana, outros países se tornaram independentes entre 1975 e 1990, caso de Angola e Namíbia.

No que diz respeito à descolonização no Norte da África, pode-se destacar os movimentos nacionalistas tunisiano (na figura de Habib Bourguiba) e argelino com a Frente de Libertação Nacional (FLN). Na Argélia, após muitos anos de luta para autonomia interna, os rebeldes argelinos conseguem assinar os acordos de Eviam (março de 1962) com a França, dando a ela uma garantia quanto ao respeito dos direitos de franceses e o direito de manter a presença militar e seus interesses econômicos no Saara durante cinco anos.

Seitenfus afirma que:

> A partir das lutas de independência nacional que ocorreram sobretudo nas possessões francesas, mescladas às negociações diplomáticas que marcaram a descolonização britânica, o continente africano conheceu no início da década de 1960, sua total emancipação, excetuando, como já enfatizado, as colônias

ibéricas. A descolonização decorreu da evolução das idéias, da influência moral e filosófica da opinião pública ocidental, do enfraquecimento das potências coloniais européias no pós-guerra e da estratégia de Washington e Moscou, que perceberam como vantajosa a eliminação da intermediação européia.

A favorável conjuntura permitiu o início do processo de descolonização portuguesa. A revolução dos Cravos de abril de 1974 – motivada essencialmente pelo sentimento anticolonialista – permitiu o reconhecimento formal da nova realidade. (Seitenfus, 2004, p.38-39d)

Nota-se que as crises e as guerras de libertação estão ligadas ao princípio da autodeterminação dos povos, cujas origens segundo A. Cassese, citado por Celso Mello, estão na Declaração de Independência dos EUA (1776) e na Revolução Francesa (1789).

No caso de territórios coloniais, o princípio é exercido por todo o povo, tendo em vista o princípio da integridade territorial. Entre 1945 e 1979, setenta Estados alcançaram a independência e, posteriormente, cerca de sete casos [...] O conceito de autodeterminação é mais amplo do que o campo anticolonial. Este princípio teve um grande impacto para diminuir a visão estatal do DIP, criando uma noção de povo. (Mello, 2002, p.451e)

Há de se reconhecer ainda que as decisões da Corte Internacional de Justiça (CIJ)[49] têm mostrado que o princípio da autodeterminação dos povos é de aplicação política e, segundo Mello, tem sido mais

---

49 A Corte Internacional de Justiça (CIJ), com sede em Haia (Holanda), é o principal órgão judiciário das Nações Unidas. Seu Estatuto é parte integrante da Carta da ONU. O art. 65 do Estatuto da CIJ reza que a Corte poderá emitir opiniões consultivas sobre qualquer questão jurídica, sob solicitação de qualquer organismo autorizado a isso por Carta das Nações Unidas ou de acordo com as disposições da mesma. As questões sobre as quais seja solicitada opinião consultiva serão expostas à Corte mediante uma solicitação por escrito. A CIJ é composta por quinze juízes chamados "membros" da Corte, eleitos pela Assembléia-geral e pelo Conselho de Segurança em escrutínios separados. Os juízes são escolhidos em função de sua competência, não pela sua nacionalidade.

político que jurídico. Na visão do internacionalista J. Charpentier, o direito da autodeterminação dos povos não significa sempre a criação de um Estado, e pode ser concedido à minoria. Por outro lado, têm sido afirmado que não há mais propriamente um direito à autodeterminação, mas um direito à descolonização. (Mello, 2002, p.452f).

Vê-se, então, que a vontade dos povos não é levada em conta quando se trata de acabar com o colonialismo, todavia, a expressão autodeterminação permanece relacionada ao colonialismo, à ocupação estrangeira e à descolonização.

Analisando sob o princípio da autodeterminação, a situação dos tútsis (banyamulenge) no leste da RDC, que se tornaram o pivô dos combates nos países dos Grandes Lagos, pode-se adotar a doutrina que diz:

> A autodeterminação também está vinculada à idéia de governo representativo, daí se fala no seu aspecto democrático. A autodeterminação étnica ameaça a existência do Estado, daí ela ser repudiada. A secessão étnica pode estar consagrada no direito interno, mas não está no DIP. (Mello, 2002, p.456g).

As repetitivas crises e os conflitos no leste da RDC não podem estar vinculados à questão de autodeterminação do povo tútsi. Como sempre, Ruanda tem feito do massacre de banyamulenge o cavalo de Tróia para ludibriar a comunidade internacional, toda vez que quer invadir a vizinha RDC para pilhar as riquezas naturais que faltam em Ruanda. Mesmo dentro do direito regional, não há como os banyamulenge pleitearem o direito à autodeterminação, já que todos estão inseridos nas comunidades existentes, onde a convivência é pacífica. As manobras de Paulo Kagame baseiam-se na autonomia dos povos e na integridade territorial.

Abordando a descolonização da África negra ou subsaariana, nota-se a existência de países anglófonos (Gana, Nigéria, Tanganica, Quênia) e francófonos que, antes de 1957, não havia muitos países independentes, ou seja, emancipados do jugo colonial, porém, vale lembrar o surgimento do movimento mais popular na época, o pan-africanismo, tendo como líder Kwame Nkrumah. O primeiro país a se tornar independente, em 6 de março de 1957, é o atual Gana, antigamente denominado Golden Coast. A descolonização da África subsaariana ocorreu sem atos de terrorismo nem guerras.

Para Geiss, citado por Mello (2002, p.188h) a palavra pan-africanismo pode ter vários sentidos:

- movimento intelectual e político criando uma solidariedade racial entre africanos e afro-americanos;
- pensamento que abrange, hoje, as idéias relativas à independência da África;
- movimento que procura formar uma unidade política da África.

Ele é sempre um movimento contra a dominação branca.

O caso da descolonização da RDC é bem diferente dos demais porque o país estava sob o domínio belga. O Congo obteve sua independência em 30 de junho de 1960, em plena Guerra Fria. Mais tarde, o país mergulhou em uma guerra civil interposta entre a União Soviética e os Estados Unidos, entre o capitalismo e o comunismo. Para evitar a anarquia em razão das secessões, a ONU viu-se implicada na situação do Congo, enviando os capacetes azuis. Referindo-se à crise de segurança internacional provocada pela guerra no Congo, a qual levou a ONU a intervir com a operação da manutenção da paz, Rodrigues (2000, p.47d) afirma que

> [...] a operação iniciada no Congo ilustra os limites da nova medida militar. A criação da ONUC (United Nations Operation in the Congo) quase levou a ONU à falência e ocasionou a morte do Secretário-geral, Dag Hammarskjöld. Ao longo da crise, o país ficou sem uma autoridade central clara, fazendo com que a ONU criasse um governo com o apoio do ocidente. As forças da ONU tornaram-se um exército armado a serviço do governo, perdendo a cooperação das partes em luta e de muitos países que davam suporte à operação.

3.1.4 África nas relações internacionais e as conseqüências da descolonização

As conseqüências da descolonização na África são muitas, considerando, sobretudo, a questão das fronteiras, classificadas de "artificiais" por, às vezes, separar povos da mesma língua ou da mesma tribo. Do ponto de vista econômico, os novos Estados são fracos e precisam ainda das metrópoles para sua sobrevivência, bem como para a sua segurança. Outras conseqüências já foram mencionadas anteriormente e referem-se aos conflitos territoriais oriundos da busca de hegemonia de alguns países com a pretensão de anexar territórios não-emancipados ricos em recursos naturais.

Para Seitenfus (2004), a primeira conseqüência da descolonização consistiu no aumento geométrico dos atores estatais nas relações internacionais. No período de 1945 a 1980, triplicou o número de Estados-membros das Nações Unidas, passando de 51 para 154, a quase totalidade originando-se no processo de descolonização. Por outro lado, ela introduziu novos valores culturais, econômicos, políticos e religiosos nas relações internacionais. Houve uma inegável diversificação que sugeria a possibilidade de um caminho alternativo à bipolaridade (Seitenfus, 2004, p.40e).

Lembra, ainda, o renomado internacionalista que muitas das vicissitudes do processo de descolonização devem ser tributadas à política dos blocos e à ação das metrópoles. Contudo, elas são igualmente tributárias das dissensões internas dos movimentos de emancipação. Guerras civis pós-coloniais, inclusive, encontram suas raízes nessa realidade (Seitenfus, 2004, p.41f).

Com efeito, as raízes dos atuais conflitos na região dos Grandes Lagos, objeto deste trabalho, emanam, em parte, da política colonial belga que privilegiou uma etnia em detrimento da outra.

Uma outra conseqüência diretamente relacionada à emancipação política é a da dependência das antigas colônias *vis-à-vis* das ex-metrópoles, o que favorece, na realidade, uma situação permanente de assistencialismo *versus* paternalismo e estabelece relações fundadas nas desigualdades econômicas, na exploração sistemática e perpétua dos recursos naturais dos ex-colonizados pelos ex-colonizadores e na dominação política nos moldes da subjugação colonial, assim como ocorre com os países de Commonwealth.

Viu-se, há pouco tempo, o instinto colonial inglês ressurgir em face da conturbada e polêmica decisão do presidente Robert Mugabe, do Zimbábue, quanto à desapropriação das fazendas dos "brancos" descendentes de ingleses, para satisfazer seus correligionários antes das eleições, cujas pesquisas mostravam uma eventual derrota do partido governista. Esperto como uma raposa, o velho combatente da ZANU[50] recorreu ao discurso nacionalista e pan-africanista do tempo das lutas pela autodeterminação dos povos da Rodésia do Norte, reacendendo, para tanto, o ódio e a vingança entre brancos e negros no Zimbábue. Tais fatos levaram a Grã-Bretanha a exigir dos países de Commonwealth sanções econômicas contra aquele país e o isolamento político de seu líder, Mugabe, já em desgraça em razão da sua intervenção militar na República Democrática do Congo, para socorrer o regime em decadência de Laurent-Désiré Kabila.

Do ponto de vista das relações internacionais, a entrada maciça dos países africanos recentemente independentes mudou visivelmente a bipolaridade e acentuou a Guerra Fria por países interpostos. Em vez de dois mundos, fala-se em Terceiro Mundo[51], alterando, pois, o mapa mundial e as relações das forças entre as grandes potências no continente africano. A questão securitária foi substituída pela política de desenvolvimento a qual levaria à criação da Conferência das Nações Unidas para o Comércio e o

---

50 União Nacional Africana do Zimbábue, partido político do atual presidente Robert Mugabe.

51 Como já notificado, a expressão "Terceiro Mundo" é de autoria do demógrafo e sociólogo francês Alfred Sauvy, que a utilizou pela primeira vez em 1952. Inspirando-se na situação do Terceiro Estado pré-revolucionário, marcado pela importância numérica e escassez de poder, nem ao Leste nem ao Oeste. Portanto, não era capitalista nem comunista. Trata-se de uma fórmula simplificadora da complexa e diversa realidade, mas que conheceu imenso sucesso na literatura consagrada à política e as relações internacionais (Seitenfus, 2004, p.36g); (Vaisse, 1996, p.58d).

Desenvolvimento (UNTACD)[52] e ao Programa das Nações Unidas para o Desenvolvimento (PNUD). Para o desenvolvimento da África, foi criada a Nova Parceria para o Desenvolvimento da África (NEPAD).[53]

Durante a Guerra Fria, a África conheceu a influência dos dois blocos e tornou-se palco de conflitos bipolares. Alguns países africanos caíram no bloco capitalista para defender os interesses dos Estados Unidos, da França, da Itália e da Grã-Bretanha, enquanto outros eram bajulados pela URSS na Era da implantação do comunismo ou socialismo. Em meados de 1970, tal posicionamento da África gerou inúmeros conflitos e graves confrontos entre Leste e Oeste por Estados interpostos, alguns capitalistas e outros comunistas, leninistas-marxistas ou socialistas. A partir daí, muitos países começaram a entrar em colapso econômico, por comprometer todos os seus recursos financeiros com o financiamento dos conflitos armados, sem contar com a corrupção da maioria de seus dirigentes e a implantação de políticas de reajustes estruturais malsucedidos impostos pelas instituições financeiras internacionais, como o Fundo Monetário Internacional (FMI) e o Banco Mundial.

Com o fim da Guerra Fria, muitos internacionalistas apostaram no advento de uma nova ordem mundial, baseada nos princípios pacíficos e democráticos, no estrito respeito à soberania, ao princípio da não-intervenção e do não-uso da força. O que se viu depois foi o aumento dos conflitos armados em vários lugares do mundo e, de modo especial, na África, deixando a ONU em uma situação de impotência. Em meio a essa fragilidade dos países desenhados e divididos "artificialmente" pelos colonizadores, ocorre o desrespeito

---

52 Organizou-se, recentemente, a UNTACD em São Paulo, Brasil.
53 Trata-se de um compromisso assumido pelos líderes africanos, baseado em uma visão comum e em uma convicção firme para erradicar a pobreza e colocar os países africanos quer individual, quer coletivamente, nas trilhas do desenvolvimento sustentável, mediante a paz, a democracia e a boa governança.

aos nobres ideais que guiaram os Fundadores da Organização continental e gerações de Pan-africanistas na sua determinação de promover a unidade, a solidariedade e a coesão, assim como promover a cooperação entre os povos e entre os Estados da África. (Preâmbulo do Ato Constitutivo da União Africana, grifo nosso)

Também ocorre a infração aos princípios da Carta da Organização da Unidade Africana (OUA) que, em seu art. 3º, reafirma o princípio da intangibilidade das fronteiras, ou seja, o princípio da integridade territorial.

Diga-se de passagem que a OUA foi substituída pela União Africana (UA). Quais são, então, os Princípios Norteadores do Ato Constitutivo da União Africana, assinado em Togo por 53 chefes de Estado e de governo?

3.2 OS PRINCÍPIOS DA CARTA DA UNIÃO AFRICANA À LUZ DOS CONFLITOS DOS PAÍSES DOS GRANDES LAGOS

Após a Quarta Sessão Extraordinária da Conferência de Chefes de Estado e de governo dos Estados-membros da Organização da Unidade Africana (OUA), ocorrida em 1999, foi decidido o estabelecimento da União Africana, em conformidade com os objetivos fundamentais da Carta da Organização da Unidade Africana e do Tratado de Criação da Comunidade Econômica Africana.

Em seu art. 3º, a União Africana menciona seus objetivos baseados em realizar maior unidade e solidariedade entre os países e povos da África, respeitar a soberania, integridade territorial e independência dos seus Estados-membros; acelerar a integração política e socioeconômica do continente; promover e defender posições africanas comuns sobre as questões de interesse para o continente e os seus povos; encorajar a cooperação internacional, tendo devidamente em conta a Carta das Nações Unidas e a Declaração dos Direitos do Homem; promover a paz, a segurança e a estabilidade no continente; promover os princípios e as instituições democráticas à participação popular e à boa governança; promover e proteger os direitos do homem e dos povos, em conformidade com a Carta Africana dos Direitos do Homem e dos povos e outros instrumentos pertinentes relativos aos direitos do homem; criar as necessárias condições que permitam ao continente desempenhar o papel que lhe compete na economia mundial e nas negociações internacionais; promover o desenvolvimento duradouro nos planos econômicos, social e cultural, assim como a integração das economias africanas; promover a cooperação em todos os domínios da atividade humana, com vista a elevar o nível de vida dos povos africanos; coordenar e harmonizar as políticas entre as comunidades econômicas regionais existentes e futuras, para a gradual realização dos objetivos da União; fazer avançar o desenvolvimento do continente através da promoção da investigação em todos os domínios, em particular em ciência e tecnologia; e trabalhar em colaboração com os parceiros internacionais relevantes na erradicação das doenças suscetíveis de prevenção e na promoção da boa saúde no continente.

Quanto à União Africana, de conformidade com o art. 4º do Ato Constitutivo, seu funcionamento assenta-se nos princípios fundamentais de igualdade soberana e interdependência entre os Estados-membros da União, de respeito às fronteiras existentes no momento da acessão à independência; da participação dos povos africanos nas atividades da União; do estabelecimento de uma política de defesa para o continente africano; da resolução pacífica dos conflitos entre Estados-membros da União, através dos meios apropriados que sejam decididos pela Conferência da União; da proibição do uso da força ou da ameaça do uso da força entre os Estados-membros da União; da não-ingerência de qualquer Estado-membro da União nos assuntos internos de outro; do direito da União intervir num Estado-membro, em conformidade com uma decisão da Conferência em situações graves, nomeadamente, crimes de guerra, genocídio e crimes contra a humanidade; da coexistência pacífica dos Estados-membros da União; de seu direito de viver em paz e em segurança e de procurar ajuda através da Conferência da União, assim como o direito de a União intervir para restaurar a paz e a segurança; do direito dos Estados-membros de pedirem a intervenção da União, com vista à restauração da paz e segurança; da promoção da autonomia coletiva no quadro da União; da promoção da igualdade dos gêneros; do respeito aos princípios democráticos, aos direitos humanos, ao Estado de direito e à boa governança; da promoção da justiça social para assegurar o desenvolvimento econômico equilibrado; do respeito à santidade da vida humana; e da condenação e rejeição da impunidade, dos assassinatos políticos e dos atos de terrorismo e atividades subversivas, assim como a condenação e rejeição de mudanças inconstitucionais de governos.

Percebe-se uma diferença significativa e qualitativa no que diz respeito aos princípios norteadores da OUA e da UA. A contextualização da primeira remete à época das independências e da libertação dos países africanos do jugo colonialista. Há mais preocupação com as questões políticas referentes aos limites territoriais herdados da colonização que com a economia e o bem-estar dos povos. Na segunda, nota-se um forte caráter econômico e uma preocupação com direitos humanos, terrorismo, fome, pobreza e questões do gênero, bem como a integração econômica entre países-membros e uma abertura comercial com outros países, a fim de acelerar o desenvolvimento do continente.

Conforme verifica-se, os princípios da UA refletem o espírito das Metas do Milênio no que concerne à democracia no continente com respeito às Constituições, o desenvolvimento e o respeito à pessoa humana, cuja vida é sagrada.

Com isso, entende-se melhor a intervenção militar da UA mediante a Força Africana de Intervenção (FAI) nos conflitos dos Grandes Lagos conforme seus princípios para restaurar a paz e a segurança na região, evitando-se a repetição das falhas que levaram a OUA ao fracasso.

3.3 A ONU E OS CONFLITOS REGIONAIS DOS GRANDES LAGOS

3.3.1 A ONU e os principais atores dos conflitos dos Grandes Lagos

3.3.1.1 A importância da ONU

Após os horrores da Segunda Guerra Mundial e o fracasso da Liga das Nações, tendo em vista a necessidade de criar uma organização que se dedicasse à preservação da paz e à manutenção da segurança mundiais a fim de "preservar as gerações vindouras do flagelo da guerra que, por duas vezes (...) trouxe sofrimentos indizíveis à humanidade", e depois de várias propostas e negociações tanto em Dumbarton Oaks[54] (Washington) quanto em Yalta[55], foi, finalmente, assinada a Carta de São Francisco[56] (Carta da Organização das Nações Unidas). O documento foi realizado junto ao Estatuto da Corte Internacional de Justiça (1946), em 26 de junho de 1945, e entrou em vigor em 24 de outubro do mesmo ano, selando, assim, a sua existência com a Constituição das Nações Unidas e cuja essência reside na luta pelos direitos humanos, no respeito ao princípio da autodeterminação dos povos e na solidariedade inter-

---

54 Os representantes da China, da União Soviética, do Reino Unido e dos Estados Unidos, reuniram-se no verão e outono de 1944, em uma propriedade chamada Dumbarton Oaks, para fazer os primeiros planos concretos de uma organização internacional. *O que são as Nações Unidas?* Disponível em: www.dhnet.org.br/direitos/sip/onu/doc/oqonu.htm. Acessado em: 29/11/2005.

55 A Conferência de Yalta, ocorrida em fevereiro de 1945, a segunda rodada do encontro entre os "três senhores do Mundo" – Roosevelt, Churchill e Stalin – foi a mais famosa de todas as conferências da Segunda Guerra Mundial, pois nela ocorreu a partilha do mundo entre os Três Grandes, nas vésperas da vitória final da Grande Aliança sobre a força do Eixo. As decisões que foram tomadas naquela ocasião tiveram efeitos diretos e duradouras sobre povos e nações do mundo inteiro pelo meio século seguinte. Disponível em: www.educaterra.terra.com.br/voltaire/seculo/2003/11/28/004.htm. Acessado em 29/11/2005.

56 Na Conferência de São Francisco, estiveram presentes os representes de cinqüenta países. Realizou-se entre 25 de abril e 16 de julho de 1945. Os participantes redigiram e aprovaram por unanimidade a Carta das Nações Unidas e os estatutos do novo Tribunal Internacional de Justiça. *O que são as Nações Unidas?* Disponível em: www.dhnet.org.br/direitos/sip/onu/doc/oqonu.htm. Acessado em: 29/11/2005.

nacional. Fundada em 1951, a ONU conta, hoje, com mais de 191 países, entre eles, o Brasil.

A missão da ONU é manter a paz e a segurança internacionais, desenvolver relações amistosas entre as nações, baseadas no respeito ao princípio de igualdade de direito e de autodeterminação dos povos e tomar outras medidas apropriadas ao fortalecimento da paz universal; conseguir uma cooperação internacional, para resolver os problemas internacionais de caráter econômico, social, cultural ou humanitário e para promover e estimular o respeito aos direitos humanos e às liberdades fundamentais para todos, sem distinção de raça, sexo, língua ou religião, e ser um centro destinado a harmonizar a ação das nações para a consecução desses objetivos comuns (Cf. Art. 1º da Carta da ONU).

Percebe-se que a ONU tem por principal finalidade a manutenção da paz e da segurança internacionais e que, no Ato Constitutivo da União Africana, de conformidade com os princípios e objetivos da OUA, já extinta, os chefes de Estados e de governo entraram em acordo sobre a promoção da paz, segurança e estabilidade no continente (art. 3º, *f*) e comprometeram-se a promover e proteger os direitos do homem e dos povos, com base na Carta Africana dos Direitos do Homem e dos Povos[57] e outros instrumentos pertinentes relativos aos direitos do homem (art. 3º, *h*) e, no mesmo art. 3º, *d*, concordam em encorajar a cooperação internacional, tendo devidamente em conta a Carta das Nações Unidas e a Declaração dos Direitos do Homem (grifo nosso).

Há de se ressaltar, contudo, que todos os Estados dos Grandes Lagos são signatários tanto da Carta da ONU quanto do Ato Constitutivo da UA e da já extinta OUA. Ora, a persistência dos conflitos

---

[57] A Carta Africana dos Direitos Humanos e dos Povos, também chamada de Carta de Banjul (Gâmbia), foi aprovada pela Conferência Ministerial da Organização da Unidade Africana (OUA), em Banjul, Gâmbia, em janeiro de 1981, e adotada pela XVII Assembléia dos chefes de Estado e governo da Organização da Unidade Africana (OUA) em Nairóbi, Quênia, em 27 de julho de 1981.
Dispõe o art. 30 da mesma: "É criada junto à Organização da Unidade Africana uma Comissão de Direitos Humanos e dos Povos, doravante denominada "a Comissão", encarregada de promover os direitos humanos e dos povos e de assegurar a respectiva proteção na África."

naquela região e o tráfico de armas entre milícias e exércitos dos mesmos não condizem com os princípios do direito internacional.

3.3.2 Violações flagrantes dos Princípios da ONU e do Ato Constitutivo da UA

É de suma importância a hermenêutica do art. 3º e suas respectivas alíneas pois, quando se trata da relação entre o Ato Constitutivo da UA e a Carta da ONU, os chefes de Estado e de governo africanos prometeram respeitar e cumprir. Assim, o comportamento dos países dos Grandes Lagos (Ruanda, Uganda e Burundi), ao invadir outro país soberano, a RDC, manifesta uma flagrante e inaceitável violação dos princípios da Carta da ONU e os da OUA e, recentemente, do Ato Constitutivo da União Africana, no que diz respeito aos princípios de integridade territorial (respeito das fronteiras existentes no momento do acesso à independência, não-ingerência de qualquer Estado-membro da União nos assuntos de outro [art. 4º, *b* e *g* do Ato Constitutivo da UA e art. 2º, 4 da ONU]). O que se vê, na realidade, é a arrogância de Paul Kagame e Yoweri Museveni, respectivamente, presidentes de Ruanda e de Uganda, desacatando as inúmeras resoluções do Conselho de Segurança quanto à sua intervenção militar na RDC, onde milícias e forças rebeldes ao governo de Transição Nacional oriundas do diálogo intercongolês espalham o terror, matando civis inocentes, violentando mulheres e crianças, saqueando casas e bancos e pilhando os recursos naturais da RDC, como se a nossa humanidade estivesse voltada para a época medieval na qual os senhores de guerra podiam invadir propriedades e países sem respeito aos direitos humanos e à soberania dos povos.

Sem dúvida, a ONU tem contribuído muito para harmonização das relações internacionais e evitado maiores tragédias entre os povos em suas tentativas de resolver conflitos envolvendo Estados-membros e, por intermédio do Conselho de Segurança, manter a paz e a segurança internacionais diante das adversidades. A missão é árdua, considerando o antagonismo que sempre acompanhou os Estados-membros.

Reconhecendo a contribuição da ONU, observa Irineu Strenger que:

> Em verdade, a ONU está sendo o berço da criatividade que se implanta como germe gerador de uma nova modalidade de convivência, que cada vez mais se consolida como fenômeno implantador da mundialização, ou globalização, através da qual muitos problemas antagônicos antes vão se transformando em um novo modo compreensivo da vida internacional.
>
> A ONU centraliza, hodiernamente, todo repositório dialético dos Estados que assim se capacitam a fazer do envolvimento um roteiro de entendimento, capaz de assegurar com maior solidez os objetivos subjacentes da Carta, na qual muitos princípios são ainda encontráveis em condições de inatividade. (Strenger, 1998, p.86a).

A invasão pelos três países citados merece ser analisada, posteriormente, à luz dos princípios fundamentais da Carta da ONU e do Ato Constitutivo da UA. Para a melhor compreensão da questão em tela, torna-se premente a enumeração dos principais atores.

3.3.3 Principais atores nos conflitos dos Grandes Lagos

A tendência, no que se refere aos conflitos armados nos países dos Grandes Lagos, é de tomar como ponto de partida das hostilidades a derrubada do avião presidencial em que viajavam os presidentes Juvenal Habyarimana, da Ruanda, e Melchior Ndadaye, do Burundi, após assinatura de acordos de paz entre hútus e tútsis[58].

---

58 "O conflito entre tútsis e hútus é mais uma demonstração do efeito retardado da política colonial européia no continente africano. Até o início da colonização alemã na região, as etnias tútsi e hútu viviam em relativa harmonia em território que hoje é ocupado por Ruanda e Burundi. Os tútsis eram predominantemente pastoreios e apresentavam maior estatura. Os hútus, de pele mais escura e de menor estatura, tinham tradição agrícola. A partir da colonização sob o domínio alemão, e posteriormente belga, esses dois povos tiveram sua organização modificada. Os tútsis foram escolhidos para assumir cargos da administração estatal,

Há de se lembrar que os dois povos, ou seja, as duas tribos estão presentes nos quatro países dos Grandes Lagos: Burundi (tútsis são maioria), Uganda, República Democrática do Congo (Leste do país) e Ruanda, onde os hútus formam a maioria mas poucos participam do governo tútsi de Paul Kagame.

Desde o tempo colonial, em cerca de 1959, um grupo de tútsi, fugindo dos conflitos tradicionais entre as duas tribos, encontrou abrigo no território do Congo Belga (atual República Democrática do Congo – ex-Zaire), formando, dessa maneira, a comunidade tútsi de banyamulenge e tendo como idioma o kinyaruanda. Nunca foi concedida a nacionalidade congolesa aos tútsis que se instalaram como refugiados no leste da RDC. Pode-se dizer que, do lado congolês, os povos sempre viveram em paz, porém, a questão da nacionalidade nunca foi tratada com mais eficiência, deixando cada vez mais insatisfeitos os banyamulenge.

Como se pode observar, a presença ruandesa em território congolês é de longa data. Antes da chegada dos europeus, existiam os impérios entre lagos de Ruanda e Urundi, os quais estavam em plena expansão (Braeckaman, 1999, p.241a). A região de Kivu, leste da RDC, era o lugar propício para os reis estenderem sua dominação sobre populações de Ruanda ou Burundi que procuravam novas terras ou que queriam escapar do jugo de seus soberanos tiranos. No final do século XVIII e início do século XIX, antes da chegada dos europeus, um grupo de pastores (agrope-

---

treinamento militar, acesso exclusivo à educação (...) Em 1959, os ressentimentos acumulados pelos hútus, no período colonial, explodem. Nessa primeira rebelião, militares tútsis foram aprisionados e tiveram seus pés cortados a golpes de facão, com o objetivo de diminuir a diferença de estatura (e, simbolicamente, diminuir as diferenças sociais). Em 1962, Ruanda tornou-se independente e a minoria tútsi ficou a mercê dos hútus, sendo obrigada a migrar para Uganda, a fim de organizar uma nova tomada de poder. Esse conflito intensificou-se a partir de abril de 1994, quando os presidentes de Ruanda e Burundi, de etnia hútu, foram mortos em um atentado que derrubou o avião onde viajavam juntos. Foi o estopim para o genocídio com mais de 1 milhão de mortos e mais de 2 milhões de refugiados. Em julho de 1998, foi elaborado um acordo de cessar fogo com o estabelecimento de um governo formado por representantes tútsis e hútus." Disponível em: www.facom.ufba.br/com.112_2000_1/geo_on_line/tutsis_hutus.htm. Acessado em: 29/11/2005.

cuaristas) deixou Ruanda e instalou-se em território congolês do Kivu do Sul, em Mwenga, onde os chefes tradicionais lhes deram porções de terra para suas atividades agropecuárias.

Para muitos congoleses, segundo Colette Braeckman, os banyamulenge são uma etnia imaginária, ou seja, fictícia, criada por Ruanda no intuito de usar seus "primos" distantes como intermediários para melhor exercer sua influência na RDC.

> Os congoleses, por sua vez, asseguram que aqueles que são chamados de banyamulenge são uma etnia imaginária, fabricada circunstancialmente por uma Ruanda instada a usar esses "primos" distantes como canal de sua influência no Congo. (Braeckaman, 1999, p.241b, tradução nossa)[59]

Na realidade, salienta Braeckman, o termo banyamulenge se inspira no nome da colina de Mulenge, bem acima da região de Uvira. Tal expressão aparece pela primeira vez em 1964, quando aqueles pastores de ovelhas e cabras são obrigados a se defender das incursões dos rebeldes congoleses que se instalaram na região sob a liderança de um certo Laurent-Désiré Kabila e queriam se diferenciar dos refugiados tútsis expulsos de Ruanda após a independência. Alguns desses tútsis lutaram ao lado dos rebeldes, outros foram integrados ao exército de Mobutu. No final dos anos de 1980, alguns jovens vão para Uganda engrossar as fileiras da Frente Patriótica Ruandesa (FPR) e participam da guerra da libertação.

3.3.4 A questão da nacionalidade

Um dos grandes problemas vividos na RDC e que seria, também, um dos pivôs dos conflitos armados é o da nacionalidade,

---

[59] "Les congolais pour leur part assurent que ceux que l'on appelle les Banyamulenge sont une ethnie imaginaire, fabriquée pour la circonstance para un Rwanda désireux d'utiliser ces "cousins" lointains comme relais de son influence au Congo".

isto é, da identidade dos tútsis e seu reconhecimento como cidadãos congoleses. Trata-se de uma situação controversa, sabendo que na época da independência havia sido decidido que todos os grupos residentes no Congo antes da Conferência de Berlim (1885) seriam considerados cidadãos congoleses. Em 1972, um refugiado ruandês, Barthélemy Bisengimana, nomeado diretor do gabinete do presidente Mobutu, resolve conceder uma naturalização coletiva a todos os ruandeses residentes no Congo. A medida não agradou aos naturais de Kivu e foi derrogada em 1981, voltando-se à nacionalidade mais restritiva de 1960 (Braeckaman, 1999, p.241c).

3.3.5 Ruanda de Paul Kagame

Como descrita anteriormente, a situação sociopolítica de Ruanda, antes do tempo colonial, era da coabitação e rivalidade entre dois reinados, Ruanda e Urundi, com influência e prestígios do lado leste do Congo Belga. Os conflitos entre os dois povos provocaram um fluxo de refugiados para os territórios vizinhos do Congo e de Uganda.

A partir de Uganda, considerando as rivalidades políticas entre Ruanda e Uganda, nasceu no território ugandês a Frente Patriótica Ruandesa (FPR) para a libertação de Ruanda. Esses rebeldes formados em território ugandês, a maioria tútsis, realizaram incursões em Ruanda. O movimento reacendeu a questão mal resolvida dos refugiados ruandeses em Uganda há mais de 30 anos. Dessa vez, foram os hútus que procuraram refúgio nos países vizinhos, principalmente em território congolês, fugindo dos tútsis, o que aumentou a pressão sobre o regime de Juvena Habyarimana. Em 14 de julho de 1992, as partes (governo e FPR) assinaram um acordo de cessar-fogo graça à mediação da OUA e Tanzânia, o qual preconizava o envio de observadores militares supervisionados pela OUA, o Neutral Military Observer Group (NMOG), com cerca de 50 oficiais, tendo por missão o controle para aplicação do que fora estabelecido. Dentro das negociações, dessa vez, a pedido dos governos ruandês e ugandês, o Conselho de Segurança das Nações Unidas decidiu enviar, em 22 de junho de 1993, uma missão militar de observação da ONU, a United Nation Observer Mission Uganda-Rwanda (UNOMUR), na zona fronteiriça Ruanda-Uganda, para controlar se o FPR não receberia mais ajuda militar de Uganda. Infelizmente, após os acordos de Arusha, de 4 de agosto de 1993 – que preconizavam o fim das hostilidades de três anos de guerra civil, uma transição de dois anos com um governo de unidade nacional, fazendo de Ruanda um Estado de direito e democrático, tendo em vista a organização das eleições presidenciais e legislativas livres e honestas e a formação de um novo exército –, em 7 de abril de 1994, a violência que levaria ao genocídio explodiu com o atentado contra o avião que levava os presidentes de Ruanda e de Burundi, após negociações sobre acordo de paz, acarretando a limpeza étnica contra tútsis e hútus moderados por parte dos hútus. Foi o estopim do genocídio em Ruanda.

Entre os atores, pode-se mencionar também os banyamulenge[60] e os interahamwe[61].

3.3.6 Uganda de Yoweri Museveni

Yoweri Museveni chegou ao poder graças ao exército da Tanzânia que teve participação decisiva para derrotar o ditador Idi Amim Dada e os refugiados ruandeses instalados no Congo. Tal vitória demonstra o desrespeito ao princípio de não-ingerência nos assuntos internos de outro país. A intervenção da Tanzânia des-

---

60 Como já mencionado, banyamulenge trata-se de tútsis de origem ruandesa que se instalaram, notadamente, na região de Uvira, desde a colonização belga, e que foram arrolados pelas forças Armadas Patrióticas Ruandesas (APR) sob pretexto de se defenderem contra as tentativas de "limpeza étnica".

61 Hútus que ocuparam as colinas de Uvira e outras localidades, fugindo do genocídio em 1994, aterrorizando as populações da região de Kivu na RDC. O governo ruandês exige sua repatriação para serem julgados dos massacres cometidos em Ruanda. Fato este alegado para utilizar-se do direito de perseguição em território congolês.

respeitou a integridade territorial de Uganda onde vivem, lado a lado, os banyarwanda, os baganda, os bahima e os banyankore. Em todos os casos, a presença de refugiados tútsis, tanto em território congolês quanto em Uganda, seria decisiva para derrubar os governos de Kigali (Habyarimana, morto num acidente de avião atingido por um míssil) e de Kinshasa (Mobutu, expulso pelas tropas de Kabila apoiadas por Ruanda, Uganda e Burundi).

3.3.7 Burundi de Pierre Buyoya

Por conta própria, Burundi entrou nos conflitos que já envolviam Ruanda e Uganda em nome da ideologia tútsi (*tutsiland*), temendo a volta dos refugiados hútus instalados no Congo, bem como a eventualidade de um novo genocídio. Percebe-se que os conflitos dos Grandes Lagos são obras conjugadas dos tútsis de Uganda, Ruanda e Burundi. A tendência hegemônica dos tútsis baseia-se em uma visão expansionista com o fim de formar um grande império e submeter os outros povos do leste da RDC.

O assassinato, em abril de 1994, do presidente Melchior Ndadaye, democraticamente eleito pelos membros das forças armadas burundesas, desencadeou um ciclo de violência cuja primeira vítima foi a população burundesa de modo geral.

Segundo Thierry Coppens (1996, p.99-100), a guerra civil em Burundi provocou o deslocamento de milhares de pessoas procurando asilo em territórios mais seguros. As casas foram destruídas, as infra-estruturas saqueadas e queimadas. Em meio desta série de horrores, interveio o golpe de Estado do major Pierre Buyoya. O país passou por momentos de verdadeira limpeza étnica em Bujumbura e nas grandes cidades do país.

No entanto, Buyoya não foi beneficiado pelo apoio de Kagame e Museveni, que nunca lhe perdoaram por ter iniciado na região eleições democráticas nos moldes do Ocidente, colocando em xeque suas maneiras de governar sem democracia.

3.3.8 República Democrática do Congo (RDC): de Kabila-Pai a Kabila-Filho

A história é longa no que diz respeito à situação socioeconômico-política da RDC, entretanto, como já foi dito nas páginas anteriores, o que interessa neste texto é a situação da RDC em relação à guerra imposta por outros países dos Grandes Lagos. Demonstrou-se, através dos protagonistas dos conflitos armados, que a RDC é vítima da sua hospitalidade, por ter acolhido, desde os tempos coloniais, contingentes de tútsi considerados pelos belgas como valentes soldados e excelentes trabalhadores, a ponto de lhes confiar a administração em território congolês. Destaca-se, também, o papel dos chefes tradicionais da região de Kivu, que acolheram e deram porções de terras aos pastores tútsis expulsos de Ruanda. Ao longo dos anos, não tendo a nacionalidade congolesa e aproveitando a conquista do poder em Uganda por Yoweri Museveni – que, em sua luta, contou com a ajuda dos tútsis congoleses –, resolveram se instalar naquele país com a promessa de uma vida próspera. Porém, sua presença provocou o ciúme dos natifs baganda, que exigira de Museveni a expulsão dos tútsis, vistos como uma ameaça iminente ao país.

Apesar da desintegração das instituições estatais, dos serviços públicos, da infra-estrutura e do aparelho econômico (Villers, 1997, p.203-33), a RDC, então Zaire, não havia mergulhado em uma guerra civil, nem fora desmembrada.

A repartição da RDC aconteceu com a guerra de Kabila que, apoiado pelas tropas dos países vizinhos, Ruanda, Uganda e Burundi, conseguiu derrubar o já debilitado Mobutu, forçando-o ao exílio no Marrocos, onde veio a falecer.

3.3.9 MONUC

A guerra começada por Kabila culminou com o assassinato do mesmo em Kinshasa, por seus antigos companheiros de armas. Com efeito, Kabila, após derrubar o regime de Mobutu, ciente da influência ruandesa em território congolês, pediu aos militares ruandeses que voltassem para seu país de origem. Sentindo-se traídos, os ruandeses fomentaram uma nova rebelião, alegando a eventualidade de um genocídio contra os banyamulenge. Tal fato vai marcar o início da fragmentação e repartição da RDC por diferentes grupos rebeldes apoiados por Kagame e Museveni.

Nessas circunstâncias, o Conselho de Segurança, na busca de soluções pacíficas, de conformidade com o Capítulo VI da Carta da ONU, enviou observadores para a RDC e, mais tarde, constituiu a MONUC como uma Força da Paz, cujo mandato inicial conforme a Resolução n. 1.291, de 24 de fevereiro de 2000, reza o seguinte:

- Vigiar a aplicabilidade do Acordo do cessar-fogo e investigar sobre as violações do cessar-fogo.
- Estabelecer e manter permanentemente o contato com todos os quartéis gerais das forças militares de todas as partes.
- Elaborar, dentro de 45 dias após a adoção da Resolução n. 1.291, um plano de ação para aplicação do Acordo do cessar-fogo por todas as partes, tendo, de modo particular, os seguintes objetivos; colheita e verificação de informação militar concernente as forças das partes, respeito ao fim das hostilidades e retirada e deslocamento das forças das partes, desarmamento, desmobilização, reinstalação e reintegração de todos os membros dos grupos armados mencionados no § 9.1 do Anexo A do Acordo do cessar-fogo, e retirada ordenada de todas as forças estrangeiras.
- Colaborar com as partes para obter a liberação de todos os prisioneiros de guerra, e de todos os militares capturados, bem como a restituição dos restos mortais em cooperação com os organismos internacionais de ajuda humanitária.
- Supervisionar e controlar a retirada e o deslocamento das forças das partes.

- Nos limites de suas capacidades e de suas zonas de deslocamento, vigiar a aplicação do Acordo do cessar-fogo referente ao encaminhamento de munições, armas e outros materiais de guerra para os locais das operações, na intenção de todos os grupos armados mencionados no § 9. 1 do anexo A do Acordo de Lusaka.
- Facilitar o encaminhamento de ajuda humanitária e zelar pelo respeito dos direitos humanos, prestando mais atenção aos grupos vulneráveis, inclusive as mulheres, as crianças e as "crianças-soldados" desarmados, desde que a MONUC estime agir nos limites de suas capacidades e nas condições de segurança aceitáveis, em estreita colaboração com outros organismos das Nações Unidas, os organismos similares e as organizações não-governamentais.
- Cooperar estreitamente com o Facilitador do diálogo nacional, dando-lhe apoio e assistência técnica e coordenar as outras atividades para os organismos das Nações Unidas para isso.
- Distribuir os especialistas em desativação de minas para medir a gravidade do problema ocasionado pela minas e artefatos que não explodiram, coordenar lançamento das atividades antiminas, livrar-se das operações de urgência antiminas para permitir à missão de cumprir o seu mandato.

Agindo conforme o Capítulo VII da Carta das Nações Unidas, o Conselho de Segurança decidiu igualmente que a MONUC tomasse medidas necessárias nas zonas de deslocamento de seus batalhões de infantaria, dentro dos limites de suas capacidades, para proteger o pessoal, as instalações e o material da ONU, bem como os da comissão mista que estivesse dividindo os mesmos locais, cuidando da segurança e da liberdade de circulação de seu pessoal e protegendo os civis que estivessem sob ameaça iminente de violências físicas.

3.3.10 Direito Internacional e direito de "perseguição"

Do ponto de vista do direito internacional[62], nota-se uma verdadeira violação aos princípios tanto da Carta da ONU quanto aos da já extinta Carta da OUA e do atual Ato Constitutivo da União Africana.

Com efeito, Kagame se deu o direito de perseguir os combatentes das ex-Forças Armadas de Ruanda (FAR) e os interahamwe, culminando no genocídio em 1994.

Ora, as relações internacionais são regidas por princípios e normas jurídicas. Existe, ainda, a Corte Internacional de Justiça da ONU[63] para deliberar sobre disputas entre Estados-membros da ONU. No caso de conflitos dos países dos Grandes Lagos, a solução preconizada por Kagame, com a cumplicidade das grandes potências, foi realizar a guerra em território da RDC, sob pretexto de capturar os rebeldes hútus, autores do genocídio.

Desde 1995, segundo Colette Braeckman, Kagame tem reivindicado o direito de perseguir os interahamwe, além de suas fronteiras, para pôr termo às ações dos comandos hútus, agindo desde os campos de refugiados, e aproveitar da rebelião dos banyamulenge para estabelecer uma zona neutra em território congolês, a fim de proteger melhor as fronteiras de Ruanda e, sem dúvida, obrigar os hútus ruandeses a ficar bem longe das fronteiras, ou a voltar para o país onde serão julgados pelo crime de genocídio. Vale indagar: até

---

62 Direito Internacional é o conjunto de normas jurídicas que regulam a relação entre os Estados. Criadas pelos processos de produção jurídica próprios da comunidade internacional, transcendem o âmbito nacional (Direito Interno); e regulam direitos e deveres entre Estados soberanos, com tratados, convenções e acordos entre eles. Disponível em: www.pt.wikipedia.org/wiki/Direito_internacional. Acessado em: 29/11/2005.

63 "O Tribunal Internacional de Justiça ou Corte Internacional de Justiça é o principal órgão judiciário da Organização das Nações Unidas, com sede em Haia, nos Países Baixos. Fundado em 1946, sua principal função é deliberar sobre disputas a ele submetidas por Estados e dar conselhos sobre assuntos legais a ele submetidos pela Assembléia-geral das Nações Unidas ou pelo Conselho de Segurança das Nações Unidas, ou por agências especializadas, autorizadas pela Assembléia da ONU, de acordo com a Carta das Nações Unidas. O estatuto do Tribunal Internacional de Justiça é o principal documento constituindo e regulando o Tribunal. Esse Tribunal é diferente da Corte Penal Internacional, freqüentemente confundida com o Tribunal Internacional de Justiça." Disponível em: www.pt.wikipedia.org/wiki/Tribunal_Internacional_de_Justi%C3%7a. Acessado em: 29/11/2005.

que ponto Kagame reconhece os princípios de intangibilidade de fronteiras e de soberania nacional? Por que faz dos banyamulenge o "cavalo de Tróia" para desestabilizar o vizinho Congo? Por que a comunidade internacional se cala diante da flagrante violação dos direitos humanos pelos soldados do Kagame? Considerando a gravidade da situação vigente na RDC, decorrente da agressão de outros países, situação esta classificada crítica, por que o Conselho de Segurança não aplica os arts. 41 e 42 da Carta da ONU em relação à Ruanda para conter as ambições de um indivíduo?

A atitude de Ruanda é uma verdadeira ameaça à manutenção da paz e da segurança na região. Soluções pacíficas já foram adotadas, as quais levaram à assinatura dos acordos de cessar-fogo de Lusaka.

Com efeito, discorre Guido Fernando Silva Soares:

> As soluções pacíficas de controvérsias devem ser entendidas como instrumentos elaborados pelos Estados e regulados pelo Direito Internacional público, para colocar fim a uma situação de conflito de interesses, e até mesmo com a finalidade de prevenir a eclosão de uma situação que possa degenerar em uma oposição definida e formalizada em pólos opostos. (Soares, 2004, p.163)

Para Valério de Oliveira Mazzuoli:

> Entende-se por controvérsias internacionais todo desacordo existente sobre determinado ponto de fato ou de direito, ou seja, toda oposição de interesses ou de testes jurídicos entre dois Estados (ou eventualmente grupos de estados) ou organizações internacionais (vejam-se os problemas enfrentados pela ONU com Israel, quando do atentado contra o conde Bernadotte em Jerusalém), podendo ter natureza econômica, política, cultural, científica etc. Portanto, uma controvérsia internacional não é somente aquela grave entre Estados ou Organizações Internacionais, como guerras ou demais formas

de conflitos armados, mas também, assuntos mais simples, como a interpretação de determinada cláusula de um tratado concluído entre ambos. (Mazzuoli, 2004a, p.135a).

Deve-se levar em conta que, todas as vezes em que ocorreram invasões das tropas ruandesas no território congolês para apoiar rebeldes ou fomentar rebelião, a RDC recorreu ao Conselho de Segurança enquanto Kagame procurou resolver as controvérsias pela força. Há de se lembrar a existência, no continente africano, do Protocolo sobre Comissões de Mediação, conciliação e arbitragem de 1959, elaborado sob égide da OUA.

O Ato Constitutivo da União Africana em seu art. 4º, *b* e *e*, evoca como princípios o "respeito às fronteiras existentes no momento do acesso à independência, a resolução pacífica dos conflitos entre Estados-membros da União, através dos meios apropriados que sejam decididos pela Conferência da União e a proibição do uso da força ou da ameaça do uso da força entre os Estados-membros da União" (grifo nosso).

Verifica-se, infelizmente, que as ambições expansionistas de Kagame não favorecem a busca de soluções pacíficas, ou seja, os meios diplomáticos (não-judiciais, semijudiciais ou judiciais). A teoria do uso da força prevalece em detrimento dos princípios fundamentais do Direito Internacional, enquanto o art. 33 (1) da Carta da ONU exige que as partes litigantes procurem, primeiramente, uma solução pelos métodos tradicionais antes de recorrer a qualquer outro meio, com aval do Conselho de Segurança.

Há necessidade de esgotar todos os meios necessários para solucionar as controvérsias, apesar de os meios serem distintos. Todos corroboram para a manutenção da paz e da segurança internacionais. Nesse sentido, afirma Antônio Augusto Cançado Trindade, que, em suma, os distintos meios de solução pacífica de controvérsias internacionais, ao invés de mutuamente excludentes, são complementares e, não raro, têm na prática interagido (Trindade, 2002, p.756-7a).

Na busca de uma solução pacífica para os conflitos entre países dos Grandes Lagos, de um lado, os beligerantes congoleses, do outro, a ONU recorreu à mediação do ex-presidente Ketumile Massire para levar todos os protagonistas à mesa das negociações e de conciliação.

3.3.11 Doutrina militarista de Kagame e Museveni

No momento em que o mundo caminha para a dimensão de máxima universalidade na busca do cumprimento do direito à democracia e ao pluralismo, constata-se, com muita preocupação e indignação, as violações flagrantes dos Princípios e Propósitos da Carta da ONU diante da prevalência unilateral do uso da força, da escolha e da aplicabilidade da doutrina militarista de Kagame nos moldes de seus aliados e "protetores" americanos, os quais também alegaram legítima defesa preventiva para invadir o Iraque, enquanto país soberano. Não há sombra de dúvida que se trata da mesma doutrina adotada pelos falcões da direita republicana americana, visando a marcar a guinada histórica de sua política estrangeira desde o fim da Guerra Fria[64].

A estratégia inscreve-se na lógica da primazia da força sobre o direito, o que demonstra o elemento determinante da nova políti-

---

64 "A Guerra Fria é a designação dada ao conflito político-ideológico entre os Estados Unidos (EUA), defensores do capitalismo, e a União Soviética (URSS), defensora de uma forma de socialismo, compreendendo o período entre o final da Segunda Guerra Mundial e a extinção da União Soviética.
É chamada de "fria" porque não houve qualquer combate físico, embora o mundo todo temesse a vinda de um novo combate mundial, por tratar-se de duas potências com grande arsenal de armas nucleares. Norte-americanos e soviéticos travaram uma luta ideológica, política e econômica durante esse período. Se um governo socialista era implantado em algum país do Terceiro Mundo, o governo norte-americano logo via uma ameaça a seus interesses; se um movimento popular combatesse uma ditadura militar apoiada pelos EUA, logo recebia apoio soviético. A Guerra Fria, com todas as suas influências – espionagem, golpes de estado, sabotagens, corrida armamentista, alianças militares – durou até o início da década de 1980 (...). O símbolo do final da Guerra Fria foi a queda do Muro de Berlim." Disponível em: www.pt.wikipedia.org/wiki/Guerra_fria. Acessado em: 29/11/2005.

ca imperialista que deve ser aplicada no mundo. Kagame pretende representar a visão militarista na região dos Grandes Lagos, outorgando-se o direito de invadir qualquer território, sem respeito à soberania ou integridade territorial, desde que seja esconderijo do "suposto" inimigo ameaçador da segurança de Ruanda.

3.3.12   As razões econômicas dos conflitos

É sabido que a questão dos banyamulenge e dos interahamwe é um pretexto do governo de Kigali, uma vez que os interesses econômicos justificam a ocupação da parte leste da RDC por tropas de Ruanda, tendo em vista a exploração dos recursos naturais. Colette Braeckman fala em novos predadores quando se refere à espoliação das riquezas da RDC pelas tropas estrangeiras, sobretudo, da cobiça de Ruanda (Braeckman, 2003).

O Conselho de Segurança da ONU já se pronunciou a respeito da exploração ilegal dos recursos naturais da RDC, em 21 de outubro de 2002, conforme o painel dos *experts* das Nações Unidas, em que personalidades militares e políticas, bem como membros dos grupos rebeldes foram citados; porém, Kagame continua espoliando o Congo, apesar de ter anunciando a retirada das tropas ruandesas da RDC em 17 de setembro de 2002.

Tendo entrevistado Paul Kagame e outros membros do governo ruandês e considerando as ambições dos mesmos dirigentes, Colette Braeckman, como grande especialista em África, em geral, e dos Grandes Lagos, em particular, alerta ao dizer que

> a evolução de Ruanda lembra, mais uma vez, nada mais que um poder oriundo de valas comuns e que estabelece sua legitimidade sobre o fato de ter acabado com um genocídio; não é, portanto, impedido contra as tentações hegemônicas e a vontade de poder. A referência ao genocídio e os imperativos da sobre podem esconder outras pretensões. Antes de Ruanda, o Estado de Israel já havia feito a demonstração disso. Será com-

provado mais tarde que o grupo que dirige Kigali havia sonhado, apoiando Kabila até Kinshasa, exercer um controle sobre o imenso Congo, por tútsis congoleses interpostos.[65] (Braeckman, 1999, p.249d, tradução nossa).

3.4   OS ACORDOS DE LUSAKA

Como se pode observar, o Acordo de Lusaka marca uma nova fase nos conflitos; abre o caminho da reconciliação entre as partes e faz renascer um pouco de esperança nas populações assoladas pelas guerras e doenças endêmicas, como a malária e Aids. É por isso que, em 6 de agosto de 1999, o Conselho de Segurança comemorou os progressos realizados pelas partes nas negociações em Lusaka, se disse satisfeito pelo acordo e, ao mesmo tempo, convidou o segundo grupo de rebeldes do RCD (Rassemblement Congolais pour la Démocratie) a assinar o mencionado acordo. Na mesma ocasião, o Conselho saudou os esforços da OUA, da Comunidade para o Desenvolvimento da África Austral (SADC)[66] e do Secretário-geral e seu enviado nos países de Grandes Lagos na consecução de uma solução pacífica ao conflito.

---

65 "L'évolution du Rwanda rapelle, une fois de plus, qu'un pouvoir issu des fosses communes et qui fonde sa légitimité sur le fait d'avoir mis fin à un génocide n'est pas pour autant prémuni contre les tentations hégémoniques et la volonté de puissance. La référence au génocide et les impératifs de la survie peuvent masquer d'autres prétentions. Avant le Rwanda, l'État d'Israël en avait déjà fait la démonstration. Il apparaîtra par la suite que le groupe dirigeant à Kigali avait rêvé, en appuyant Kabila jusqu'à Kinshasa, d'exercer un droit de regard sur l'immense Congo, par tútsis congolais interposés." (Braeckman, 1999, p.249d).

66 Os principais objetivos do SADC são: conseguir o desenvolvimento e o crescimento econômico; aliviar a pobreza e melhorar o padrão e a qualidade de vida dos povos da África do Sul; evoluir valores, sistemas e instituições políticas comuns; promover e defender a paz e a segurança; promover o desenvolvimento do sustento de vida; aumentar o emprego e a utilização dos produtos e recursos da região; conseguir uma utilização sustentável de recursos naturais e de proteção eficaz do ambiente; aumentar e consolidar conhecimentos sociais e culturais entre os povos da região. O objetivo final de SADC é, conseqüentemente, construir uma região com um grau elevado de harmonização e de racionalização, a fim de melhorar os padrões de vida dos povos da região. Disponível em: www.pt.wikipedia.org/wiki/capitalista. Acessado em: 30/11/2005.

Referindo-se às recomendações do Secretário-geral contidas em seu relatório de 15 de julho de 1999, o Conselho de Segurança autorizou, em sua Resolução n. 1.258, de 6 de agosto de 1999, o deslocamento de 90 membros, no máximo, do grupo dos militares de ligação das Nações Unidas, também funcionários civis, políticos, humanitários e administrativos, nas capitais dos países signatários do acordo do cessar-fogo, no quartel geral provisório da Comissão Militar Mista, nos quartéis-gerais militares dos principais beligerantes, na medida em que as condições o permitissem e nas outras regiões que o Secretário-geral julgasse necessárias. O deslocamento começou após a assinatura do Acordo pela RDC, em 31 de agosto de 1999. Exigia, também, que as partes interessadas cuidassem da segurança e da liberdade de ir e vir do pessoal das Nações Unidas e pedia que a assistência humanitária chegasse sem obstáculos a todos os que precisassem, tendo concedida garantia de proteção aos membros humanitários no estrito respeito ao direito humanitário internacional.

Em 13 de novembro de 1999, o Secretário-geral nomeou Kamel Morjane (Tunísia) como seu representante especial na RDC. Em sua Resolução n. 1.273, de 5 de novembro de 1999, reafirmava a importância da missão da equipe de avaliação técnica na RDC para verificar a situação vigente e preparar um eventual deslocamento ulterior da ONU no país e obter, das partes em conflito, garantias firmes quanto à segurança e à liberdade de movimentos do pessoal da ONU e associados e pedia a todas as partes o fim das hostilidades, a aplicação do acordo do cessar-fogo e o recurso à comissão militar mista para dirimir as divergências relativas às questões militares.

Quanto ao ano 2000, muitas outras Resoluções emanaram do Conselho de Segurança, porém, as mais importantes referem-se à prorrogação do mandato da MONUC (Resolução n. 1.291) até 30 de julho de 2000 e ao reforço no envio de mais "capacetes azuis" (vf. nota 87), cerca de 5.537 militares e 500 observadores. Com a Resolução n. 1.316, de 23 de agosto de 2000, o Conselho de Segurança decidiu prorrogar o mandato da MONUC para permitir o prosseguimento das atividades diplomáticas em apoio ao cessar-fogo, dando ao órgão a possibilidade de refletir sobre o futuro mandato da MONUC até dezembro, em sua Resolução n. 1.323, de 13 de outubro de 2000 até 15 de junho de 2001.

Em 16 de janeiro, o presidente Laurent-Désiré Kabila é assassinado e seu filho, Joseph, o substitui, em 26 de janeiro do mesmo ano. Na Resolução n. 1.355, de 15 de junho de 2002, o Conselho de Segurança decidiu prorrogar o mandato da MONUC até 15 de junho de 2002 e enviou uma missão de avaliação na região dos Grandes Lagos.

A Resolução n. 1.376, de 9 de novembro 2001, apoiou o início da 3ª fase do deslocamento das forças da MONUC, segundo o conceito das operações detalhadas nos §§ 59 a 87 do relatório do Secretário-geral (S/2001/1970).

A Resolução n. 1.399, de 19 de março de 2002, condenou a retomada das hostilidades em Moliro e lembra à RDC e outras partes os compromissos firmados no acordo do cessar-fogo e o respeito às resoluções do Conselho de Segurança. Também convidava todas as partes a não perturbar o andamento das negociações do Diálogo Intercongolês (DIC) em Sun City (África do Sul).

3.4.1 Os Acordos de Arusha

Esses acordos referem-se às negociações interburundesas na consecução da formação de um governo de transição e de união nacional. O governo de Burundi negociou o cessar-fogo com os rebeldes hútus sob os auspícios de Nelson Mandela[67], ex-presidente sul africano, prêmio Nobel da Paz (1993).

---

67 Nelson Mandela, nascido em 18 de julho de 1918, líder e ativista rebelde, ativista do Congresso Nacional Africano (ANC), foi o primeiro presidente negro da África do Sul de 1994 a 1999. Considerado terrorista pelo governo sul-africano, Mandela tornou-se o principal representante do movimento anti*apartheid* e comandou a transição em seu país, ganhando respeito internacional por promover a reconciliação nacional. Recebeu o Prêmio Nobel da Paz, em 1993, junto com Frederik Willem de Klerk, o último branco a ser presidente da África do Sul, líder do Partido Nacional.

De qualquer maneira, tais acordos são fundamentais para região dos Grandes Lagos, uma vez que contribuem para a paz e segurança regionais, permitindo a volta de milhares de refugiados para a sua pátria.

3.4.2 Os Acordos de Sun City (África do Sul)

Trata-se de acordos cujos trabalhos terminaram em 18 de abril de 2002, oriundos das negociações no DIC. Na ocasião, foi decidida a partilha do poder entre beligerantes, isto é, a adoção do sistema de 1 + 4, ou seja, um presidente da República e quatro vice-presidentes, vindos dos 4 movimentos rebeldes e sociedade civil. Assim, poderia o país contar com o fim das hostilidades e sonhar com a organização das eleições democráticas, todavia, o movimento RCD e o partido político da oposição UDPS recusaram-se a assinar o acordo e anunciaram, alguns dias depois, a criação da Aliança para salvaguardar o DIC.

Em 30 de julho de 2002, os governos da RDC e de Ruanda assinaram, em Pretória, um acordo estipulando a agenda da retirada definitiva das tropas de Ruanda na RDC, exigindo a perseguição aos combatentes hútus e milícias interahamwe atuando em seu território para serem extraditados para Ruanda, onde responderiam pelos crimes cometidos naquele país. O acordo contou com representantes da África do Sul, da ONU (MONUC), encarregado de sua aplicação. Visa também a implementação do programa Désarmement, Démobilisation, Rapatriement, Réinstallation, Réinsertion (DDRRR). Em 5 de outubro, Ruanda anunciou o fim da retirada de suas tropas na RDC.

Em 21 de outubro de 2002, o Conselho de Segurança tornou público o relatório do painel dos especialistas da ONU sobre a exploração ilegal dos recursos naturais da RDC em que, detalhadamente, destacam-se redes de exploração a partir da RDC, Ruanda e Uganda. São citados membros do governo de Ruanda e Uganda, generais dos dois países e chefes rebeldes congoleses.

Em 4 de dezembro de 2002, em sua Resolução n. 1.445, o Conselho de Segurança autorizou o aumento de militares da ONU para 8.700.

Outro marco importante aconteceu em 17 de dezembro de 2002, com assinatura do Acordo Global e Inclusivo (AGI) para uma gestão consensual da transição, pondo termo às hostilidades e engajando o país num processo de transição política com a finalidade de realizar eleições democráticas legislativas e presidenciais num prazo de dois anos a partir da investidura do governo de transição. Comissões técnicas foram instaladas para discutir o projeto de uma Constituição, a criação das Forças Armadas para dar garantia às instituições de transição e todos os animadores políticos em Kinshasa.

Para bem levar a cabo essa missão, o Conselho de Segurança autorizou a MONUC a utilizar todos os meios necessários no distrito de Ituri e, dentro de suas capacidades, no Norte e Sul-Kivu. Trata-se, aqui, da aplicação do Capítulo VII da Carta da ONU, que recomenda o uso da força após o fracasso das negociações com as partes beligerantes, especialmente, as milícias armadas pelos países vizinhos, que semeiam o terror na região leste da RDC e incentivam as divisões tribais.

3.5 EFICÁCIA DOS MEIOS DE SOLUÇÕES PACÍFICAS

No caso dos conflitos na região dos Grandes Lagos, é preciso diferenciar os beligerantes, tendo em vista a complexidade do problema porque o conflito pode ser entre Estados soberanos (caso de Ruanda e RDC e RDC contra Uganda, Ruanda e Burundi) ou entre grupos tribais por Estados interpostos, assim como ocorre entre hútus e tútsis, hema e lendu (...). Tal fato dificulta a busca de soluções pacíficas, posto que cada Estado tem interesse em desestabilizar os países vizinhos e, temendo uma represália, cada um guarda sob seu domínio antigos combatentes mercenários a serem usados para frear as ambições expansionistas e dominadoras.

A respeito da eficácia de determinados meios de solução pacífica de controvérsias internacionais, Antônio Augusto Cançado Trindade reconhece que:

> Há certos fatores que freqüentemente afetam ou comprometem tal eficácia, como, p. ex., a doutrina extremada da soberania dos Estados e a influência de forças internas na formulação das políticas externas dos Estados; a estes se acrescem determinadas atitudes nítidas dos Estados, como p. ex., uma certa relutância ou resistência a recorrer à solução judicial (por parte dos países do Terceiro Mundo), e uma marcada preferência pelo método da negociação sobrepondo-se a todos os demais meios de solução pacífica (por parte da países socialistas). (Trindade, 2002, p.753-4b)

Os conflitos dos Grandes Lagos perduram por falta da vontade política dos atores envolvidos e por questão de interesses econômicos e financeiros.

Destaca-se, em todas as resoluções, o papel relevante da ONU e do Conselho de Segurança – promover a reconciliação, encorajando as partes a sentar à mesa.

3.6 PRINCÍPIO DO EQUILÍBRIO DO PODER

A hegemonia dos vizinhos da RDC deixa perceber que os conflitos vigentes, principalmente as guerras de Ruanda dentro do território congolês, demonstram a adoção por Kagame do princípio do equilíbrio do poder, a ponto de fazer de Ruanda uma força militar na região, "uma grande pequena Ruanda", como havia dito um ministro entrevistado por Colette Braeckman. Procurando criar um exército de persuasão, Ruanda começa a tornar-se perigosa e, conseqüentemente, a ameaçar a independência e a soberania dos outros.

O espírito da cooperação e da interdependência que sempre caracterizou as populações dos Grandes Lagos é varado por um único indivíduo que se considera um novo Mwami capaz de anexar os territórios da RDC, do Norte e Sul-Kivu.

3.7 AS CONDIÇÕES PARA UMA PAZ PERMANENTE

Várias são as condições para uma paz permanente na região fundada, em primeiro lugar, em prevenção do conflito conforme o espírito da Carta da ONU quando, no art. 1º menciona os objetivos das Nações Unidas que são: a manutenção da paz e da segurança internacionais. A mesma Carta, em seus arts. 3º e 19º, no caso de litígios, convida as nações a resolverem seus problemas de maneira pacífica, constituindo uma comissão para a mediação, reconciliação e arbitragem. Exige-se também uma vontade clara da comunidade internacional para adotar e aplicar uma política preventiva pois, constata-se, até o presente momento, que ela nunca proibiu a escalada de violência.

Com a violação da integridade territorial da RDC em desrespeito ao princípio da intangibilidade do território e de sua soberania e independência política, torna-se imperiosa uma interpretação mais profunda e uma aplicação mais rápida do art. 39 da Carta das Nações Unidas. Dessa maneira, não se sacrificariam mais vidas inocentes, vítimas de anos de guerras. Assim, haveria a possibilidade de abrir caminho à adoção de medidas coercitivas militares e não militares (embargos sobre as armas, por exemplo).

Do ponto de vista econômico, devem-se controlar os recursos naturais para que beneficiem a todos e não a uma minoria ou alguns senhores de guerra e seus familiares ou membros da etnia.

A questão da nacionalidade dos banyamulenge, pivô de todas a guerras do leste da RDC, deve ser discutida com os representantes dos mesmos.

3.8   A DEMOCRACIA EM CRISE

A visão que se tem hoje da África é a de um continente atrasado econômica e tecnologicamente, cujas riquezas são, sistematicamente, exploradas pelas potências ocidentais por intermédio de multinacionais, sob pretextos de globalização. Passa-se sempre a imagem de uma África rica em recursos naturais, porém, pobre no limiar do século XXI, com suas heranças malditas oriundas das relações "incestuosas" com os colonizadores, marcadas por revoltas, escravidão, sangue, mortes e pilhagens.

Relativamente à busca de soluções pacíficas em caso de conflitos e de guerras, a credibilidade da própria União Africana encontra-se em jogo no cenário de restaurar a ordem institucional. Cabe-lhe mostrar que é mais operacional que a extinta Organização da Unidade Africana (OUA)[68], caracterizada por disfunção entre instituições.

Os conflitos dos Grandes Lagos, considerados do ponto de vista geopolítico, revelam em si uma crise de Estado e de soberania do lado congolês, expressa pela invasão do território da RDC, acarretando uma série de violações dos direitos humanos e do direito internacional humanitário, o que reforça, portanto, a necessidade de democratizar as instituições e consolidar a legitimidade do poder pelo voto popular, pois a marcha para a democracia não será garantida pela simples substituição dos dirigentes políticos. Sem dúvida, não há um modelo único de democracia, porém, a legitimidade do poder exige melhores condições para exercê-lo, le-

---

68 Fundada em 25 de maio de 1963, a Organização da Unidade Africana (OUA) foi dissolvida em 9 de julho de 2002 por seu último presidente sul-africano, Thabo Mbeki, e substituída pela União Africana. O objetivo daquela era o de promover a unidade e solidariedade dos Estados Africanos e de fazer ato de voz coletiva do continente. Ela preconizava também a erradicação do colonialismo e havia estabelecido um Comitê de liberação a fim de ajudar os movimentos de libertação, ou seja, os que almejavam a independência. A Carta da Organização foi assinada por 32 Estados africanos independentes. Quando foi dissolvida, 53 haviam assinado.

vando-se em conta que a liberdade, os direitos humanos[69] e a dignidade humana são imperativos indispensáveis (Mazzuoli, 2001, p.88a).

Pode-se afirmar, sem dúvida, que as reações da comunidade internacional, mediante o envio, num primeiro momento, de observadores para supervisionar o acordo de cessar-fogo, e, no segundo, para agir conforme os princípios do Capítulo VI e, mais tarde, do Capítulo VII da Carta da ONU, por intermédio da MONUC, demonstram a vontade de restabelecer a autoridade do governo – violada – e também devem ser compreendidas dentro do contexto internacional marcado por uma grande afirmação da globalização e uma grande vontade de assentar a cooperação entre Estados na tríade: democracia, direitos humanos e desenvolvimento. Sem dúvida, os países africanos, em especial, precisam de ajuda externa para sobreviver.[70] Ricardo Seitenfus afirma que a necessidade de estabelecer vínculos de cooperação entre os Estados, as OI[71] e as ONGAT[72] para minimizar a indigna situação em

---

69 Referindo-se à obra de Genaro R. Carrió, *Los derechos humanos y su protección*, Valério de Oliveira Mazzuoli observa que "os direitos humanos derivam de três princípios basilares, bem como de suas contribuições e influências recíprocas, quais sejam: a) o da inviolabilidade da pessoa, cujo significado traduz a idéia de que não se pode impor sacrifícios a um indivíduo em razão de que tais sacrifícios resultarão em benefícios à outras pessoas; b) o da autonomia da pessoa, pelo qual toda a pessoa é livre para a realização de qualquer conduta, desde que seus atos não prejudiquem terceiros; e c) o da dignidade da pessoa, verdadeiro núcleo de todos os demais direitos fundamentais do cidadão, através do qual todas as pessoas devem ser tratadas e julgadas de acordo com os seus atos, e não em relação a outras propriedades suas não alcançáveis por eles".

70 No caso do Togo, em 2003, a União Européia pôs como condição para reiniciar a cooperação econômica com o país, a retomada do processo democrático, uma vez que o Código Eleitoral havia sido modificado pelo governo, favorecendo um único candidato, o general Eyadema, no poder desde 1967. Sobre a avaliação da democracia em Togo pela EU: SAMSON, Didier. La democratie évaluée. Disponível em: www.rfi.fr/actualfr/articles/055/article_29186.asp. Acessado em: 10/2/2005.

71 Organizações Internacionais.

72 Organizações Não-governamentais de Alcance Transnacional. Segundo Ricardo Seitenfus, as organizações Não-governamentais de Alcance Transnacional (ONGAT) podem ser definidas como instituições sem fins lucrativos, de direito privado, podendo reunir pessoas físicas, jurídicas ou morais, com o intuito de atingir

que vive parte ponderável da população do Sul tornou-se consenso, pois trata-se de imperativo moral e ético a moldar as relações internacionais (Seitenfus, 2004, p.221c).

A União Européia condiciona, também, qualquer ajuda econômica referente à sua Política Externa e de Segurança Comum (PESC) na promoção dos aspectos humanos nas relações internacionais, tais quais solidariedade, direitos humanos e democracia.[73] As mesmas prioridades permeiam a Nova Parceria para o Desenvolvimento da África (NEPAD)[74] no que diz respeito à paz e segurança, à democracia, à boa governança política, econômica e empreendedora e ao reforço das capacidades.

3.8.1 A "síndrome de Kabila"[75] e as novas perspectivas da RDC

A morte de Laurent-Désiré Kabila, sob a ótica da comunidade internacional, trouxe o advento de uma nova era para prosseguir com as negociações entre beligerantes e dar chance à paz, implementando o acordo de Lusaka, inclusive a decretação de um cessar-fogo em todo o território nacional e a retomada do Diálogo Intercongolês nas perspectivas de formar um governo de união nacional.

O que mais chama atenção nesse caso é a maneira pela qual se procura resolver um problema sério sem a participação efetiva do

---

objetivos de alcance internacional e de natureza pública expostos em seus estatutos. Delas participam pessoas ou instituições detentoras de variadas nacionalidades. Seus recursos materiais e financeiros originam-se de múltiplas fontes internacionais e suas ações se voltam para a busca de soluções de problemas de interesse público que afetam mais de um país." (Seitenfus, 2004, p.141b).

73 Sobre a PESC, consulte: www.europa.eu.int.

74 A New Partnership for Africa's Development.

75 Assim como ocorreu com o assassinato do Duque Francisco Fernandes em Sarajevo, temia-se uma explosão de ira e de vingança da população congolesa com o anúncio do assassinato do autoproclamado presidente Laurent-Désiré Kabila. Esperava-se um desencadeamento indiscriminado da guerra, menos um resfriamento de mentes.

povo. Tal atitude atropela as regras institucionais e jurídicas mais elementares, desrespeitando os princípios constitucionais para saciar os apetites de uma minoria sedenta de poder.

Nota-se o surgimento do realismo preconizado por Hans J. Morgenthau, dentro do pensamento hobbesiano relativo ao estado de natureza, ou seja, os dirigentes apropriam-se da liberdade do povo e dispõem do direito de recorrer à força para fazer justiça. É o que se viu na RDC durante as negociações no diálogo intercongolês. Nesse contexto, pode-se falar em realismo banhado em paradigma do estado de natureza hobbesiana.

Nessa esteira, Jean-Jacques Roche analisa o paradigma de estado de natureza como fator da sobrevivência do Estado:

> Considerando que por natureza o homem é egoísta e calculista, Hobbes preconiza que ele se associa às suas semelhanças que por medo. Portanto, é por interesse que o homem renuncia à sua liberdade e, em nome do mesmo interesse que sempre respeita o pacto social. O nascimento da sociedade é tributário da criação, de ante mão, de um Estado detentor de direitos originais do homem. A sobrevivência da sociedade passa, então, pela sobrevivência do Estado que deve, para isso, eliminar qualquer resistência à sua autoridade. Depositário de uma soberania absoluta, o Estado não dispõe, no entanto, de um poder sem limites. Mesmo com os teóricos mais rigorosos do absolutismo, a autoridade real é condicionada por respeito à obrigação de garantir a segurança. (Roche, 2001, p.21-2b)[76]

---

[76] "Considérant que par nature l'homme est egoïste et calculateur, Hobbes envisage qu'il ne s'associe à ses semblables que par peur. C'est donc par intérêt que l'homme renonce à sa liberté et c'est toujours au nom de cet intérêt qu'il respecte le pacte social. La naissance de la société est tributaire de la création en préalable d'un Etat détenteur des droits originels de l'homme. La survie de la société passe donc par la survie de l'Etat qui doit, pour ce faire, veiller à éliminer toute résistance à son autorité. Dépositaire d'une souveraineté absolue, l'Etat ne dispose cependant pas d'un pouvoir sans limites. Même chez les plus rigoristes théoriciens

Ora, em um mundo globalizado, no qual as tendências convergem para a construção de estados democráticos e de direito, a violência não tem mais sentido diante das aspirações dos povos para um mundo de paz e de respeito aos direitos humanos. A legalidade e a legitimidade de recorrer à força, consideradas por Raymond Aron como a principal característica da vida internacional, terão relevância no caso de urgência e de ameaça aos interesses superiores da nação. Isso supõe uma paralisia total das instituições e uma verdadeira anarquia,[77] no sentido realista de ausência de soberano e do Estado.

Obviamente, no caso da RDC, existem crises em instituições democráticas, de legitimidade e uma disfunção dos órgãos governamentais, podendo degenerar em perigo de o Estado, como poder, cair na arbitrariedade de uma minoria ou, no caso extremo, da maioria. As rédeas do país nas mãos de uma minoria demonstram o abuso do governo e prenunciam a degeneração do Estado que Rousseau considera como vícios em razão dos quais se rompe o contrato social.

> Há dois vícios gerais pelos quais um governo degenera, a saber, quando ele se restringe ou quando o Estado se dissolve. O governo se restringe quando passa do grande número ao pequeno, isto é, da democracia à aristocracia e da aristocracia

---

de l'absolutisme, l'autorité royale est conditionnée par le respect de l'obligation d'assurer la sécurité."

77 A palavra anarquia no realismo contemporâneo não significa "caos", "desordem", mas deve ser entendida no sentido da política internacional anárquica, isto é, ausência da autoridade política central que governe as unidades políticas independentes que constituem o sistema internacional.
Observa Andrew Ross, ao abordar a Teoria e Prática das Relações Internacionais Perspectivas Analíticas em Disputa, dentro do pensamento de K. Waltz, que "a soberania reside nos estados, precisamente devido à ausência de uma autoridade política central capaz de impor a ordem. A soberania estatal significa que, "formalmente, cada um é igual a todos os outros. Ninguém tem direito a ordenar, ninguém tem a obrigação de obedecer".

à realeza. Retrocede-se do pequeno número ao grande, pode-se dizer que se abranda, mas o progresso inverso é impossível. (Rousseau, 2002, p.112a)

É justamente para evitar a volta aos tempos antigos em que prevalecia *la raison d'État*, ou então, aos tempos de Luís XIV, que confundia o Estado com a sua própria pessoa, *L'État, c'est moi*, que as intervenções da comunidade internacional, *en l'occurrence* a ONU, por intermédio da MONUC, que os atores dos conflitos dos Grandes Lagos são convidados a cooperar para a manutenção da paz e da segurança internacionais, procurando, antes de tudo, chegar a uma solução por negociação, inquérito, mediação, conciliação, arbitragem, solução judicial, recurso a entidades ou acordos regionais, ou a qualquer outro meio pacífico à sua escolha.[78]

Existe, de fato, um perigo com a perpetuidade dos conflitos na RDC, pois, nota-se, implicitamente, uma tentativa de usurpação do poder pelos países fronteiriços por rebeldes interpostos para criar um clima de não-governabilidade. Rousseau veria nisso o início da dissolução do Estado, pois, segundo ele,

> o caso da dissolução do Estado pode acontecer de duas maneiras: primeiramente, quando o príncipe não administra mais o Estado conforme as leis e usurpa o poder soberano. Produz-se então uma mudança notável; é que, não o governo, mas o Estado se restringe; quero dizer que o grande Estado se dissolve e que nele se forma outro, composto somente dos membros do governo e que nada mais é, para o resto do povo, senão seu senhor e tirano. De modo que no instante em o governo usurpa a soberania, o pacto social é rompido e todos os simples cidadãos, voltando, por direito, à sua liberdade natural, são forçados, mas não obrigados a obedecer. (Rousseau, 2002, p.113b)

---

[78] Carta da ONU, art. 33.

Para Rousseau, quando o Estado se dissolve, o abuso do governo, seja qual for, toma o nome comum de anarquia. Afirmação polêmica na concepção do Estado moderno, porém, atual quando se observam os acontecimentos em vários países africanos ou latino-americanos nas décadas de 1960 a 1980, onde ocorre uma verdadeira onda de militarização dos Estados com a cumplicidade do ocidente e dos Estados Unidos.[79]

Sabe-se, ademais, que do abuso da aristocracia nasceram as guerras civis e o triunvirato de Sila, Júlio César e Augusto que tornaram-se, de fato, os verdadeiros monarcas; e, enfim sob o despotismo de Tibério, o Estado foi dissolvido (Rousseau, 2002, p.113c).

Os conflitos dos Grandes Lagos e a guerra em território congolês têm mostrado, de um lado, o caos e o despotismo em que está mergulhada a maioria dos países africanos e, do outro, a indiferença da comunidade internacional, em face das controvérsias e dos conflitos armados.

Para isso, os adeptos das teses revisionistas têm imputado o desastre atual aos próprios africanos, afirmando que os erros do colonialismo pertencem ao passado. O que não é a opinião de François-Xavier Verschave, para quem, na realidade, nunca houve parceria entre a França e a África, mas um clientelismo neocolonial degenerado, fracassado e que, doravante, é insustentável (Verschave, 2003, p.351).

---

[79] "Durante este período, a guerrilha e os golpes de Estado proliferaram na América Latina, transformando-a em uma das regiões mais instáveis do planeta. As causas desta instabilidade são sobejamente conhecidas. A fragilidade das estruturas econômicas, as desigualdades sociais e a fraqueza dos sistemas políticos propiciam a expansão do marxismo e o desenvolvimento das correntes marxistas. O domínio norte-americano torna-se cada vez mais insuportável para os países da América Latina, particularmente para os da América Central, que manifestam a sua vontade de tornarem-se independentes da potência vizinha. Entretanto, a política dos Estados Unidos também mudou." (Vaisse, 1996, p.160-1e).
Em fevereiro de 1982, apresenta-se para a América Central o Plano Reagan, cujo objetivo é promover a democracia, o diálogo, o desenvolvimento e a defesa. Com isso, o governo Reagan procura mostrar a sua determinação em reafirmar a sua autoridade nas Caraíbas, invadindo a Ilha Granada em 25 de outubro de 1983, sem falar da intervenção americana na Nicarágua, dando apoio a Samoza e, mais tarde, aos contras.

Trata-se de uma relação sufocante baseada "na manutenção de colônias e protetorados e zonas de influência" (Brownlie, 1996, p.ix), que não condiz com a noção de cooperação entre Estados, menos ainda, com os princípios do direito internacional que regem as relações amistosas entre os Estados, como estipula a Carta da ONU.

3.8.2 Breve comentário sobre a Constituição[80] atual da RDC

Trata-se, na realidade, do projeto de Constituição oriundo de um consenso entre as instituições investidas após a assinatura do Acordo Global e Inclusivo em Pretória, na África do Sul, a fim de pôr termo à crise crônica de legitimidade e de dar ao país as chances de se reconstruir com a organização de eleições livres, pluralistas, transparentes e críveis.

Com fulcro no art. 104, pediu-se ao Senado a submissão do referido projeto de Constituição ao referendo popular.

Quanto ao Estado e à soberania, no intuito de favorecer centros de impulsão e de desenvolvimento na base, a nova Constituição previa a criação de 25 províncias – mais a capital Kinshasa –,

---

80 O entendimento sobre a origem das constituições não é pacífico. Loewenstein aponta os hebreus como os primeiros a praticar o constitucionalismo, enquanto André Hauriou sustenta que as origens do constitucionalismo encontram-se no Mediterrâneo oriental, precisamente na Grécia. Outros ainda, pensam que o berço seria no Egito. Segundo Dalmo de Abreu Dallari, o constitucionalismo, assim como a moderna democracia, tem suas raízes no desmoronamento do sistema político medieval, passando por uma fase de evolução que iria culminar no século XVIII, quando surgem os documentos legislativos a que se deu o nome constituição. (Dallari, 2003, p.197a.)

Em sentido geral, pode-se dizer que o constitucionalismo começou em 1215, quando os barões da Inglaterra obrigaram o Rei João Sem-Terra a assinar a Magna Carta, jurando obedecê-la e aceitando a limitação de seus poderes. Depois disso, ainda seriam necessários alguns séculos para que ocorressem avanços substanciais, o que se dará na própria Inglaterra no século XVII, quando a Revolução Inglesa consagra a supremacia do Parlamento como o órgão legislativo. Com isso, chega-se bem próximo à idéia de que o Estado deve ter "um governo de leis, não de homens. (Dallari, 2003, p.197-8b.)

dotadas de pessoa jurídica, exercendo poderes concorrentes com o governo central, inclusive no repasse das receitas. Destaca-se, ainda, a distinção de poderes, princípio democrático segundo o qual todo o poder emana do povo.

Quanto à nacionalidade, a Constituinte manteve o princípio da unicidade e exclusividade da nacionalidade congolesa e reafirmou a afeição da RDC aos direitos humanos e às liberdades fundamentais, de maneira que são anunciados pelos instrumentos jurídicos internacionais aos quais aderiu, especialmente, declara sua adesão à Declaração Universal dos Direitos Humanos, à Carta da União Africana dos Direitos Humanos e dos Povos, às Convenções das Nações Unidas sobre os Direitos da Criança e sobre os Direitos da Mulher, particularmente, ao objetivo da paridade de representação homem-mulher dentro das instituições do país, bem como aos instrumentos internacionais relativos à proteção e à promoção dos direitos humanos. A inovação está no princípio da igualdade de gêneros.

A nova Constituição substitui a Constituição da transição promulgada em 4 de abril de 2003, dentro do esquema presidencial de 1 + 4, como já mencionado, um presidente da República e quatro vice-presidentes.

No âmbito internacional, a Constituinte manifestou-se no preâmbulo sobre a promoção de uma cooperação internacional mutuamente vantajosa e a aproximação dos povos do mundo, no respeito de suas identidades respectivas e dos princípios da soberania e da integridade territorial de cada Estado.

Considerando as circunstâncias da sua elaboração e a vontade manifesta da constituinte de construir no coração da África um Estado de Direito[81] e de uma Nação poderosa e próspera edifica-

---

81 A expressão Estado de Direito é suscetível de várias interpretações. Para uns, Estado de Direito é a mesma coisa que Estado constitucional, isto é, Estado em que o poder é limitado por uma Constituição escrita e rígida. Para outros, Estado de Direito é aquele que é regido, em última análise, pela lei, mas por uma lei com conteúdo de justiça, não pela mera vontade arbitrária do legislador, expressa pela forma de lei. (Ferreira Filho, 1990, p.18)

da sobre uma verdadeira democracia política, econômica, social e cultural,[82] pode-se ressaltar, nesse caso, que a nova Constituição da RDC tem natureza material e formal e que o povo é o titular sendo, portanto, ilegítima a Constituição que reflete os valores e as aspirações de um indivíduo ou de um grupo e não do povo a que a Constituição se vincula (Dallari, 2003, p.202c). Entende-se, segundo Dallari, que "a Constituição autêntica será sempre uma conjugação de valores individuais e valores sociais que o próprio povo selecionou através da experiência" (Dallari, 2003, p.202d).

Decorrendo do reconhecimento de que o poder emana do povo, a Comissão Eleitoral Independente (CEI) da RDC, tendo em vista as eleições legislativas e presidenciais antes de junho de 2006, pretendia organizar o Referendo Constitucional conforme a Lei n. 05/10, de 22 de junho de 2005, sobre a organização do mesmo em todo território nacional da RDC, consultando o povo sobre o Projeto de Constituição da RDC.

A Constituição de um Estado é a sua lei fundamental. Situa-se acima do sistema jurídico do Estado, e os tratados internacionais, as leis, os decretos e as portarias devem estar de acordo com seus princípios, segundo a teoria desenvolvida por Hans Kelsen. Quanto à forma, ela pode ser apenas um texto, ou então um conjunto de leis constitucionais. Atualmente, a maioria dos países possui uma constituição escrita. Somente o Reino Unido tem ainda uma constituição costumeira.[83]

Considerando a importância das eleições em um país dilacerado pelos conflitos e pelas lutas armadas desde 1996, torna-se relevante trazer à baila as modificações constitucionais ocorridas

---

82 Preâmbulo da Constituição da República Democrática do Congo submetida ao Referendo no final do ano de 2005.

83 Vale lembrar que a primeira Constituição costumeira é a Carta Magna de 1215. Artigo do Professor José Luiz Quadro. *Constitucionalismo inglês*. Disponível em: www.1.jus.com.br/doutrina/texto.asp?id=5768. Acessado em: 10/2/2005.
As constituições escritas encontram origem nas revoluções americanas e francesas ao final do século XVIII.

na RDC como marco histórico em um país em guerra e que procura trilhar seu caminho com a ajuda da comunidade internacional e da MONUC, restabelecendo, aos poucos, a autoridade do Estado nos territórios ocupados pelos rebeldes e milícias armadas que se outorgaram competências administrativas nas zonas ocupadas por elas.

Não se pode esquecer de que a titularidade do poder constituinte está ligada à noção de soberania e, esta, ao poder. Desse modo, parafraseando Foucault, o que se questionará serão os limites desse poder e seus privilégios (Foucault, 1999, p.180). Para Sieyès, citado por Bonifácio, a legitimidade do Poder Constituinte estaria assentada na vontade de nação titular deste poder, a qual somente teria condicionamento nos princípios de direito natural (Bonifácio, 2003, p.130).

Não se pode confundir, portanto, legitimidade e legalidade, como acontecia com Kelsen, ao assentar os dois termos na questão da validade. A norma é válida e legítima e produz efeitos quando emana do órgão competente.

3.8.3   Crise da soberania e democracia

3.8.3.1   *Noção da soberania*

A soberania no contexto africano é uma questão mais polêmica e desafiadora a ser evocada porque traz à tona, também, o passado colonial e a divisão da África em Estados pelos colonizadores. Desafiadora porque da figura do monarca das instituições tradicionais passou-se à figura do presidente nos moldes dos Estados modernos, mas com as feridas da herança colonial, a ponto de se indagar, hoje em dia, se realmente os países africanos são soberanos. O que entende-se por soberania no contexto atual da globalização em que estão também inseridos os países africanos? Será que, em tempo de conflitos, a intervenção da União Africana (UA), da União Européia (UE) e da comunidade internacional nos assuntos internos da RDC viola o princípio da soberania de um país independente? Em face dessas indagações, faz-se necessário esclarecer a noção da soberania.

O conceito da soberania encontra eco na noção do poder e na figura do rei. Poder que deve ser entendido desde os tempos do mundo grego, passando pelo império romano, até a acepção moderna da expressão, tanto no âmbito interno quanto externo. No que diz respeito ao poder real e ao direito, Foucault alerta para o futuro sobre os limites desse poder e seus privilégios, mostrando que a soberania se confunde com a pessoa do rei, o soberano, o detentor do poder, a encarnação do corpo vivo da soberania.

> Afirmar que a soberania é o problema central do direito nas sociedades ocidentais implica, no fundo, dizer que o discurso e a técnica do direito tiveram basicamente a função de dissolver o fato da dominação dentro do poder para, em seu lugar, fazer aparecer duas coisas: por um lado, os direitos legítimos da soberania e, por outro, a obrigação legal da obediência. O sistema do direito é inteiramente centrado no rei e é, portanto, a eliminação da dominação de suas conseqüências. (Foucault, 1979, p.181a)

Relatando as cinco precauções metodológicas que se deve tomar ao analisar a questão do poder em sua vertente de dominação, não apenas na pessoa do rei, soberano, mas também nas relações dos súditos com os outros, ou seja, a manifestação da dominação em todas as esferas, Foucault propõe um novo olhar sobre as noções de poder e soberania. Com efeito, é preciso estudar o poder, colocando-se fora do modelo do Leviatã, fora do campo delimitado pela soberania jurídica e pela instituição estatal. É preciso estudá-lo a partir das técnicas e táticas de dominação (Foucault, 1979, p.186b).

Se examinarmos essa noção do poder de Foucault, reparamos que o conceito da soberania é desvinculado da figura do soberano, o absoluto, o tirano. Trata-se de um novo mecanismo de poder e de uma nova acepção da soberania que se opõe à teoria da soberania.[84]

Na concepção antiga, com destaque ao mundo grego, soberania se diluía na organização da cidade (*polis*), a qual se revelava pela sua superioridade. Para a maioria dos doutrinadores, não há de falar de soberania quando se trata das cidades antigas, porque inexistia a atual organização dos Estados. A ausência do Estado acarreta a negação da soberania na acepção moderna da palavra, pois está intimamente ligada ao Estado moderno.

Inicialmente referia-se à soberania para legitimar um poder de Estado forte e central, o qual aparecerá, em um primeiro momento, com a monarquia absoluta. Repara-se uma vinculação da figura do monarca à soberania. Aos poucos, o termo toma o caráter absoluto na pessoa do rei, como soberano de todo o reino, até chegar ao caráter superlativo, como poder supremo. Para Bodin, a soberania é o poder absoluto e perpétuo de uma República.

Ao longo do tempo a noção de soberania foi personificada na pessoa de um monarca absoluto e incontestável, cujo poder era ligado à missão divina. De Maquiavel como poder forte do Estado, *en passant* por Bodin e Hobbes, a expressão de soberania evoluiu e se consolidou como *summa potestas* a partir da Paz da Vestfália, tendo uma concepção moderna, deixando de ser apenas um poder relacional, mas também político-teológico, tendo em vista a influência da Igreja e, finalmente, tornando-se um poder decisional supremo do monarca sobre todos os outros poderes, a quem, de resto, não cabe mais questionar sobre o sentido de justiça ou não de seus comandos imperativos (Albuquerque, 2001, p.88).

---

84 Segundo Foucault, a teoria da soberania está vinculada a uma forma de poder que se exerce muito mais sobre a terra e seus produtos do que sobre os corpos e seus atos: refere-se à extração e apropriação pelo poder dos bens e da riqueza e não do trabalho; permite transcrever em termos jurídicos obrigações descontínuas e distribuídas no tempo; possibilita fundamentar o poder na existência física do soberano, sem recorrer a sistemas de vigilância contínuos e permanentes; permite fundar o poder absoluto no gasto irrestrito, mas não calcular o poder com um gasto mínimo e uma eficiência máxima (Foucault, 1979, p.188).

Em um contexto globalizado e moderno, a soberania pode ser conceituada como um poder estatal supremo e independente em relação ao poder dos outros Estados. Diz respeito à relação de um Estado com outros Estados da Sociedade Internacional (Silva, 2004, p.250-81).

Considerando os elementos constitutivos do Estado na acepção moderna da palavra, de um lado, e o fenômeno da globalização, do outro, que abriu as fronteiras e favoreceu a interdependência entre Estados, pode-se afirmar que a noção da soberania tornou-se relativa e deve ser entendida dentro de determinados contextos. Como assevera Sidney Guerra, citando Sahid Maluf:

> Sabemos que no âmbito internacional a soberania vai ser limitada pelos imperativos da coexistência de Estados soberanos e que assim, na sociedade internacional, limita a soberania o princípio da coexistência pacífica das soberanias. (Guerra, 2004, p.330)

Trata-se, nesse contexto, da questão da interdependência que destaca na globalização o agir dos agentes que não se limitam mais aos Estados formalmente constituídos, mas que se inserem na complexidade das relações internacionais, considerando os canais múltiplos de ações ou estratégias de acordo com as conveniências, a ausência da hierarquia entre assuntos que envolvem atores governamentais e não-governamentais e o uso das forças armadas.

Sem adentrar na teoria da interdependência, percebe-se, outrossim, que o caso da RDC insere-se nessa complexidade das relações internacionais e que a intervenção da MONUC, com base no Capítulo VII da Carta da ONU, manifesta claramente a questão dos regimes políticos, críveis, transparentes e democráticos capazes de defender a ordem constitucional.

Não há *raison d'État* a ser invocada por países vizinhos da RDC que justificasse um ato de invasão que desrespeitasse a vontade soberana de um povo. A intervenção internacional, nesse caso, seria justificada e não haveria como alegar os princípios de soberania e intangibilidade de fronteiras (território) porque a preservação das instituições e dos direitos humanos contra toda a violação é legítima e necessária, tendo a supremacia sobre qualquer outro princípio. Não se trata de uma ação ou intervenção que emana de princípios morais ou éticos, mas dentro da complexidade das relações internacionais e por uma causa justa, há de superar a noção de soberania estatal para inseri-la na comunidade global. Hoje, a humanidade, pela globalização, é igual a uma teia, isto é, está regida pelas redes e não se pode esquecer essa realidade. Muitos golpes militares tolerados na África em nome dos interesses egoístas das transnacionais ocorreram porque os golpistas tiveram a visão estreita de olhar apenas para si, tendo em vista a inércia da comunidade internacional.

Em alguns países africanos, manifesta-se o poder soberano absoluto evocado por Bodin pela transposição do poder ancestral dos chefes tradicionais para a organização dos Estados modernos, sem considerar a existência constitucional dos poderes legislativo e judiciário. Nota-se uma concentração dos poderes na única figura do presidente da República e que, conforme o bom humor, se outorga o privilégio de emendar a Constituição para manter-se no poder. Agindo desse modo, coloca-se em xeque a sucessão presidencial e as próprias eleições, as quais não são mais livres, democráticas e transparentes. Arquiteta-se uma dinastia hereditária na roupagem de democracia.

3.9 CRISE DA DEMOCRACIA NA ÁFRICA?

Repara-se que a crise de democracia na África é fruto da herança colonial que modelou as sociedades modernas africanas oriundas do processo das lutas da autodeterminação dos povos em feudos dos intelectuais formados no Ocidente. Eles fizeram dos Estados africanos independentes, em tese, a continuidade do poder tradicional alicerçada na nomeação nos lugares estratégicos do país de pessoas da mesma tribo ou do mesmo clã, consolidando-se, dessa forma, o poder. Tal concepção do poder vai de simples porteiros das embaixadas aos altos funcionários estatais, sem falar das forças armadas, cujos generais são nomeados conforme pertençam à etnia do chefe supremo. Ngoma Binda busca a explicação da lógica militarista africana na constituição sociopolítica da África, recentemente independente. Sem detalhar todas as causas ou primícias dessa lógica, assevera que a decisão das intervenções militares na política surge, inicialmente, de um desejo, *a priori* sincero, de salvar uma situação social, econômica e política em desintegração constante (Binda, 2001, p.19a, tradução nossa).[85] Não obstante a boa vontade que justifica a interferência dos militares na política africana, Ngoma Binda reitera outros argumentos referentes àquilo que denomina complexo do militar, isto é, a ambição ingênua de pretender mudar o mundo de modo bem melhor do que os civis. A dedução lógica da competência administrativa surge a partir da idéia de deter a força militar. Segundo ele, o militar julga-se competente em matéria de governo das nações porque sabe que é fisicamente forte, como se o grau de inteligência de um indivíduo fosse diretamente proporcional ao volume de seus músculos (Binda, 2001, p.19-20b, tradução nossa).[86] O que demonstra a lei do mais forte, à medida que a intervenção militar é sinônimo de que os militares têm condições materiais e possibilidades de agir. Outras causas merecem destaque, como o surgimento repentino de rivalidades no seio de uma elite intelectualmente capacitada, mas politicamente imatura, devido à ausência de uma tradição democrática, o que contribui para a distribuição de privilégios legados da época colonial; a emotividade étnica que gera as ambições e rivalidades étnicas, fatores dos conflitos na África negra pós-colonial.

---

85 "(...) La décision d'interventions militaires dans la polítique relève initialement d'un désir, a priori sincère, de sauver une situation sociale, économique et politique en desintégration constante."(Binda, 2001, p.19a).

86 "(...) on se croit compétent en matière de gouvernement des nations parce qu'on se sait physiquement fort, tout comme si le degré d'intelligence d'un individu était directement proportionnel au volume total de ses muscles." (Binda, 2001, p.19-20b).

3.10 A VITÓRIA DA DEMOCRATIZAÇÃO DA DEMOCRACIA

Sem sobrepor-se às instituições, observa Bonavides que o Estado democrático-participativo organizará, porém, a resistência constitucional dos países da periferia arvorando a bandeira da soberania, da igualdade e da justiça social (Bonavides, 2001, p.19a).

Esclarece, ainda, que com o Estado democrático-participativo, o povo organizado e soberano é o próprio Estado, é a democracia no poder, é a legitimidade na lei, a cidadania no governo, a Constituição aberta no espaço das instituições, concretizando os princípios superiores da ordem normativa e da obediência fundada no contrato social e no legítimo exercício da autoridade (Bonavides, 2001, p.20b).

Conforme conceitua Bonavides, a democracia participativa é direito constitucional progressivo e vanguardista. É direito que veio para repolitizar a legitimidade e reconduzi-la às suas nascentes históricas, ou seja, àquele período em que foi bandeira de liberdade dos povos (Bonavides, 2001, p.33c).

A democracia participativa há de ser, também, uma democracia comunicativa dentro do processo formativo da vontade política soberana e racional do povo. Não se trata de mera teorização do poder político, mas do exercício da autonomia política de que necessitam os cidadãos para mudar a sociedade como sujeitos de direitos e de deveres, ou seja, conjugando o poder ser, participando plenamente na elaboração das leis para exercitar o dever ser.

Nesse contexto, vale recordar Habermas, para quem não há Direito sem a autonomia privada dos cidadãos. Conseqüentemente, sem os direitos clássicos à liberdade, em especial, sem o direito fundamental às iguais liberdades subjetivas de ação, não haveria nenhum meio para a institucionalização jurídica daquelas condições, sob as quais os cidadãos pudessem participar da prática da autodeterminação (Habermas, 2003, p.71).

Demonstrados os antecedentes históricos, as causas e os protagonistas dos conflitos dos países dos Grandes Lagos, bem como o impacto no âmbito do direito internacional no que diz respeito à aplicabilidade dos princípios que regem o direito internacional contidos na Carta da ONU e sua efetividade quanto aos métodos de soluções de controvérsias embasados nos Capítulos VI e VII da citada carta, passa-se à análise das resoluções do Conselho de Segurança das Nações Unidas sobre a RDC no contexto dos conflitos dos Grandes Lagos, partindo do mandato da MONUC, até a interpretação das medidas necessárias adotadas pelo próprio Conselho para dirimir os conflitos e levar os beligerantes à mesa das negociações para, finalmente, assinarem acordos de cessar-fogo, no caso das tropas estrangeiras, e promover o diálogo intercongolês em vista da reconciliação nacional, no tocante aos protagonistas congoleses.

CAPÍTULO 4

Análise das resoluções do Conselho de Segurança da ONU sobre a República Democrática do Congo (RDC)

Procura-se analisar e delinear neste capítulo a evolução dos conflitos dos países dos Grandes Lagos envolvendo a RDC no Conselho de Segurança da ONU, com fulcro nos Capítulos VI e VII da Carta de São Francisco de 1945. Tal preocupação se explica pela presença dos "capacetes azuis"[87] naquele país, atuando sob a bandeira da MONUC.

No início de seu mandato, a presença dos soldados da MONUC provocou ceticismo e, em certos casos, indignação entre os congoleses, que os acusavam de parcialidade e de cumplicidade com as tropas consideradas invasoras de Burundi, Uganda e Ruanda, em razão de sua inércia perante os massacres dos civis perpe-

---

87 A expressão "capacetes azuis" abrange todos os envolvidos na missão da manutenção da paz da ONU, incluindo soldados e oficiais das forças armadas, agentes da polícia civil e pessoal civil dos países fornecedores dos mesmos conforme os compromissos assumidos pelos signatários da Carta das Nações Unidas para manter a paz e a segurança internacionais.

trados por diferentes milícias no leste do país, apoiadas pelas tropas dos países vizinhos, bem como as violações sistemáticas dos direitos humanos e do direito internacional humanitário.

Apesar das evidências no tocante ao envolvimento das tropas dos países mencionados, critica-se a ONU por não condenar nem nomear claramente, em um primeiro momento, os autores dos crimes cometidos sobre as populações civis em Ituri e nas províncias de Norte e Sul-Kivu.

Os recentes ataques às tropas da ONU no Leste da RDC, os quais resultaram na morte de nove soldados paquistaneses[88], comprovam a necessidade de o Conselho de Segurança rever sua postura diante do aumento da violência e das violações dos direitos humanos na região de Ituri, onde os povos lendu e hema vivem em clima de guerra sob instigação dos países fronteiriços, Ruanda e Uganda, os quais têm exercido uma influência forte sobre alguns grupos armados e combatentes do ex-movimento rebelde RCD-Goma, como o reconhece o Conselho de Segurança da ONU em sua Resolução n. 1.493 (2003). Nessa resolução, o Conselho pede com insistência aos estados vizinhos da RDC e, particularmente aos dois países mencionados, cuja influência é forte sobre os movimentos e grupos armados atuando em território congolês, que exerçam positivamente a influência para obter destes a resolução dos conflitos pelos meios pacíficos e que eles integrem o processo de reconciliação nacional.[89]

A propósito, a Resolução n. 1.493 (2003) do Conselho de Segurança da ONU sobre a República Democrática do Congo, a qual, agindo em virtude do Capítulo VII da Carta das Nações Unidas, autoriza o aumento do contingente militar da MONUC para 10.800 pessoas. Nessa resolução, encontra-se o essencial do mandato da MONUC, em que o Conselho de Segurança a encarrega de coorde-

---

88 Uma patrulha da ONU foi atacada pelas milícias em Ituri, obrigando o Conselho de Segurança a autorizar o uso da força para desarmar as milícias no Leste do Congo e exigir a captura dos autores da emboscada contra as tropas da MONUC.

89 Cf. o n. 24 da Resolução n. 1.493/2003 do Conselho de Segurança da ONU sobre a República Democrática do Congo.

nar todas as atividades do sistema das Nações Unidas e lhe confia a tarefa de facilitar a coordenação das atividades que envolvem outros atores nacionais e internacionais de apoio à transição, incumbindo-lhe, ainda, em coordenação com os organismos das Nações Unidas, os donatários e organismos não-governamentais, a missão de dar assistência durante o período de transição, a reforma das forças de segurança, o restabelecimento do Estado de direito e a preparação e organização das eleições em todo o território da RDC.

Considerando a necessidade de restabelecer a autoridade do governo e do Estado, como pressuposto para uma paz duradoura, na mesma resolução, o Conselho de Segurança autorizou a MONUC a ajudar o governo de unidade nacional e de transição a desarmar os combatentes congoleses que, voluntariamente, decidiriam participar do processo de Desarmamento, Desmobilização e Reinserção (DDR), dentro do programa multinacional de Desmobilização e Reinserção, na espera de um programa nacional de DDR em coordenação com o Programa das Nações Unidas pelo desenvolvimento e outros organismos interessados.

Também nesse sentido, pede-se à MONUC para tomar as medidas necessárias nas zonas de operação de suas unidades, suscetíveis de assegurar a proteção dos seus agentes, dos dispositivos, das instalações e dos materiais das Nações Unidas, zelando, para tanto, pela segurança e liberdade de ir e vir dos seus agentes, bem como, em particular dos que são encarregados de missões de observação, verificação e DDR, cabendo-lhe, também, assegurar a proteção dos civis e agentes humanitários sob a ameaça iminente de violências físicas e contribuir para a melhora das condições de segurança para as quais é distribuída a ajuda humanitária.

Para o cumprimento desse mandato, o Conselho de Segurança autorizou a MONUC a utilizar todos os meios necessários no distrito de Ituri e, dentro dos limites de suas capacidades, no Norte e Sul-Kivu. Trata-se da aplicação do Capítulo VII da Carta das Nações Unidas.

Observa-se tal mudança radical no agir da MONUC com a morte dos soldados paquistaneses, a qual lhe deu a oportunidade de aplicar o Capítulo VII da Carta da ONU referente ao uso da força, perseguindo os responsáveis para acelerar o processo de DDR dos combatentes que aceitassem entregar as armas. Viu-se, em pouco tempo, cerca de 5.000 rebeldes aderindo ao projeto e pleiteando sua inserção nas Forças Armadas da RDC (FARDC).

4.1 BREVE HISTÓRICO DAS NAÇÕES UNIDAS

A criação das Nações Unidas remete ao contexto histórico das duas Guerras Mundiais que atingiram inúmeras nações e dizimaram populações. Uma análise minuciosa demonstra que são inúmeras as origens tanto da Primeira quanto da Segunda Guerra Mundial. Quanto à Primeira, René Rémond (2004, p.16a) questiona vários fatores anteriores que culminaram nas causas da iminência da Guerra. Destacam-se os motivos de ordem jurídica;[90] econômica;[91] as dificuldades internas e externas dos Estados, como a Rússia,

---

[90] Uma é jurídica; tem por si a vantagem da simplicidade e teve também por muito tempo a autoridade da coisa julgada. Nela, apóia-se o Tratado de Versalhes, em seu art. 231, ao atribuir a responsabilidade da guerra às potências centrais e, sobretudo, à Alemanha.

[91] A economia alemã estava em plena expansão. O desenvolvimento contínuo era para ela uma necessidade vital. Seus enormes investimentos, cuja rentabilidade exigia dela que encontrasse novos mercados, precisavam ser amortizados. A política comercial alemã orientava-se toda para a conquista dos mercados externos. Prova disso eram suas práticas comerciais, sobretudo o *dumping*. A política comercial fá-la entrar em competição principalmente com a Grã-Bretanha, acessoriamente com a França. A rivalidade econômica entre as velhas potências coloniais e a Alemanha provoca toda a sorte de conflitos, desde a China até o Marrocos (...). A economia britânica não trazia em si o germe da guerra, porque repousava no liberalismo e na reciprocidade das trocas. A Inglaterra renunciou ao protecionismo em 1846 e aboliu, em 1849, a Lei de Navegação.
A Alemanha, ao contrário, conjuga uma política de exportação análoga à da Grã-Bretanha e uma política de fechamento do mercado interno; associa o monopólio do mercado nacional à conquista do exterior; política repleta de contradições, que a impede a entrar em conflito com outras potências. Nos anos anteriores a 1914, a opinião pública alemã tem a impressão de estar sendo cercada e sufocada. É grande a tentação de romper a concorrência pela força e abrir, pela guerra, os terrenos que se fecham. A conflagração de 1914 proviria, portanto, diretamente, do imperialismo econômico, o que ilustraria a tese clássica do marxismo-leninismo.

que ainda sentia o peso da derrota de 1905 contra o Japão, e a Áustria e a Hungria, "dilaceradas pelas reivindicações das nacionalidades" (Rémond, 2004, p.17b); e as questões ligadas à independência nacional, à unidade ou ao separatismo, à política expansionista alemã bem arriscada (*weltpolitik*), uma vez que, naquela altura da disputa, cada território já tinha um dono após a demissão de Bismarck, que pregava uma Alemanha de paz, ou seja, uma política de equilíbrio europeu. Tal política acarreta em seu bojo os germes de guerra, pois foi fundada na hegemonia. Vê-se, portanto, que

> a partir de 1900, a situação internacional se caracteriza pelo que se chama de paz armada. A expressão associa dois elementos característicos: os sistemas de alianças e a corrida aos armamentos. (Rémond, 2004, p.19c)

Existe um somatório de fatores e causas para analisar as conseqüências das guerras que abalaram o mundo e levaram as nações a criar uma organização capaz de dirimir os conflitos e à qual todas se reportariam para a manutenção da paz e segurança internacionais, tendo em vista as atrocidades e a perda de vidas humanas.

Já durante a Segunda Guerra Mundial, os Aliados pensavam em uma organização que congregasse todas as nações envolvidas na guerra contra o Eixo. Tal idéia, pronunciada pela primeira vez pelo presidente F.D. Roosevelt, foi retomada na Declaração em Moscou, de 30 de outubro de 1943. O projeto da Organização das Nações Unidas toma corpo na Conferência de Dumbarton Oaks (de 21 de setembro a 7 de outubro de 1944) da qual participavam os EUA, a Grã-Bretanha, a Rússia e a China. Nota-se a ausência da França por não ter sido convidada. Uma outra conferência é realizada em Yalta (Acordos de Yalta, de 11 de fevereiro de 1945) para resolver as questões deixadas em suspenso na primeira conferência, ou seja, os planos referentes às Nações Unidas.

Percebe-se a presença das três grandes potências na gênese da Organização das Nações Unidas, a saber: os Estados Unidos, a Grã-Bretanha e a Rússia. Da convocação da Conferência de São

Francisco sobre a organização mundial, nasce a Carta das Nações Unidas, que entraria em vigor em 24 de outubro de 1945.

A Carta é um tratado complicado e, às vezes, obscuro, em razão do caráter transacional do texto, reflexo das tendências contraditórias e dos compromissos ambíguos. Com efeito, desde 1945, durante os debates da Conferência, surgiram os problemas que iriam dominar a situação internacional do pós-guerra, quer seja das rivalidades entre as grandes potências, de suas relações com as potências intermediárias ou ainda da importância das correntes anticoloniais. Não fica por menos que as principais decisões políticas da Conferência foram tomadas por um comitê oficioso das quatro Grandes (potências) às quais a França havia se juntado, o governo francês tendo, finalmente, superado as dúvidas que havia levantado depois de Yalta, no tocante ao lugar da França nas relações internacionais organizadas. (Mestre-Lafay, 2004, p.9a, tradução nossa)[92]

Quanto à sua apresentação, a Carta das Nações Unidas contém 111 artigos, aos quais é acrescentado um anexo de 70 artigos referentes ao Estatuto da Corte Internacional de Justiça, parte integrante da mesma. É no Preâmbulo que se destaca uma série de intenções, ou melhor, o objetivo principal das nações, concernente à paz e à fé nos direitos fundamentais do homem, o progresso social dos povos e as condições de vida dentro de uma liberdade ampla.

---

[92] "La Charte est un traité compliqué et parfois obscure, en raison du caractère transactionnel de ce texte, reflet de tendances contradictoires et de compromis ambigus. En effet, dès 1945, au cours des débats de la Conférence, sont apparus les problèmes qui allaient dominer la situation internationale de l'après-guerre, qu'il s'agisse des rivalités entre les grandes puissances de leurs rapports avec les puissances moyennes ou encore de l'importance des courants anticoloniaux. Il n'en demeure pas moins que les principales décisions politiques de la Conférence de San Francisco ont été prises par un comité officieux des quatre Grands auxquels la France s'était jointe, le gouvernement français ayant finalement surmonté les hésitations qu'il avait eues après Yalta, concernant la place de la France dans les relations internationales organisées".

O primeiro capítulo trata dos objetivos e princípios da Organização, enquanto o segundo enumera as condições da participação, tendo em vista a regulamentação dos órgãos principais nos Capítulos III a V, X, XIII, XIV e XV: Assembléia-geral, Conselho de Segurança, Conselho Econômico e Social, Conselho de Tutela, Corte Internacional de Justiça, Secretaria. Os Capítulos VI, VII, IX, XI, XII e XVII tratam das atividades da Organização em matéria política, militar, econômica, social e colonial, aos quais são afetados os órgãos anteriores. O Capítulo VIII aborda os problemas políticos-regionais e o Capítulo XVI concerne a certos problemas jurídicos. O Capítulo XVIII prevê a revisão da Carta. Finalmente, o Capítulo XIX regula as modalidades da assinatura, da ratificação e da entrada em vigor da Carta e reconhece o caráter oficial das cinco línguas (chinês, francês, russo, inglês e espanhol) nas quais a Carta é redigida, sendo que todos os textos escritos em cada uma delas têm igual valor quanto à interpretação e aplicação.

O Capítulo VII será confrontado à aplicabilidade das resoluções do Conselho de Segurança na RDC, no que diz respeito à missão da MONUC em relação aos conflitos na região dos Grandes Lagos, partindo da constatação dos fatos em seu contexto apropriado, confrontando-os às normas internacionais, em geral, à própria Carta da ONU, em especial, e, por fim, apresentar as possíveis soluções propostas pelo Conselho para pôr termo aos conflitos na região dos Grandes Lagos com fulcro no Capítulo VII.

4.2 MISSÃO PRIMORDIAL DA ONU

A compreensão da missão da ONU insere-se na complexidade dos problemas surgidos no Direito Internacional no fim do século XIX e início do século XX. Após anos de conflitos e guerras, o Direito Internacional vive momentos de crises agudas que o fazem regressar ao banco de negação. Em razão das guerras que assolaram a Europa, a ordem jurídica identifica-se com o uso da força para promover a paz. Por mais paradoxal que pareça, a concepção da paz após o fracasso do sistema de alianças tecido desde a Conferência Européia e sacramentado no Tratado de Vestfália[93] encontra-se estreitamente ligada ao princípio de equilíbrio de poder.

A força do direito será privilegiada em detrimento do direito da força com a aprovação da Carta das Nações Unidas.

Com efeito, a humanidade estava saindo da Segunda Guerra Mundial com uma série de problemas quando se cogitou a necessidade de criar uma organização capaz de intervir nos conflitos e prevenir uma Terceira Guerra Mundial. Vale recordar que a Sociedade das Nações (SDN)[94] fracassou, mostrando-se impotente para evitar a tragédia da Segunda Guerra Mundial. Observa-se que a ascensão do nazismo e fascismo, respectivamente na Alemanha e Itália, foi uma negação do direito, dos valores e dos princípios humanistas em detrimento da força, o que desencadeou sérias conseqüências, acarretando, inclusive, a queda das democracias em benefício das ditaduras e da intolerância entre os povos, fruto do racismo e da xenofobia.

Com efeito, a SDN havia sido criada sob a instigação dos Estados Unidos da América a partir da Conferência da Paz pelo Pacto da Sociedade das Nações, anexada ao Tratado de Versalhes de 28 de junho de 1919. Em sua origem, ela era composta por Estados vencedores e certos Estados convidados para serem partes no Pacto. Outros podiam ser admitidos na SDN por um voto de sua assembléia com a maioria de dois terços dos seus membros.

Para não citar que as grandes potências da época, o Império britânico, a França, a Itália e o Japão, que figuravam entre os Aliados, somaram-se à Alemanha, em 1926, e à URSS, em 1934. Con-

---

93 No século XVII, ocorre o primeiro dos grandes Congressos Internacionais que pôs fim à Guerra dos Trinta Anos e cujas decisões levaram à criação de novos Estados, à independência dos Países Baixos da Holanda e a incorporação da Alsácia à França, dando início ao imperialismo francês e à fragmentação do Sacro Império Romano Germânico. Nota-se, também, a proclamação da igualdade religiosa entre católicos e protestantes.

94 Segundo Mello (2002, p.165h), a partir da Paz de Vestfália, desenvolveram-se as legações permanentes.

trariamente à ONU, a SDN foi dominada pela Europa, porém, esta estava dividida entre o grupo dos Estados capitalistas liberais, a Rússia comunista e o grupo dos Estados fascistas. Alguns Estados retiraram-se dessa organização (em 1933, o Japão e a Alemanha – que se tornou hitlerista; em seguida, a Itália, em 1937).

Já os EUA não tornaram-se membros em razão da recusa do Senado americano em ratificar o Pacto da SDN, assinado pelo presidente W. Wilson. Apesar de sua vocação, a SDN não conseguiu tornar-se uma organização universal, com poder de tomar as decisões por unanimidade. Com todo estado de conhecimento da causa, os mecanismos previstos pelo Pacto não permitiam à SDN assumir as ambiciosas missões que lhe foram confiadas. O procedimento da resolução dos conflitos não estava completo, o direito de guerra dos Estados subsistia, nenhum exército internacional e nenhum órgão de intervenção estavam previstos. Com efeito, o fim da SDN vem de 1939, mesmo com sua dissolução jurídica tendo sido cumprida durante a sessão da assembléia, ocorrida em Genebra de 8 a 18 de abril de 1946, e cujo principal objetivo era a transferência de bens e posses da SDN para a Organização das Nações Unidas.

No intuito de preservar as gerações vindouras do flagelo da guerra que acarretaria sofrimentos inimagináveis, a Carta da ONU, em seu art. 2º, § 4º, aponta o caminho da paz, convidando os Estados-membros a evitar ameaças entre si, bem como a respeitar o princípio da intangibilidade das fronteiras.

> Art. 2º, § 4º – Todos os membros deverão evitar em suas relações internacionais a ameaça ou o uso da força contra a integridade territorial ou a independência política de qualquer Estado, ou qualquer outra ação incompatível com os Propósitos das Nações Unidas.[95]

Antes da criação da ONU, as relações internacionais tinham por instrumentos os procedimentos denominados relacionais, isto

---
95 Carta das Nações Unidas (1945).

é, os tratados, as missões diplomáticas e os congressos, como observa Mestre-Lafay (2004, p.6-7b), segundo o qual as primeiras organizações internacionais apareceram no século XIX, mas se tratavam apenas de uniões administrativas, de ordem técnica, como a União Telegráfica Internacional (1865) ou a União Postal Universal (1874). A primeira organização internacional com objetivos políticos e vocação universal foi criada após a Primeira Guerra Mundial: a Sociedade das Nações (SDN), prefiguração da ONU para dirimir os conflitos entre Estados.[96]

Com a aprovação da Carta de São Francisco, o mundo começa a sonhar com a abertura de uma nova era nas relações internacionais, com reais possibilidades de pôr fim às guerras. Promulga-se, em 10 de dezembro de 1948, a Declaração Universal dos Direitos do Homem.

Com efeito, a ONU é uma organização internacional, isto é, de caráter universal, uma associação de Estados soberanos, criada por uma Conferência internacional na cidade de São Francisco, de 25 de abril a 26 de junho de 1945, a qual, a partir de um olhar sobre as atrocidades das duas Guerras Mundiais, reafirmou a fé nos direitos fundamentais do homem, da dignidade e no valor do ser humano, na igualdade de direitos dos homens e das mulheres, assim como das nações grandes e pequenas, criando, portanto, mecanismos ou estratégias para a consecução dos objetivos traçados.

A Carta da ONU, sendo o tratado constitutivo da Organização[97], entrou em vigor em 24 de outubro de 1945. Nota-se, ademais,

---

96 Ler a respeito Mestre-Lafay, F. *L'Organisation des Nations Unies*. 17.ed., Paris, Presses Universitaires de France, 2004. (Collection Que Sais-Je?)

97 A criação de uma organização do tipo das Nações Unidas já fazia parte da preocupação dos Aliados na Segunda Guerra Mundial. Tem por origem a Declaração das Nações Unidas de 1 de janeiro de 1942, assinada em Washington por 26 Estados que combatiam o Eixo. Estes proclamam seu apoio nos princípios da Carta do Atlântico de 14 de agosto de 1941. Movidos pelos princípios de segurança geral e reconciliação mediante o uso da força, resolvem elaborar um sistema de paz e de segurança internacional após a guerra. Deve-se ao Presidente F.D. Roosevelt, dentro da Declaração, o uso pela primeira vez da nomenclatura "Nações Unidas". Tal idéia foi retomada na Declaração de Moscou de 30 de outubro de 1943 em uma reunião dos Ministros dos Assuntos Exteriores dos EUA, do Reino Unido e da Rússia (Mestre-Lafay, 2004).

que a assinatura ocorreu após a Segunda Guerra Mundial, o que não deixa nenhuma dúvida de que a Carta da ONU veio realizar o sonho de transformar a humanidade, dilacerada pelos conflitos armados e guerras absurdas, em mundo de paz e de segurança internacionais, como reza o seu art. 1º relativo aos propósitos e princípios:

> manter a paz e a segurança internacionais e, para esse fim: tomar coletivamente medidas efetivas para evitar ameaças à paz e reprimir os atos de agressão ou outra qualquer ruptura da paz e chegar, por meios pacíficos e de conformidade com os princípios da justiça e do direito internacional a um ajuste ou solução das controvérsias ou situações que possam levar a uma perturbação da paz.

Com o passar do tempo, a paz torna-se cada vez mais distante com a política do equilíbrio de forças, o que coloca o direito internacional em xeque. Um olhar sobre o quadro atual do mundo faz pensar em um círculo vicioso de guerras. Se, há alguns anos, a humanidade ficou chocada com genocídios ocorridos na Ásia, com os khmers vermelhos de Pol Pot no Vietnã e no Camboja, frutos de conflitos ideológicos entre 1974 e 1979, a história se repetiu na África com os tútsis e hútus moderados em 1994, no ato de genocídio,[98] e na Europa, com o extermínio dos bósnios e kosovares pelos sérvios nos conflitos dos Bálcãs.

Se, de um lado, os genocídios citados tiveram uma cobertura jornalística sem precedente, do outro, morrem em silêncio milhões de congoleses, também no Darfur, região do Sudão Ocidental, por causa de conflitos, desde 2003. A situação vivida naquela região demonstrou a incapacidade da comunidade internacional em lidar com as crises humanitárias. Pior ainda, por tratar-se do continente africano, nota-se a falta de iniciativas por parte da mesma comuni-

---

98 O debate sempre foi apaixonado e quente entre historiadores, antropólogos e arqueólogos, no tocante à existência ou não de conflitos étnicos entre hútus e tútsis antes da colonização. Trata-se de um assunto que divide as duas comunidades, uma vez que cada uma procura justificar suas concepções culturais e tendências hegemônicas sobre a outra baseada nos relatórios ou doutrinas fomentados na época da colonização.

dade internacional e da própria ONU que, por razões não reveladas, recusa-se a reconhecer como genocídio os crimes cometidos contra as populações civis tanto na RDC quanto no Sudão. Fala-se, escandalosamente, em violações graves dos direitos humanos, porém, omite-se a expressão crimes contra a humanidade por questões políticas. As estatísticas revelam que já morreram na RDC mais de quatro milhões de pessoas na indiferença total da comunidade internacional, como observam os Médicos Sem Fronteiras (MSF) que trabalham nas áreas de conflito, especialmente, na região Leste.

> Enquanto as conseqüências das duas guerras na República Democrática do Congo correm o risco de serem classificadas dentre as maiores catástrofes do nosso tempo pelo número de mortes durante os conflitos, seja direta ou indiretamente, os sofrimentos das populações congolesas continuam no esquecimento, devido à indiferença geral.[99] (Médécins Sans Frontières, 2002, p.3, tradução nossa)

Já em 2003, a conceituada jornalista belga, especialista em regiões dos Grandes Lagos, Colette Braeckman, indagava o silêncio misterioso, para não dizer suspeito, da comunidade internacional e da mídia diante do número impressionante de mortos na RDC.

> Três milhões de mortos, é isso que é chamada de uma crise de baixa intensidade. Poucas manchetes na imprensa. Nada de manifestações, de coletas de fundos. Os cantores estão mudos, os coletores de assinaturas também. Quem apoiar em um assunto tão complicado? Onde estão os bons, os maus, os perseguidos?.[100] (Lacoste, 2003, p.11, tradução nossa)

---

99 "Alors que les conséquences des deux guerres en RDC risquent d'être classées parmi les plus grandes catastrophes humanitaires de notre temps de par le nombre de personnes qui sont décédées pendant les conflits, que se soit directement ou indirectement, les souffrances des populations congolaises restent dans l'oubli, voire dans l'indifférence générale".

100 "Trois millions de morts, c'est ce qu'on appelle une crise de basse intensité. Peu de grands titres dans la presse. Pas de manifestations, de collectes de fonds. Les

Em face desta catástrofe humanitária sem precedentes, a ONU e a comunidade internacional são criticadas por sua inércia e letargia em condenar os países que fomentam e vendem ou fornecem armas às milícias para perpetuar os massacres das populações civis e o ciclo de terror.

Percebe-se a aplicabilidade da política de dois pesos, duas medidas em relação aos conflitos na Europa e na África, tendo em vista a mobilização das tropas da OTAN para conter os massacres perpetrados nos Bálcãs pelo exército sérvio, principalmente na Bósnia-Herzegovina e Macedônia, enquanto faltam "capacetes azuis" para manter a segurança e a paz nos conflitos que envolvem países da África, entre os quais estão a RDC e seus vizinhos da região dos Grandes Lagos. Recorrer à força quando a paz e a segurança internacionais são ameaçadas faz parte das atribuições da ONU contidas no Capítulo VII da Carta no que diz respeito ao uso da força.

Paradoxalmente, o uso da força adotado pelos EUA em razão do terrorismo contraria os propósitos e princípios da Carta de São Francisco, uma vez que o mundo tem ficado cada vez mais inseguro. A presença americana no Afeganistão e no Iraque tem desencadeado uma onda de violências e de atentados contra os estrangeiros nesses países. A unilateralidade nas relações internacionais trouxe à tona a velha desconfiança entre as nações. Da bilateralidade, passou-se à unilateralidade, enquanto a Carta prega a cooperação entre os Estados soberanos, em vez da coordenação das relações como antes devido ao voluntarismo formalizado por eles. Por uma questão de preservação dos interesses internos das grandes potências, é possível afirmar que é interessante ao mundo a solução dos conflitos por meios pacíficos, evitando, assim, a lógica armamentista.

Devido ao aumento da violência e das repetidas violações dos direitos humanos, nota-se, em consonância com Jean Salmon, que a ordem internacional parece mais uma desordem. Para Jean Combacau, o direito internacional é um sistema anárquico. Cons-

---

chanteurs sont muets, les pétitionnaires aussi. Qui soutenir dans une affaire aussi compliquée ? Où sont les bons, les méchants, les persécutés?"

tata-se, à revelia das disposições da Carta da ONU, a inexistência de medidas enérgicas para coibir a conduta dos beligerantes, colocando em xeque a função precípua do Direito Internacional, que é a de estabelecer os limites e os padrões aceitáveis de conduta dos atores estatais na vida internacional.[101]

Ora, a Carta da ONU foi recebida pela humanidade enfraquecida pelos anos de guerra com mais esperança, inaugurando a era de uma paz duradoura na história dos povos e, pelo menos, uma nova forma de cooperação internacional, opondo-se a qualquer sistema hierarquizado, contrariamente ao que ocorre no direito interno, discricionário e, na maioria das vezes, hegemônico.

Nessa ótica, observa Malinowski, citado por Cot e Pellet, que

> a manutenção da paz não resulta somente da solução dos conflitos e do regulamento de litígios, mas se constrói continuamente mediante ações comuns dos Estados. A cooperação é a forma de relação que se estabelece na sociedade dos Estados iguais e soberanos instituída pela ONU; ela se opõe a todo sistema hierarquizado, diretorial e, *a fortiori*, hegemônico. (Cot, J-P; Pellet, 1985, p.325, apud Brelet, 1995, p.78a, tradução nossa)

Em sua análise antropológica sobre a ONU, Brelet afirma que a Carta da ONU representa uma utopia no início, porém, constitui um projeto inteiramente novo na história da humanidade, porque interessa a esta em toda a sua totalidade de espécie e em todos os seus setores de atividade (Brelet, 1995, p.78b).

Para Brelet, a Carta

> Além de ser igualmente uma garantia jurídica, visa substituir as relações de poderes e de dominação por um impulso comum baseado sobre os valores éticos universais. Ela poderia

---

101 Celli Junior, Umberto. "O Direito Internacional e a intervenção militar no Iraque". In: *Revista on-Line Direito e Política*. Edição n.1, jul/set., 2003. Disponível em: www.ibap.org/rdp/00/11.htm. Acessado em: 17/7/2005.

ser comparada aos grandes mitos fundadores. Sem dúvida, a Carta cumpre uma função civilizadora.[102] (Brelet, 1995, p.78c)

4.3 ELEMENTOS DEFINIDORES DO SISTEMA DE SEGURANÇA COLETIVA

Destacam-se dois elementos definidores da filosofia em que se assenta o sistema de segurança coletiva, a saber: os mecanismos para prevenir um conflito armado e o recurso a "meios pacíficos, de modo que não sejam ameaçadas a paz, a segurança e a justiça internacionais", como reza o art. 2º, § 3º da Carta. Considera-se como pedra angular, dentro dos objetivos da Carta, a prevenção de conflitos no sistema de segurança coletiva.

Após a Segunda Guerra Mundial, no momento em que se esperava a realização do sonho de um mundo em paz, constatou-se, com perplexidade e preocupação, a formação de dois blocos em razão de ideologias e concepções políticas diferentes. Tal fenômeno de bipolarização do mundo é fruto da divisão ocorrida no meio dos Aliados, dando ensejo, de um lado, ao bloco capitalista, representado pelos EUA, e, do outro, ao bloco comunista, tendo a URSS[103] como representante. Repara-se a mudança dos dados, pois, nesse caso em tela, os inimigos não são mais o nazismo e o fascismo, mas, sim, o antigo aliado com ideologia diferente e politicamente distante dos outros.

Decorre, destarte, uma desconfiança e, conseqüentemente, desenvolve-se uma política perigosíssima de corrida desenfreada ao armamento, inclusive, às armas nucleares.[104] Durante as discussões em Teerã, em 1943, o presidente dos Estados Unidos

---

102 "Tout en étant également un garant juridique, elle vise à remplacer des rapports de pouvoirs et de domination par un élan commun basé sur des valeurs éthiques universelles. Elle peut être comparable aux grands mythes fondateurs. C'est donc bien une fonction civilisatrice que la Charte de l'ONU remplit."
103 A URSS desintegra-se em 1991 com a política de Perestroika de Gorbatchev.
104 O Tratado sobre as armas nucleares foi assinado.

da América, o primeiro-ministro da Grã-Bretanha e o premiê da União Soviética haviam manifestado um certo otimismo ao confirmar sua orientação política comum em matéria de guerra e paz, mantendo-se unidos em prol de uma paz duradoura que excluiria, *ipso facto*, o fantasma de um novo flagelo e terror nas gerações vindouras. Porém, Stalin manifestava sua preocupação com a aliança dos EUA com a Grã-Bretanha, que podia gerar, mais cedo ou mais tarde, um conflito entre eles próprios.

> Todos nós queremos assegurar a paz por pelo menos cinqüenta anos. O maior perigo é o conflito entre nós mesmos, pois, se continuarmos unidos, a ameaça alemã não será muito importante. Portanto, devemos agora pensar em como assegurar nossa união no futuro e em como garantir que as três grandes potências – e possivelmente a China e a França – mantenham uma frente unida. É preciso elaborar algum sistema que impeça o conflito entre as grandes potências principais. (Lima, 2004, p.59)

Nesse período, permeia nas relações internacionais a política da supremacia da força sobre a força do direito, apesar de esforços feitos na área da diplomacia para evitar um confronto nuclear entre as grandes potências. A instalação de mísseis[105] por toda a ilha de Cuba, em 1962, deixou o mundo em alerta sobre a possibilidade de uma guerra entre os EUA e a URSS. A Carta da ONU, que preconiza um mundo pacífico alicerçado nas boas relações entre os

---

105 A crise dos mísseis em Cuba lembra mais um episódio nas relações tensas entre os Estados Unidos e a União Soviética e que levariam o mundo, em caso de uma guerra nuclear ou atômica, às conseqüências catastróficas (nota do autor). Vale recordar, no que diz respeito à crise, que "após a revolução castrista em Cuba, os Estados Unidos boicotaram o novo regime, acusado de pró-comunista e, em 1961, tentaram em vão derrubá-lo. Fidel Castro virou-se para a URSS que, em 1962, começou a instalar mísseis por toda a ilha. Em 14 de outubro, os locais foram descobertos por um avião de reconhecimento, o presidente Kennedy ordenou o bloqueio de Cuba e exigiu que os soviéticos retirassem seus mísseis. Em 26 de outubro, o presidente soviético Nikita Kruschev recuou, pondo fim ao momento mais dramático da Guerra Fria." (Lessa, 2001, p.274a).

povos, é simplesmente desrespeitada ante a corrida armamentista desenfreada. Adota-se a linguagem de armas em lugar de meios pacíficos para resolver os conflitos. Capitalistas e comunistas observam-se, tão grande é a desconfiança recíproca. É o início do período da Guerra Fria[106] e do surgimento de um novo equilíbrio de poder.

> Como os dois campos desejam evitar o conflito armado, a Guerra Fria foi uma guerra de bastidores, de ameaças políticas e de subversões, e, em grande parte, uma guerra feita por procuração. Dos dois lados, soube-se explorar os conflitos locais, ou participar apenas equipando e apoiando os diversos beligerantes, cada um procurando estender sua esfera de influência sem se implicar diretamente.
>
> A tensão atingiu seu apogeu entre 1947 e 1963, ocasião em que uma nova ordem política se instaurava na Europa e na Ásia, sobretudo nas partes central e oriental do Velho Continente, onde a URSS procurava impor sua ideologia aos países que ela tinha libertado. A consolidação dos regimes comunistas do Leste Europeu e o sucesso da Revolução Chinesa de Mão Zedong (sic!) pareceram por um momento, permitir o nascimento de um só bloco comunista do Pacífico ao Oeste da Europa, mas a partir de 1960, o fosso começou a aumentar entre russos e chineses. Em 1947, os Estados Unidos levaram seu apoio aos países ameaçados pelo comunismo; Grécia (1947), Coréia (1950-1953), chegando mesmo a afundarem-se no Vietnã (1961-1973). Sempre com o mesmo objetivo, os norte-americanos ergueram a OTAN na Europa, em 1949, a OTASE no sudeste da Ásia, em 1954, e o CENTO no Oriente Médio, em 1959. A URSS

---

[106] Ao final da Segunda Guerra Mundial, duas potências dominavam o mundo, os Estados Unidos e a URSS. Seu enfrentamento provocou a formação de dois blocos: capitalista, no oeste, e comunista, no leste. O medo que cada um inspirava ao outro deu origem à Guerra Fria, um confronto em que o uso das armas esteve excluído: era o "equilíbrio do terror", baseado na ameaça recíproca de represália nuclear em caso de agressão.

e a China replicaram levando seu apoio militar e político aos movimentos anticolonialistas e antiimperialistas espalhados por todo o mundo. Em 1955, a Rússia organizou uma aliança militar, o Pacto de Varsóvia. (Lessa, 2001, p.274b)

Analisando a dinâmica contemporânea das relações internacionais, principalmente abordando a questão da Guerra Fria a partir dos modelos opostos concernentes à organização dos Estados, Seitenfus constata que

> (...) dessa oposição nasceu um conflito impossível de ser resolvido pela guerra direta, em razão do risco de desencadeamento de um conflito nuclear. Marcado pelo equilíbrio baseado no terror, pois uma hecatombe significaria o fim de qualquer tipo de vida sobre a face da Terra, o período foi perfeitamente identificado por Raymond Aron como o de 'paz impossível e da guerra improvável', marca registrada da Guerra Fria. (Seitenfus, 2004, p.51d)

Esse período de "equilíbrio armado", que alguns historiadores denominam de "equilíbrio de terror", é extremamente importante para a compreensão dos conflitos armados em certos países africanos em razão da transladação da Guerra Fria para o continente africano cujos países recentemente independentes mergulharam nas ondas da bipolarização, desencadeando uma série de guerras civis e interestatais. Da luta de libertação contra o colonialismo, passa-se às guerras ideológicas travadas dentro do continente africano, sendo algumas conforme o princípio de autodeterminação dos povos[107], reconhecido pela Carta da ONU.

Há de se recordar que, em 1955, em plena Guerra Fria e no apogeu da bipolarização, enquanto a URSS organizava a alian-

---

107 O princípio de autodeterminação dos povos encontra-se enunciado nos propósitos e princípios da Carta da ONU, art. 1º, § 2º.

ça militar do Pacto de Varsóvia, ocorre na Ásia[108] (Rémond, 2004. p.173d), principalmente, na Indonésia, na cidade de Bandung, uma outra organização, dessa vez, dos Países Não-alinhados (PNA) em busca de uma outra alternativa. Dessa maneira, contrapondo-se aos dois blocos dominantes. Tal movimento dos Não-alinhados foi apresentado

> (...) como alternativa viável e projetando desafios diferenciados às relações internacionais, que deveriam ser impregnadas pela busca do desenvolvimento econômico, pela independência política e pela autonomia organizacional, os Estados insatisfeitos contestaram as regras do jogo internacional e alcançaram relativo sucesso em razão do crescimento dos participantes. Todavia, o fim da União Soviética, as rivalidades internas e a globalização impediram o Movimento dos Não-alinhados de conseguir afirmar-se como interlocutor credível, e ele se transformou, a partir da 10ª Conferência, realizada em Jacarta (setembro, 1992), em um simples capítulo da história. (Seitenfus, 2004, p.52d)

A Conferência de Bandung é um marco histórico importante que simboliza uma época dominada pela doutrina eurocentrista. Ela se caracteriza por um momento crucial em que a cooperação internacional estava sendo sacudida pelas rivalidades ideológicas e doutrinárias entre os Estados Unidos e a URSS. Trata-se de momento de revolução, de tomada de consciência coletiva dos países que não pertenciam aos dois blocos e que queriam a instalação de uma nova ordem mundial baseada em diálogo sul-sul e solidariedade.

No caso dos mísseis de Cuba, constata-se que a prevalência do bom senso ou, melhor ainda, dos bons ofícios, preservou a humanidade de mais um apocalipse em nome da Segurança Coletiva.

---

108 Lembra-se que o processo da descolonização começa pela Ásia. Observa René Rémond que "a Ásia, com efeito, foi o primeiro continente a ser despertado. Precedeu a África no caminho da descolonização pelo menos por meio século."

Apesar da proibição de recorrer ao uso da força, a violência sempre caracterizou as relações entre Estados, fazendo da guerra, como no passado, um "instrumento de recorrer ao uso da força". Tal fato tem desencadeado a dependência dos Estados mais fracos dentro dos princípios da interdependência e da cooperação que norteiam o direito internacional. No caso das relações da França com os países africanos, por exemplo, percebe-se uma continuidade do colonialismo para salvaguardar os interesses franceses. No caso dos conflitos dos Grandes Lagos, cabia à França denunciar a agressão de que é vítima a RDC, submetendo ao Conselho de Segurança propostas de resolução para adoção de medidas eficazes para preservar a paz.

4.4 A INFLUÊNCIA DA FRANÇA NA ÁFRICA: COLONIALISMO CONTINUADO

A situação da descolonização da África deve ser entendida no bojo desse panorama mundial de conflitos, em que o continente torna-se palco de enfretamento entre capitalistas e comunistas, entre Estados Unidos e URSS.[109] Tal fato demonstra que, apesar de a maioria dos países africanos ter se tornado independente, o colonialismo prosseguiu e não há como falar em países formalmente soberanos e livres, uma vez que seus territórios servem de campos de batalhas das grandes potências em busca de recursos naturais.

---

109 A presença e a intervenção das duas grandes potências tornaram-se evidentes nas guerras pela independência de alguns países africanos. Assim, viu-se em Angola, Moçambique, Guiné-Bissau e Etiópia os regimes mais ou menos marxistas apoiados pela URSS e os movimentos de libertação sustentados pelos Estados Unidos. Em vários países africanos, as rivalidades ditas "étnicas" foram incentivadas pelo jogo de interesses dos grandes no continente africano, diante de uma situação geopolítica bem complexa. Todavia, hoje em dia, é preciso constatar que as causas da maioria dos conflitos entre os povos africanos, como é o caso dos conflitos dos países dos Grandes Lagos, não podem ser explicadas apenas pelas questões geopolíticas de grande envergadura herdadas da Guerra Fria. A maioria das causas está na maneira com que os novos dirigentes africanos têm administrado seus países, onde são constatadas a corrupção, a violação dos direitos humanos e a falta de democracia e desenvolvimento sustentável.

A título de ilustração, François-Xavier Verschave (2003) denuncia a política francesa na África, visando, durante 40 anos, à exploração dos recursos naturais e geopolíticos dos países de língua francesa. Para ele, a *Françafrique* não é nada mais que uma política incestuosa de manutenção de uma série de redes mafiosas para partilhar o "bolo africano". Tornaram-se evidentes tais afirmações com a guerra no leste do ex-Zaire (atual RDC), em que os rebeldes eram apoiados por Ruanda, Uganda e Burundi, obviamente pelos americanos de quem recebiam a logística e ao lado das tropas de Mobutu, agia a França por intermédio dos mercenários da Bósnia e Sérvia, sem esquecer os serviços leais do mercenário francês Bob Denard, o homem de guerras por procuração.[110]

A *Françafrique*[111] é um exemplo da realidade que ocorre ainda hoje em muitos países africanos que, paradoxalmente, são independentes e, ao mesmo tempo, dependentes.

---

110 François-Xavier Verschave, autor de *La Françafrique: le plus long scandale de la République* e de *Noir silence: qui arrêtera la Françafrique*, dirigia a Associação Survie, considerada na África como um oásis de independência e de integridade. Crítico ferrenho da influência francesa na África, em "Françafrique", ele procura levar a "verdade" aos franceses e leitores sobre a política mentirosa da França, supostamente a "pátria dos direitos humanos", mas que, nos bastidores, acima de toda a razão, sustentou os inspiradores do genocídio ruandês e nos conflitos dos Grandes Lagos apoiou o presidente e ditador do ex-Zaire, Mobutu, com a ajuda de mercenários servios e bósnios, autores de massacres étnicos nos Bálcãs.

111 Entende-se por *Françafrique* a releitura das relações que marcaram e continuam marcando a França com suas antigas colônias africanas, bem como a influência da França na África de modo geral, desde a independência de muitos países africanos. *Françafrique*, nos dizeres de François-Xavier Verschave, é um mecanismo de miséria e de morte. Constitui-se em uma ínfima minoria de franceses que, ajudados pelo alto escalão do Estado, pilham as riquezas das antigas colônias francesas na África, servindo-se do dinheiro público e, tudo isso, em detrimento de milhões de vidas humanas. Trata-se, segundo ele, do mais longo escândalo da República Francesa.
Teremos a oportunidade de desenvolver esse tema quando abordarmos a questão da influência francesa na África, em uma volta ao passado colonialista e imperialista.
Para maiores informações, ler Verschave, François-Xavier. *La Françafrique* (1998), *Noir silence* (2000), *Noir Chirac* (2002), ed. Survie. Disponível em: www.survie-france.org. Acessado em: 20/2/2005.

Apesar de a França falar em democracia e relações amistosas com os países africanos, nota-se que sua política é de avestruz, por favorecer ou incentivar e apoiar certos golpes institucionais aplicados por militares. É um recuo grave da democracia na África, parafraseando o então presidente da UA, Olusegun Obasanjo[112], a respeito do golpe militar em Togo, após a morte do presidente Eyadema. Para ele, a África deve mostrar que está bem inserida no mundo democrático.[113]

Obviamente, a predominância dos militares na política africana acarreta, também, a indagação sobre a influência da França na política continental. Na época da Guerra Fria, a França era considerada como *le gendarme de l'Afrique,* ou seja, o policial da África. A situação não é diferente da Era dos direitos e da globalização. A dominação francesa é permanente e carrega os resíduos do colonialismo. Yves Ekoué Amaïzo esclarece que

> a defesa dos interesses franceses se manifesta na importância gerada pela cobiça de certas multinacionais francesas enquanto têm controle sobre as ferramentas da produção e serviços públicos (energia, telecomunicações, construções e trabalhos públicos), sem, portanto, beneficiar com os lucros a população local nem contribuir para o crescimento da mesma. Tudo isto visa a algumas multinacionais francesas, pois, desde os tempos remotos, empresas de mesma nacionalidade, pequena e média, trabalham inteligentemente com as populações locais e subzonais.[114]

---

112 Olusegun Obasanjo é ex-presidente da Nigéria.
113 Disponível em: www.africatime.com/Togo/popup.asp?no_nouvelle=173198. Acessado em: 1/3/2005.
114 AMAÏZO, Yves Ekoué. *Crises et rébellions dans le " pré carré " français: ce qui paralyse le pouvoir ivoirien.* Disponível em: www.monde-diplomatique. fr/2003/01/AMAIZO/9858. Acessado em: 1/3/2005.
Ler a respeito "Le business français dans ses bastions africains". In: *La Lettre du Continent,* nº 411, 14 novembro 2002. "La défense des intérêts français se mesure, elle à l'importance que prend l'appétence de certaines multinationales françaises à exercer leur contrôle sur les outils de production et les services publics (électricité, télécommunications, bâtiments et travaux publics, sans pour

4.5 MANDATO E ATRIBUIÇÕES DO CONSELHO DE SEGURANÇA (CS)

O Conselho de Segurança (CS) é o segundo órgão principal da ONU mencionado no Capítulo V da Carta. Conforme a própria denominação, ele é o principal responsável pela manutenção da paz e da segurança internacionais. Tal responsabilidade lhe foi conferida pelos outros membros das Nações Unidas, os quais concordaram que, no cumprimento dos deveres impostos por essa responsabilidade, o Conselho de Segurança agisse em nome deles.

Segundo observa Meira Mattos (2002, p.318), o CS é o órgão político-militar da ONU e, em conseqüência, o principal responsável pela manutenção da paz e da segurança internacionais.

Contrariamente à composição da Assembléia-geral das Nações Unidas, o CS é um órgão restrito composto por 15 membros, os quais dividem-se em dois grupos: os permanentes e os não-permanentes. Os primeiros são os vencedores da Segunda Guerra Mundial designados na Carta no art. 23, a quem cabe o privilégio de dispor do direito a veto: os Estados Unidos, a Grã-Bretanha, a Rússia (antiga URSS), a França e a China.

Os membros não-permanentes são eleitos por um período de dois anos pela Assembléia-geral e renovados pela metade a cada ano. A escolha dos mesmos se dá graças à sua contribuição na manutenção da paz e da segurança internacionais e para outros propósitos da Organização e também à distribuição geográfica eqüitativa (art. 23). Atualmente, são dez os membros não-permanentes. Sabe-se, no entanto, que vozes têm se levantado a favor da ampliação do Conselho de Segurança.[115]

---

autant que la population locale voie la couleur des dividendes, ni profite des fruits de la croissance. Cela ne concerne que quelques multinationales françaises, car depuis belle lurette des entrprises de même nationalité, petites et moyennes, travaillent en bonne intelligence avec les populations locales et sous régionales".

115 Vários países têm reivindicado uma vaga no CS, criticando os privilégios reservados unicamente aos cinco membros vencedores da Segunda Guerra Mundial. Países como Alemanha, Itália e Japão reivindicam uma vaga em razão da sua

O CS funciona conforme as normas estabelecidas pela Carta, às quais acrescenta-se o seu regulamento interno, que inclui o método de escolha de seu presidente (art. 30). Processualmente, o Conselho "será organizado de maneira que possa funcionar continuamente" (art. 28), tendo em vista a representação permanente de cada um de seus membros na sede da Organização, razão pela qual o orgão consegue se reunir imediatamente ou em caráter de urgência quando a situação internacional o exigir. As reuniões do Conselho de Segurança são periódicas, "nas quais cada um de seus membros poderá, se assim o desejar, ser representado por um membro do governo ou por outro representante especialmente designado" (art. 28, § 2º). Tais reuniões poderão ocorrer em outros lugares, fora da sede da Organização, desde que facilitem o trabalho. Quanto ao desempenho das suas funções, o CS poderá estabelecer órgãos subsidiários que julgar necessários (art. 29). Permite-se a participação nas discussões de qualquer questão submetida ao CS de qualquer membro das Nações Unidas quando os interesses deste estiverem em jogo (art. 31) e qualquer membro do CS ou qualquer Estado não-membro das Nações Unidas "será convidado a participar sem voto na discussão dessa controvérsia, desde que seja parte em uma controvérsia submetida ao CS" (art. 32).

Vale salientar, ainda, as atribuições do CS, além da sua principal responsabilidade de manutenção da paz e da segurança internacionais (art. 24), bem como suas atribuições específicas no Capítulo VI no que diz respeito à solução pacífica de controvérsias, à prevenção das ameaças à paz, rupturas da paz e atos de agressão (Capítulo VII), à autorização e controle das ações coercitivas das entidades regionais, haja vista que nenhuma ação coercitiva será,

---

potência econômica e política. Em nome do processo da "democratização", outros países vistos como potências demográficas e regionais do Terceiro Mundo (hoje chamados de emergentes), dentre os quais a África do Sul, Argentina, o Brasil, a Índia, o México e a Nigéria, também têm reclamado uma vaga e significantes reformas no CS. Recentemente, o Secretário-geral da ONU apresentou um Plano sobre a reforma da ONU.

no entanto, levada a efeito, de conformidade com acordos ou entidades regionais sem autorização do CS, com exceção das medidas contra um Estado inimigo (...).[116]

Segundo Thomas M. Frank (*Nation against Nation*, 1985), citado por Mello, a ONU tem duas finalidades: a) resolver os litígios, mantendo a paz entre os Estados, b) mobilizar a comunidade internacional para deter uma agressão (Mello, 2002, p.624j).

Às duas finalidades, Mello acrescenta uma terceira, que se refere à promoção do respeito aos direitos humanos. O CS também tem por funções a regulamentação de armamentos (art. 26), a aprovação e o controle dos acordos de tutela relativos às zonas estratégicas (art. 83) e a decisão "sobre as medidas a serem tomadas para o cumprimento" das sentenças da CIJ (art. 94, § 2º).

Dentro dessas atribuições, encontra-se, inclusive, a legitimação do uso da força, que se fará à análise de suas resoluções, especialmente no que se tange à situação de guerras na RDC inserida dentro dos conflitos dos países dos Grandes Lagos. Em primeiro lugar, busca-se analisar os fatos a partir do método hipotético-dedutivo, partindo da observação, da constatação empírica e, em seguida, de forma bastante direta, em um procedimento identificador do problema, apelar à análise jurídica à luz das normas internacionais, tendo em vista às ações eficazes do CS relativas à manutenção da paz e da segurança internacionais e, no caso em tela, as soluções pacíficas de conflitos conforme o Capítulo VI da Carta das Nações Unidas ou, dependendo da evolução da situação nas zonas de conflitos, as soluções oriundas da aplicabilidade do Capítulo VII da mesma.

Nota-se nas decisões políticas oriundas das resoluções da entidade a manifestação das tendências antagônicas do tempo da Guerra Fria, porém, presentes nos conflitos dos Grandes Lagos na dualidade política-econômica-ideológica e militar entre os países

---

116 Art. 53, 2: O termo Estado inimigo, usado no § 1º deste artigo, aplica-se a qualquer Estado que durante a Segunda Guerra Mundial foi inimigo de qualquer signatário da presente Carta.

ocidentais de língua francesa, de um lado, e os de língua inglesa com os Estados Unidos, do outro, enfrentando-se em um tráfico de influência regional sem precedentes nos bastidores e nos porões dos massacres perpetuados pelas tropas de Uganda e Ruanda (países de língua inglesa) e pelas tropas governamentais (de língua francesa) por milícias interpostas.

Tal jogo de interesses geopolítico-econômicos e ideológicos, bem como geoestratégicos, considerados na sua vertente de luta hegemônica de grandes potências na arena africana cheia de recursos naturais, consolida, mais uma vez, a política colonialista da divisão dos países da região dos Grandes Lagos, cuja fragmentação e fragilização favorecem a nova conjuntura de exploração sistemática das riquezas, acarretando o empobrecimento das populações, tanto dos países invasores quanto dos invadidos.

4.6 ANÁLISE DA EVOLUÇÃO DA MISSÃO DA MONUC NA RDC

Antes de analisar a situação de conflito atual na RDC, dentro do contexto regional dos conflitos dos países dos Grandes Lagos, faz-se necessário recordar os antecedentes intervencionistas da ONU naquele país. Eles consistiram em duas vertentes. A primeira refere-se à independência da RDC e a segunda está relacionada à secessão da Província de Katanga, rica em minérios e teatro de jogo de interesses das duas grandes potências mundiais em plena Guerra Fria entre os Estados Unidos e a URSS.

Com efeito, a presença das missões das Nações Unidas na RDC remete à época da Guerra Fria, em que o país havia mergulhado em uma grande crise (1960-1965), após a consecução da independência da Bélgica. Uma das características dessa época é a Guerra de Secessão da Província de Katanga, entendida dentro da ótica da libertação do jugo colonial e das influências ideológicas do capitalismo e comunismo, a qual levou as Nações Unidas a intervir, enviando tropas para a região no intuito de manter a paz e restabelecer a ordem. Viram-se, na crise congolesa, a manifestação e a transladação da Guerra Fria entre os Estados Unidos e a URSS por rebeliões interpostas. Em circunstâncias misteriosas, o primeiro-ministro Patrice Emery Lumumba é assassinado, mesmo estando sob a proteção das forças das Nações Unidas. Querendo intermediar na crise do Congo, já à beira do caos, o Secretário-geral da ONU, Dag Hammarskjold, morre em um acidente de avião.

Após anos de guerras, o país reencontra o caminho da paz sob o comando do Presidente Joseph Désiré Mobutu.[117] Em 10 de julho de 1999, em Lusaka (Zâmbia), RDC, Angola, Namíbia, Uganda e Zimbábue assinaram o Acordo do cessar-fogo, pondo fim às hostilidades entre todos os beligerantes em território congolês, com exceção do Movimento de Libertação do Congo (MLC), uma das facções rebeldes congolesas, que acabou por assinar o mesmo em 1 de agosto de 1999, e o RCD (movimento para congregar todos os congoleses).

O referido acordo comporta as condições relativas à normalização da situação nas fronteiras da RDC com seus vizinhos do leste, ao controle do tráfico ilegal de armas e de infiltração de grupos armados, à abertura de um diálogo nacional e à necessidade de regularizar as questões de segurança e implementação de um mecanismo, visando ao desarmamento das milícias e grupos armados. O Acordo prevê, também, a criação de uma Comissão militar composta por dois representantes de cada parte sob a autoridade de um facilitador neutro nomeado pela Organização da

---

[117] Em 1971, em nome da corrente filosófico-política da autenticidade africana, calcada nos moldes da filosofia do presidente senegalês Leopoldo Sedar Senghor e imbuída das idéias dos pais do panafricanismo, Mobutu instaura na RDC uma ditadura durante 32 anos, assentada na política de autenticidade, com mudança dos nomes do país (de República Democrática do Congo para Zaire), da moeda (do franco congolês para zaire) e do rio Congo, doravante Zaire. Obrigou-se o povo a adotar os nomes dos antepassados e familiares, rejeitando, para tanto, os nomes com conotação estrangeira, sobretudo, os prenomes recebidos no batismo, pelos cristãos. Fato esse que levou a Igreja Católica, por intermédio do seu cardeal Joseph Malula, a criticar abertamente a ditadura e as aberrações do poder do governo. O próprio presidente passa a ser chamado de Mobutu Sese Seko Kukugbendo Wa Zabanga.

Unidade Africana (OUA) e propõe a constituição e o deslocamento de uma força apropriada por parte das Nações Unidas, em coordenação com a OUA.

Ao apreciar o Acordo de Lusaka, o Conselho de Segurança não titubeou em saudar o empenho da OUA, da Comunidade Econômica para o Desenvolvimento da África Austral (SADC) e o Secretário-geral da ONU por ter chegado a uma solução pacífica do conflito.

Em uma de suas declarações, em agosto de 1998, o CS havia manifestado profunda preocupação devido ao aumento das tensões na região e, na ocasião, havia dito que o conflito constituía uma ameaça à paz e à segurança internacionais na região dos Grandes Lagos. Por essa razão, reafirmava a necessidade de todos os Estados se absterem de intervir nos assuntos internos de outros países e convidava a todos a um cessar-fogo imediato, bem como à saída das forças estrangeiras a fim de favorecer a reconciliação nacional que respeitasse a igualdade e a harmonia entre todos os grupos étnicos, tendo em vista as eleições democráticas.[118]

Deplorando a presença de tropas estrangeiras na RDC como incompatíveis com a Carta das Nações Unidas e apelando aos Estados retirar suas tropas, o CS reafirmava seu compromisso em respeitar a integridade territorial e a independência política de todos os Estados da região.

Assim, considerando as recomendações do Secretário-geral contidas em seu relatório de 15 de julho de 1999, o CS autoriza, em sua Resolução n. 1.258, de 6 de agosto de 1999, o deslocamento de 90 membros do pessoal civil necessário, nas capitais dos Estados signatários, bem como nos quartéis gerais provisórios da Comissão militar mista e em outros quartéis militares dos beligerantes, se as condições o permitirem.

Tal deslocamento tornou-se possível com a assinatura do acordo do último movimento rebelde, o RCD-Goma[119], em 31 de

---

118 Vide *Congo – Monuc – historique*. Disponível em: www.un.org/french/peace/peace/cu_mission/monucB.htm. Acessado em: 18/3/2005.

119 Rassemblement Congolais pour la Démocratie.

agosto de 1999. É nesse contexto que se insere o envio, mais tarde, pelo Secretário-geral das Nações Unidas, da MONUC e de 500 observadores militares, porém, sob condições. Foi exatamente na Resolução n. 1.279, de 30 de novembro de 1999, que o Conselho de Segurança decidiu o constituir a MONUC a partir do contingente já autorizado a operar na RDC, exigindo das partes signatárias o respeito às condições para a resolução dos conflitos estipulados no Acordo de Lusaka.

4.6.1 O que é a MONUC?

A MONUC é a Missão da ONU na República Democrática do Congo, autorizada pelo Conselho de Segurança em sua Resolução n. 1.258, de 6 de agosto de 1999, para supervisionar os esforços de cessar-fogo entre os beligerantes. Sua implementação ocorreu em 24 de fevereiro, por meio da Resolução n. 1.291 do CS, para monitorar o processo de paz na Segunda Guerra da RDC. Tendo os Quartéis Gerais (QG) na capital Kinshasa, a missão[120] da MONUC é desenvolvida em 6 setores[121], cada um com seu QG. Tal mandato é compreensível a partir da queda do regime do ditador Mobutu, em 16 de maio de 1997, e a tomada do poder pelo autoproclamado presidente Laurent-Désiré Kabila.

Em 2 de agosto de 1998, o poder de Laurent-Désiré é confrontado com uma rebelião a partir do leste do país, fomentada por seus antigos companheiros de armas da AFDL[122]. Alguns meses

---

120 De 1 de julho de 2003 a 20 de junho de 2004, o orçamento da missão estava avaliado em U$ 608,23 milhões e, em julho de 2004, havia 10.531 soldados sob a comando da MONUC. Em 1 de outubro de 2004, o Conselho de Segurança decidiu enviar 5.900 soldados a mais para a RDC, enquanto o Secretário-geral da ONU, Kofi Annan, havia pedido pelo menos 12.000 soldados. Em 25 de fevereiro de 2005, nove capacetes azuis de Bangladesh foram mortos em uma emboscada orquestrada por uma das milícias da província de Ituri. Ler *MONUC*. Disponível em: www.explore-places.com/congo-kinshasa?M/MONUC.html. Acessado em: 29/4/2005.

121 Tratam-se de setores da MONUC com QG em Kinshasa; Setor 1: Mbandaka; Setor 2: Kisangani; Setor 3: Kananga; Setor 4: Kalemie; Setor 5: Kindu; Setor 6: Bunia.

122 AFDL significa Aliança das Forças Democráticas para a Libertação do Congo (Zaire), conduzida por Laurent-Désiré Kabila e composta pelas organizações:

depois, uma outra frente de batalha é aberta no nordeste do país. Zimbábue, Angola, Chad e Namíbia enviaram forças para apoiar as tropas leais ao governo, enquanto Ruanda, Uganda e Burundi auxiliaram os diferentes movimentos rebeldes, entre os quais, o *Rassemblement Congolais pour la Démocratie et la liberation du Congo*, que tentam derrubar o regime de Kabila.[123]

Na Resolução n. 1.234 (1999), o CS lamenta a presença de Estados estrangeiros na RDC, qualificando-os de incompatíveis com os princípios da Carta das Nações Unidas. Convida os mesmos Estados a pôr fim à presença de suas tropas não-convidadas.

No intuito de resolver o conflito que já envolvia oito países, RDC, Angola, Namíbia, Uganda e Zimbábue assinam um acordo de cessar-fogo em Lusaka, capital de Zâmbia, em 10 de julho de 1999. O Movimento de Libertação do Congo (MLC) assina o mesmo em 1 de agosto do mesmo ano.

Procura-se destacar, nesse acordo, as condições relativas à normalização da situação fronteiriça entre a RDC e seus vizinhos dos Grandes Lagos, o controle de tráfico de armas e a infiltração dos grupos armados, à organização do diálogo nacional, à necessidade de resolver as questões de segurança e ao desarmamento das milícias e dos grupos armados. Prevê, também, a criação de uma comissão militar composta de dois representantes de cada parte sob a autoridade de um mediador neutro, nomeado pela OUA. O Acordo firma, também, a nomeação de um facilitador que, em consulta com os congoleses, estaria encarregado da organização das negociações políticas inter-congolesas, no intuito de conduzir o país para uma nova ordem política.

É nesse contexto do acordo firmado em Lusaka pelos beligerantes, salvo o RCD, que o CS, louvando os esforços da OUA e da Comunidade pelo Desenvolvimento de África Austral (SADC), re-

---

Aliança Democrática dos Povos (ADP), Movimento Revolucionário de Libertação do Zaire, Congresso Nacional da Resistência e o Partido Revolucionário do Povo.

123 Ler a respeito em: *MONUC. Historique de la Monuc*. Disponível em: www.monuc.org. Acessado em: 20/6/2004.

ferindo-se às recomendações do Secretário-geral, autoriza, em sua Resolução n. 1.258, de 6 de agosto de 1999, o envio de membros, no máximo, do pessoal militar de ligação das Nações Unidas, bem como o pessoal civil necessário, nas capitais dos Estados signatários, nos quartéis-gerais controlados pela comissão militar mista, nos quartéis-gerais dos militares dos principais beligerantes, na medida em que as condições os permitissem e em outras regiões que o SG julgasse necessárias. O envio começaria após a assinatura do grupo do RCD.

Pela Resolução n. 1.273, de 5 de novembro de 1999, o Conselho de Segurança prorrogou o mandato da MONUC até 15 de janeiro de 2000. Entretanto, o Secretário-geral nomeou o tunisiano Kamel Morjane como seu representante especial na RDC.

4.7 RESOLUÇÕES DO CONSELHO DE SEGURANÇA DE 1999 A 2001: MISSÃO DE OBSERVAÇÃO E ACORDO DE LUSAKA

As resoluções do CS nesse período demonstram a evolução da missão da ONU na RDC, ou seja, a MONUC, desde a sua criação, como missão de observação do acordo de paz assinado pelos beligerantes, até a sua transformação em missão militar autorizada a usar todos os meios necessários para desarmar, desmobilizar e reinserir os combatentes, seja na vida pública ou nas novas forças armadas da RDC.

4.7.1 Resolução n. 1.179: cooperação entre ONU e OUA

Antes de adentrar na constatação dos fatos evocados nas resoluções contidas no período acima mencionado, urge destacar a relevância da Resolução n. 1.197/1998, adotada pelo Conselho de Segurança, referente à cooperação entre a ONU e OUA,[124] concer-

---

124 Com a extinção da Organização da Unidade Africana (OUA) em 2000, a cooperação prosseguiu com a União Africana (UA).

nente às medidas de prevenção e de regulamento das controvérsias na África, respaldada no relatório do SG em 13 de abril de 1998 sobre "as causas dos conflitos e a promoção de uma paz duradoura e de um desenvolvimento sustentável na África".

Com efeito, o CS convida o SG a tomar medidas de prevenção e de regulamento dos conflitos, dentro dos quais as medidas para melhorar os intercâmbios de informações, por meio de mecanismos sistemáticos, entre a ONU e OUA e entre a ONU e as organizações sub-regionais na África, a implementação dos indicadores de alerta rápido e, em caso contrário, comunicar aos representantes locais e à sede dessas organizações de informações vindas de dispositivo de alerta rápido. Visa, também, à organização de reuniões comuns de especialistas sobre aspectos particulares de alerta rápido e da prevenção, incluindo a análise dos potenciais conflitos ou conflitos já existentes, no intuito de coordenar as iniciativas e as ações.

Apesar da existência dessa cooperação e das medidas tomadas para prever os conflitos e construir a paz na África, a ONU e a então OUA não foram capazes de impedir as hostilidades na região dos Grandes Lagos após o genocídio em Ruanda.

Com efeito, com o refúgio dos ex-soldados das Forças Armadas de Ruanda (FAR) e dos interahamwes para a RDC e a presença dos rebeldes hútus de Burundi, a região leste da RDC tornou-se palco de enfrentamentos entre grupos armados e tropas de países vizinhos.

É nesse contexto que deve ser analisado, em um primeiro momento, as resoluções do CS, considerando a complexidade dos conflitos com múltiplos protagonistas, ressaltando-se a obrigatoriedade das mesmas.

4.7.2 Resoluções sobre os princípios da Carta da ONU

Constata-se que, nas Resoluções n. 1.234, n. 1.258, n. 1.273 e n. 1.279 (todas de 1999), o CS, considerando sua responsabilidade principal de zelar pela manutenção da paz e da segurança internacionais, declara-se firmemente decidido a preservar a soberania nacional, a integridade territorial e a independência política da RDC e de todos os outros Estados da região, lembrando, com efeito, a Resolução AHG 16(1) da OUA, relativa à inviolabilidade das fronteiras nacionais dos Estados africanos, assim como o mencionado no § 2º do seu comunicado, publicado em 17 de agosto de 1998 (S/1998/774, anexo) pelo Órgão Central do Mecanismo da OUA para a prevenção, gestão e regulamento dos conflitos.

Nessas resoluções, o CS manifestou sua preocupação quanto às violações dos direitos humanos e do direito humanitário em território da RDC, também quanto aos atos de violência e ódio étnico ou às incitações aos mesmos pelas partes em conflito. Demonstrou grave preocupação pelos movimentos ilícitos de armas e material militar na região dos Grandes Lagos, salientando que o conflito na RDC constitui uma ameaça à paz, à segurança e à estabilidade na região. Conclamou, pela circunstância, a obrigação que todos os outros países têm, no que diz respeito à integridade territorial, independência política e soberania nacional da RDC e de outros Estados da região, de se absterem de recorrer ao uso da força, seja contra a integridade territorial ou independência política de um Estado, seja de toda outra maneira incompatível com os objetivos das Nações Unidas, reafirmando a não-ingerência nos assuntos interiores dos outros Estados, em conformidade com a Carta da ONU.

Nota-se, ainda, a continuidade dos combates e a permanência das forças estrangeiras, denominadas forças não-convidadas, em território congolês nas condições incompatíveis com a Carta.

Para isso, o CS exigiu o cessar-fogo, a retirada das forças estrangeiras da RDC, o restabelecimento da autoridade do governo, o desarmamento dos grupos armados não-governamentais e o engajamento de todos os congoleses em um diálogo político aberto a todas as tendências, visando a reconciliação nacional e a organização em uma data próxima de eleições democráticas, livres e justas. Ademais, preconizou-se a organização de um debate nacional como pressuposto para a realização das eleições democráticas, transparentes e livres.

No que se refere aos direitos humanos, o CS condenou os massacres ocorridos na RDC, especialmente na província do Sul-Kivu, exigindo uma investigação internacional e o julgamento dos responsáveis. Manifestou apoio ao processo de mediação[125] conduzido pela OUA e pela SADC e reafirmou a importância da organização, sob os auspícios da ONU e da OUA, de uma conferência internacional[126] sobre a paz, segurança e estabilidade na região dos Grandes Lagos, com a participação de todos os governos da região e de outras partes interessadas.

Ademais, o CS reafirmou a necessidade da participação da ONU, em coordenação com a OUA, notadamente no que diz respeito à tomada de medidas concretas, viáveis e eficazes a fim de efetivar a aplicação do acordo de cessar-fogo e a execução de um procedimento conveniente para se chegar a uma solução política do conflito. Para isso, exortou o Secretário-geral da ONU, em estreita cooperação com o Secretário-geral da OUA, a promover um regulamento pacífico do conflito e fazer recomendações relativas ao papel que desempenharia a ONU em relação a ele.

Para o CS, a situação na RDC exige uma ação urgente da parte dos beligerantes, com o apoio da comunidade internacional, razão pela qual se pede às partes envolvidas no conflito o fim das

---

125 Para resolver as controvérsias entre as partes, a Carta da ONU, em seu art. 33, 1, sugere como meios adequados a negociação, o inquérito, a mediação, a conciliação, a arbitragem, solução judicial, recurso a entidades ou acordos regionais ou qualquer outro meio pacífico.

126 A organização de uma Conferência Internacional sobre a paz, a segurança e a estabilidade na região dos Grandes Lagos foi proposta pelo Secretário-geral da ONU, Kofi Annan, tendo em vista o genocídio de Ruanda em 1994, e, desde então, faz parte da pauta do Conselho de Segurança e conta com o apoio da União Africana. Tem por objetivo a busca de soluções duráveis em face dos múltiplos problemas endêmicos que desafiam a região dos Grandes Lagos. Vale recordar que o primeiro encontro dos chefes de Estados e de governo dos países dos Grandes Lagos ocorreu em Dar-es-Salaam, de 19 a 20 de novembro de 2004. No mesmo ano, Angola, República Centro-africana, República do Congo e Sudão foram admitidos como "Países do Campo", elevando o número dos países integrantes do Campo a onze. Ler a respeito em: *Conférence sur les Grands Lacs: la R.D. du Congo, la RCA, le Soudan admis como pays du champ*. Disponível em: www.sangonet.com/actu-snews/aiaf/conf_GL-rcambre.html. Acessado em: 15/5/2005.

hostilidades e a aplicação integral e imediata das disposições do acordo de cessar-fogo, em estreita cooperação com a ONU e a OUA para aplicação do mesmo.

Observa-se, nessas resoluções, a necessidade de promover um processo de reconciliação nacional mediante um debate nacional, a preocupação de criar um clima favorável para um regresso seguro calcado na dignidade de todos os refugiados e pessoas deslocadas e na importância da polícia civil enquanto parte das operações da manutenção da paz.

Nota-se, ainda, que o acúmulo excessivo e o efeito desestabilizador das armas de pequeno porte são um obstáculo ao encaminhamento da ajuda humanitária, podendo exacerbar e prorrogar os conflitos, colocando em risco a vida dos civis e prejudicando a segurança e a confiança necessárias para o restabelecimento da paz e da estabilidade.[127]

Sublinha-se a importância da cooperação entre a ONU e a OUA conforme a Carta das Nações Unidas que recomenda a busca de soluções pacíficas mediante acordos regionais ou entidades regionais cujas atividades estejam compatíveis com os propósitos e princípios da organização.

Repara-se que a missão da ONU na RDC, relativamente aos conflitos dos Grandes Lagos, constituiu-se gradativamente em forças de paz, sendo que as Resoluções n. 1.234 e n. 1.258 (ambas de 1999) autorizam apenas a presença de observadores militares e civis e seu deslocamento nos países signatários do Acordo de Lusaka. Com a Resolução n. 1.273/1999, o CS decide prorrogar o mandato dos militares de ligação da ONU, conforme o § 8º da Resolução n. 1.258.

Abre-se uma nova era nos conflitos, com a constituição da MONUC na Resolução n. 1.279, de 30 de novembro de 1999, com a indicação prévia do pessoal autorizado.[128] Nela, o Conselho

---

127 Resolução n. 1.265/1999 do CS, § 17.
128 A Missão da ONU na RDC, até 1 de março de 2000, foi constituída por 500 observadores, incluindo uma equipe pluridisciplinar em matérias de direitos hu-

de Segurança expressou sua intenção de enviar um novo grupo, baseando-se nas recomendações do Secretário-geral que exigia rapidez na instalação de um comando de operação, levando em conta as condições de segurança, de acesso e de liberdade de circulação. Conclama a cooperação plena de todas as partes envolvidas nesse processo.

A Resolução n. 1.279 dá continuidade ao deslocamento dos observadores militares das Nações Unidas autorizados conforme as Resoluções n. 1.258/1999 e n. 1.273/1999. De acordo com o n. 5 desta, as tarefas confiadas à MONUC consistem em estabelecer contatos com os signatários do Acordo de cessar-fogo, em nível dos quartéis gerais e nas capitais dos Estados signatários, bem como uma ligação com a Comissão militar mista, fornecendo-lhe uma assistência técnica no exercício de suas funções decorrentes do cessar-fogo, compreendendo, inclusive, as investigações sobre as violações do cessar-fogo. Cabe-lhe, também, a tarefa de fornecer as informações sobre as condições de segurança em todos os setores de operações, notadamente sobre as condições locais, alcançando, deste modo, as decisões futuras concernentes à entrada do pessoal das Nações Unidas; de elaborar planos em razão da observação do cessar-fogo e da retirada das forças envolvidas nos conflitos, mantendo a ligação com todas as partes signatárias do acordo de cessar-fogo, a fim de encaminhar a ajuda humanitária às pessoas deslocadas, aos refugiados, às crianças e a outras pessoas atingidas, contribuindo na defesa dos direitos humanos.

Forçoso é frisar que, tanto às Resoluções n. 1.258 e n. 1.273 quanto à Resolução n. 1.279 – nesta primeira fase do envio de pessoal da ONU na RDC, constituindo a MONUC –, as medidas adotadas pela ONU são meramente administrativas e tímidas. A missão dos observadores resume-se, especialmente, em supervisionar e velar pelo respeito e cumprimento do Acordo de cessar-fogo. A

---

manos, assuntos humanitários, informação, ajuda médica, proteção de crianças e assuntos políticos, bem como o pessoal de apoio administrativo para ajudar o representante especial. Cf. Resolução n. 1.279, n. 4.

ONU preocupa-se ainda com a segurança e a liberdade de ir e vir do seu pessoal componente da equipe da avaliação na RDC, exigindo, das partes em guerra, garantias firmes.

Para o CS, reafirmando a soberania, a integridade territorial e a independência da RDC e de todos os países da região, o Acordo de cessar-fogo representa a base mais viável para a resolver os conflitos na RDC. Manifesta a preocupação quanto às violações dos direitos humanos e do direito internacional humanitário em todo território da RDC.

Percebe-se, ainda que, nesta fase constitutiva da MONUC, não é permitido aos observadores militares o uso de armas.[129] Privilegia-se, num primeiro momento, a solução pacífica de controvérsias conforme o Capítulo VI da Carta da ONU, através de negociação, mediação e conciliação, razão pela qual o CS sublinha que uma verdadeira reconciliação nacional constitui um processo contínuo e convida a todos os congoleses a participar do diálogo nacional a ser organizado em cooperação com a OUA e concordar sobre o mediador do diálogo nacional.

Consta no Comunicado à imprensa CS/2.104, a advertência do presidente Joseph Kabila perante o Conselho de Segurança que a paz deve passar, necessariamente, pela retirada das tropas estrangeiras da RDC, em respeito ao Acordo de Lusaka[130], pelo encaminhamento

---

129 Segundo o conceito tradicional de manutenção da paz, as forças da ONU devem estar desarmadas ou armadas com armas de pequeno calibre, apenas podendo usar a força em legítima defesa. No entanto, nos últimos anos, os acontecimentos deram origem a um debate sobre a forma de tornar os "capacetes azuis" mais eficazes em missões perigosas e complexas, assegurando simultaneamente a sua imparcialidade. Disponível em: www.unicrio.org.br/Textos/onu_17b.html. Acessado em: 15/7/2005.

130 O Acordo de Lusaka, assinado em 10 de julho de 1999, prevê o fim do conflito entre a RDC, apoiado por Angola, Namíbia e Zimbábue e os movimentos rebeldes de oposição sustentados por Ruanda, Uganda e Burundi. Foi assinado por todos os presidentes dos países beligerantes, salvo o de Angola que se fez representar por seu Ministro dos Assuntos Exteriores. Os movimentos rebeldes assinaram-no mais tarde. O Acordo prevê a cessação das hostilidades, a preservação da soberania e da integridade territorial da RDC, a retirada das tropas estrangeiras, a criação de uma Comissão militar mista para ajudar na neutralidade das tropas, a resolução dos problemas securitários da RDC e de seus

da missão de observação das Nações Unidas na RDC e a organização das eleições livres, transparentes e democráticas.

Essa fase caracteriza-se pela falta de elementos para conceituar melhor a operação da ONU na RDC, pela necessidade de preservar a independência, a soberania, a integridade territorial e a unidade do país, sempre reafirmada pelo CS, e o esforço para salvar o Acordo de Lusaka como único meio válido e confiável para solucionar politicamente os conflitos na região dos Grandes Lagos. Na consecução de soluções desses conflitos, considera-se indissociável a crise da RDC da de Burundi, uma vez que as conseqüências dos conflitos interétnicos nesse país repercutem em território congolês.[131]

A preocupação para preservar a soberania da RDC permeia todas as resoluções, a tal ponto que a mesma se manifesta nas resoluções referentes às denúncias sobre a exploração ilegal dos recursos naturais e as conseqüências dessas atividades sobre a segurança e a continuidade das hostilidades. A condenação faz-se contundente e explícita na Resolução n. 1.304/2000, quando o CS, agindo em virtude do Capítulo VII da Carta, num tom lapidar

> novamente condena sem reserva os combates entre as forças ugandesas e ruandesas à Kisangani, em violação da soberania e da integridade territorial da República Democrática do Congo, e exige que as mesmas e aquelas que lhe são aliadas ponham termo aos enfrentamentos.[132] (Cf. Resolução n. 1.304, 2, tradução nossa)

---

vizinhos em razão dos diversos grupos armados, a facilitação de um diálogo intercongolês e a constituição de uma força da ONU.

131 Ler a respeito da apresentação do presidente Joseph Kabila perante o Conselho de Segurança da ONU em Comunicado de Imprensa, CS/ 2104. Disponível em: www.um.org/News/fr-press/docs/2001/CS2104.doc.htm. Acessado em: 15 jun. 2004.

132 "Condamne à nouveau sans reserve les combats entre les forces ougandaises et rwandaises à Kisangani, en violation de la souvraineté et de l'intégrité territoriale de la Republique Démocratique du Congo, et exige que ces forces et celles qui leur sont alliées mettent fin aux afrontements."

No § 4º da mesma resolução, o CS exige que Uganda e Ruanda, que violaram a soberania e a integridade territorial da RDC, retirem suas forças da região sem demora, de conformidade com o calendário previsto no acordo do cessar-fogo e no plano de abstenção quanto à continuidade das hostilidades, aprovado em Kampala (Uganda) em 8 de abril de 2000.

Como ação, o CS condena todos os massacres e outras atrocidades ocorridas em territorial congolês e requer a abertura de um inquérito internacional sobre os fatos para que os responsáveis sejam julgados.

Observa-se que, além do Acordo de Lusaka, outros foram assinados[133] e não surtiram efeitos quanto à busca de soluções para os conflitos dos Grandes Lagos.

Após a fase constitutiva da MONUC (1999-2000) e do deslocamento dos observadores, teve início a segunda fase a partir do mês de março de 2000.

4.7.3 Resoluções do CS: negociação e Acordo Global e Inclusivo

Com efeito, em sua Resolução n. 1.291, de 24 de fevereiro de 2000, o CS decide prorrogar o mandato da MONUC até 31 de agosto de 2000 e autoriza o reforço de até 5.537 militares, incluindo 500 observadores, de acordo com as necessidades, aos quais se juntará o efetivo desejado do pessoal civil de apoio no âmbito de direitos humanos, dos assuntos políticos, do apoio médico e administrativo.

Nessa resolução, apelando para o Capítulo VII da Carta da ONU, o CS decide que, quando julgar adequado dentro de suas capacidades, a MONUC tome as medidas necessárias nas zonas de deslocamento dos seus batalhões de infantaria para proteger seu pessoal, as instalações e material da ONU, bem como os

---

[133] Trata-se dos Acordos de Maputo, a 27 de novembro de 2000, a assinatura do Acordo de Harare.

da CMM (que divide os mesmos locais), garantir a segurança e a liberdade de circulação dos membros da MONUC e proteger os civis que se encontram sob a ameaça iminente de violências físicas.[134] Tal resolução marca uma mudança no que diz respeito às decisões do CS.

Destarte, é de suma importância a Resolução n. 1.291 (2000), que sublinha as condições para a implementação da Missão da ONU na RDC, fundadas no respeito e na aplicabilidade pelas partes do Acordo de cessar-fogo e das resoluções pertinentes do CS, nas garantias dadas pelas mesmas no que concerne à segurança e liberdade de ir e vir dos efetivos da MONUC e do pessoal associado.

Assim, o CS decidiu a prorrogação do mandato da MONUC até 31 de agosto de 2000 e a criação pela MONUC, sob a autoridade do representante especial do Secretário-geral, de uma estrutura comum com a CMM que assegurará uma coordenação estreita durante o período de deslocamento da MONUC e será dotada de quartéis-gerais, incluindo as estruturas administrativas e de apoio comum (cf. n. 6 da Resolução). Decide, ao mesmo tempo, que o mandato da MONUC, agindo em conjunto com a CMM, se baseará na fiscalização da aplicação do Acordo de cessar-fogo e na investigação de suas violações; no estabelecimento e manutenção permanente da ligação no campo com os quartéis-gerais das forças militares de todas as partes; na elaboração, num prazo de 45 dias após a adoção da presente resolução, de um plano de ação para a aplicação do mesmo Acordo de cessar-fogo em seu conjunto por todos os interessados, a colheita e verificação de informação militar relativa às forças das partes, a manutenção do fim das hostilidades e a desobrigação e deslocamento das forças das partes, desarmamento, desmobilização, reinstalação e reintegração sistemáticas dos membros de todos os grupos armados mencionados no § 9.1 do Anexo A do Acordo do cessar-fogo.

Trata-se, também, da retirada ordenada de todas as forças estrangeiras; a colaboração com as partes a fim de obter a libera-

---

134 Cf. Resolução n. 1.291/2000, n. 8.

ção de todos os prisioneiros de guerra e dos militares capturados, bem como a restituição dos mortais em cooperação com os organismos internacionais de ajuda humanitária; a supervisão e verificação da desobrigação e deslocamento das forças das partes; a fiscalização, dentro de seus limites e suas capacidades nas zonas de deslocamento, no que diz respeito à aplicação dos dispositivos do Acordo de cessar-fogo referentes ao encaminhamento das munições, armas e outros materiais de guerra destinados ao centro das operações, à intenção, notadamente, de todos os grupos armados mencionados no § 9.1 do Anexo A; a facilitação do encaminhamento da ajuda humanitária e a preocupação quanto ao respeito aos direitos humanos, em especial atenção aos grupos vulneráveis, incluindo as mulheres, as crianças e as crianças-soldados desmobilizados.

Nota-se, portanto, uma evolução da MONUC no tocante às repetidas violações do cessar-fogo e dos direitos humanos, e a preocupação no que concerne à segurança do seu pessoal nas zonas de combates.

4.7.4 Constatações

Há de se deplorar, nessa fase, a morosidade e a burocracia do Conselho de Segurança em agir com mais determinação e eficácia diante dos massacres perpetrados em território congolês e nas vizinhanças, pedindo apenas uma investigação internacional a fim de levar perante a justiça os responsáveis. Indiretamente, sem citar nominalmente os países vizinhos invasores, o CS pede a todas as partes em conflito na RDC o respeito ao direito internacional humanitário e à Convenção sobre a prevenção e a repressão do crime do genocídio de 1948, bem como a abstenção ou o fim do apoio àqueles cuja participação é suspeita em crimes de genocídio, em crimes contra a humanidade ou em crimes de guerra[135], ou qual-

---

135 Ler a respeito o Estatuto de Roma sobre os crimes de genocídio, crimes contra a humanidade e crimes de guerra.

quer tipo de associação com os mesmos. Recomenda-se, ainda, que os responsáveis sejam levados à justiça para responder pelos crimes cometidos.[136]

Repara-se, de um lado, a preocupação do CS no tocante ao fluxo ilícito de armas na região, exigindo o fim desses movimentos e manifestando a sua intenção de tratar do assunto em outra oportunidade e, do outro, a falta da tomada de medidas enérgicas para combater o tráfico de armas entre partes em conflito. Uma outra preocupação do CS refere-se às informações segundo as quais os recursos naturais e outras riquezas da RDC são ilegalmente explorados, em violação à soberania do país. A instituição exigiu o fim dessas atividades e manifestou a intenção de continuar examinando a questão, demandando ao Secretário-geral, num prazo de 90 dias, meios para atingir este objetivo, e reafirmou a intenção de organizar, no momento oportuno, sob os auspícios da ONU e da OUA, uma conferência internacional sobre a paz, a segurança, a democracia e o desenvolvimento na região das Grandes Lagos, da qual participariam todos os governos da região e todas as outras partes envolvidas no conflito.

Urge ressaltar que, apesar de o CS manifestar preocupação sobre o conflito na região dos Grandes Lagos, especialmente na RDC, a Resolução n. 1.291 demonstra a burocracia que marca as decisões da ONU diante da urgência que certos casos requerem. Os massacres das populações civis ou as violações dos direitos humanos denunciadas por diferentes relatórios entregues ao Secretário-geral não contribuíram para aplicação imediata do Capítulo VII da Carta da ONU, que daria à MONUC a autorização para uso da força, uma vez identificados os agressores da RDC, como Estado soberano e independente politicamente, a fim de pacificar a região dos Grandes Lagos e acabar com os conflitos entre povos historicamente unidos.

---

136 Cf. Resolução n. 1.291/2000, n. 15.

4.8 ASPECTOS JURÍDICOS DAS RESOLUÇÕES DE 1999-2001

4.8.1 Impacto dos conflitos na ordem jurídica internacional e a Carta da ONU

A presença de tropas estrangeiras em território soberano da RDC tem demonstrado, de um lado, a redução da força do direito, e, do outro, o uso ilícito da força pelas forças invasoras, o que não contribui para o fortalecimento da primazia do direito internacional ou dos princípios e valores universais que sempre nortearam as relações amistosas e de cooperação entre os Estados, assentados no respeito aos direitos humanos e ao direito internacional humanitário.

As resoluções referentes aos conflitos na região dos Grandes Lagos, em geral, e as relativas à RDC, em especial, retratam as diferentes etapas seguidas rigorosamente pelo CS das Nações Unidas no que diz respeito à busca de soluções pacíficas de controvérsias, em conformidade com o Capítulo VI da Carta.

Constata-se, num primeiro momento, a situação complexa dos conflitos na região e as tentativas de cooperação entre a ONU e a OUA para evitar a ameaça à manutenção da paz e à segurança tanto internacionais quanto regionais. Com a intensidade dos conflitos, o CS viu-se obrigado a denunciar e condenar os fatos, assumindo, para tanto, a sua primordial responsabilidade de garantir a manutenção da paz e da segurança internacionais.

Dessa forma, é possível enumerar os fatos contidos nas resoluções, confrontando-os com as normas internacionais e aos propósitos e princípios da própria Carta Magna das Nações Unidas.

Em todas as resoluções, desde o início dos conflitos, o CS faz questão de reafirmar o respeito à soberania nacional, à integridade territorial e à independência política da RDC, apelando aos princípios da intangibilidade do território e ao respeito às normas internacionais.

Ora, com o território ocupado por tropas estrangeiras e dividido pelas facções rebeldes, torna-se difícil reconhecer na RDC os princípios da continuidade do Estado e do exercício de sua jurisdição ou competência. Como lembra Rezek, a generalidade da jurisdição significa que o Estado exerce no seu domínio territorial todas as competências de ordem legislativa, administrativa e jurisdicional (Rezek, 2002, p.154).

Observa-se que, no caso da RDC, com os conflitos no leste territorial, o Estado perde a jurisdição em sua forma exclusiva por ter sido esfacelado pelos diferentes grupos armados e sua soberania contestada pelos mesmos e questionada pelos países vizinhos, acusados de fomentar e incentivar as rebeliões com o fornecimento de armas para perpetuar a insegurança e a instabilidade na região dos Grandes Lagos.

Entende-se, dessa forma, a insistência do CS nas resoluções sobre o respeito da soberania nacional, integridade territorial e independência política, devido às pretensões fronteiriças dos países vizinhos, levando-os a respeitar e aceitar os traçados oriundos da época colonial ou das independências da maioria dos países africanos.

No que concerne às violações dos direitos humanos e do direito internacional humanitário praticadas em território congolês, os atos de violência e de ódio étnico ou incitação aos mesmos, imputáveis a todas as partes em conflito, o CS apela para o respeito à Convenção de Genebra de 1949 e dos Protocolos adicionais de 1977, e à Convenção sobre a Prevenção e Repressão do Crime de Genocídio de 1948.

Mais adiante, o CS mostra-se preocupado em relação aos movimentos ilícitos de armas e material militar na região dos Grandes Lagos, porém, sem sugerir soluções, já que a MONUC limita-se a supervisionar o cessar-fogo e a implementação do Acordo de Lusaka, tendo em vista o deslocamento dos observadores militares nas regiões de conflitos. Ante a presença das tropas estrangeiras, invoca, ainda, o direito natural de legítima defesa individual e coletivo, conforme o art. 51 da Carta das Nações Unidas, segundo o qual nada na presente Carta prejudicará o direito inerente de legítima defesa individual ou coletiva, no caso de ocorrer um ataque armado contra um membro das Nações Unidas, até que o Conselho de Segurança tenha tomado as medidas necessárias para a manutenção da paz e da segurança internacionais (...).[137]

Intenciona-se, em suas relações internacionais, a ameaça ou o uso da força contra a integridade territorial ou a independência política de qualquer Estado, ou qualquer outra ação incompatível com os Propósitos das Nações Unidas.

Vale recordar que, para a Carta das Nações Unidas, a legítima defesa é um direito inerente, natural e imprescindível em caso de ataques armados, para a sobrevivência do próprio Estado, uma vez ameaçada. Tal direito está interligado à noção da soberania estatal, reconhecida como personalidade jurídica no direito internacional.

A respeito disso, Dinstein afirma que "a legítima defesa como um direito internacional legal deve existir no âmbito do direito internacional positivo" (Dinstein, 2004, p.250b). Nesse caso, no entender do mesmo, "pode ser afirmado que o direito à legítima defesa não é inerente ao *jus naturale*, mas à soberania dos Estados" (Dinstein, 2004, p.250c).

No caso da RDC, tal direito não foi exercido por vários motivos, desde os de ordem militar até os ligados ao respeito da própria Carta, que estipula a obrigatoriedade de comunicar ao CS das Nações Unidas, imediatamente, as medidas tomadas pelos membros no exercício do direito da legítima defesa, sem atingir a autoridade e a responsabilidade que a Carta atribui ao CS para levar a efeito, em qualquer tempo, a ação que julgar necessária à manutenção ou ao restabelecimento da paz e da segurança internacionais.[138]

É nesse contexto que se justifica, juridicamente, a intervenção ao lado das tropas governamentais da RDC, dos países da

---
137 Art. 51 da Carta das Nações Unidas.
138 Idem.

Comissão Econômica para o Desenvolvimento dos países da África Austral (SADC), entre os quais estão Angola, Zimbábue e Namíbia, contra as de Burundi, Uganda e Ruanda. Entende-se, nesse caso, a legítima defesa como uma ajuda mútua entre países ligados por tratados de assistência mútua em caso de agressão exterior ou de cooperação militar, objetivando a defesa da soberania e da intangibilidade territorial de um país membro no caso de um ataque armado.

O posicionamento do CS na Resolução n. 1.304, 2º e 4º (a) demonstra, claramente, que Uganda e Ruanda violaram a soberania e a integridade territorial da RDC e são convidados a retirar suas forças do território da RDC.

> Que Uganda e Ruanda, que violaram a soberania e a integridade territorial da República Democrática do Congo retirem suas forças do território da República Democrática do Congo sem demora, conforme ao calendário previsto no Acordo do Cessar-fogo e no Plano de desobrigação em Kampala, em 8 de abril de 2000.[139] (Resolução n. 1.304, 4a, tradução nossa)

Apesar de nomear os países considerados agressores, o CS persiste em seu princípio de não usar da força internacional e de não criminalizar a guerra agressiva lançada pelos vizinhos da RDC sob alegações de perseguir os responsáveis de genocídios de 1994, constituindo uma ameaça à paz e à segurança internacionais e, ao mesmo tempo, de proteger os banyamulenge, ameaçados de extermínio.

É verdade que, até certo ponto, a comunidade internacional se comoveu com os massacres de tútsis e hútus moderados pelos extremistas hútus, mas adotar uma postura ambígua diante da

---

139 "Que l'Ouganda et le Rwanda, qui ont violé la souveraineté et l'intégrité territorial de la République Démocratique du Congo, retirent leurs forces du territoire de la République Démocratique du Congo sans plus tarder, conformément au calendrier prévu dans l'Accord de cessez-le-feu et le Plan de désengagement de Kampala en date du 8 avril 2000."

agressão de um país-membro da ONU por outros, quaisquer que sejam os motivos, é retroceder ao "princípio axiomático obsoleto de que os Estados estão livres para iniciar hostilidades voluntariamente" (Dinstein, 2004, p.207d.).

As posições são bastante divergentes quanto ao ponto de vista do princípio da aplicabilidade igualitária do *jus in bello* em todas as partes em tempo de guerra, isto é, a todos os beligerantes, independentemente do princípio do *jus ad bellum*.

No caso da agressão da RDC, reconhecida pelo CS em sua Resolução n. 1.304, que determina a identidade dos agressores que violaram a soberania de um outro Estado, a posição do próprio CS é bastante dissociada dos propósitos e princípios da Carta da ONU e das normas internacionais em caso de agressão de um país-membro. O nivelamento dos beligerantes abre um precedente nas relações internacionais em que o agressor e o agredido são tratados dentro do princípio da aplicação igualitária do *jus in bello*, esquecendo-se, propositalmente, do que reza o art. 51 da Carta, no tocante ao direito de um Estado agredido recorrer à legítima defesa quando sua sobrevivência encontra-se em risco.[140]

Considerando a evolução dos fatos *in loco* na região dos Grandes Lagos, nota-se a pretensão de Ruanda em anexar uma parte da RDC a fim de implementar o projeto de criação de uma *tutsiland*, várias vezes denunciado pelas organizações não-governamentais instaladas no leste da RDC.

Obviamente, não se pode apelar para a doutrina da guerra justa como no tempo de Grotius, uma vez que, nos dizeres de Dinstein, "a preocupação com a questão da legítima defesa tornou-se claramente um exercício metajurídico." (Dinstein, 2004, p.245e).

Sabe-se que, antigamente, os Estados não precisavam de justificativa para declarar e iniciar uma guerra; atualmente, com embasamento no art. 51 da Carta da ONU e nas normas que regem as relações internacionais entre Estados, reconhece-se que a legítima

---

140 É o que diz o Parecer da Corte Internacional de Justiça de 1996 sobre a Legalidade da Ameaça ou Uso de Armas Nucleares.

defesa é um direito para qualquer Estado vítima de um ataque armado para zelar por sua sobrevivência.

Trata-se de um direito e, segundo Dinstein (2004, p.250f), a legítima defesa como um direito internacional legal deve existir no âmbito do direito internacional positivo. É um direito que não é inerente ao *jus naturale* como havia sido afirmado por alguns doutrinadores franceses, mas vinculado à soberania dos Estados.

No caso da RDC, o direito de legítima defesa, bem como o uso da força estipulado pela Carta em caso de agressão, não vingou diante da promessa do CS em conformidade com o art. 51 da Carta em tomar "medidas necessárias" para manter a paz e a segurança internacionais.

4.8.2 Decisões do Conselho de Segurança: voluntariedade ou obrigatoriedade?

De acordo com o art. 25 da Carta da ONU, combinado com o art. 41, pode-se dizer que as decisões do Conselho de Segurança têm efeito obrigatório e devem ser executadas e aplicadas pelos Estados-membros. A interpretação do art. 39 da Carta dá a entender que o CS tem a autoridade de agir energicamente, tomando decisões para manter a paz e a segurança internacionais.

No tocante às decisões, deve-se reconhecer a sua natureza obrigatória em virtude dos artigos acima mencionados; porém, a sua aplicabilidade na prática é preocupante, devido à recusa de alguns Estados em observá-las. Procura-se aplicar, nesse caso, mecanismos coercitivos, tais quais "a interrupção completa ou parcial das relações econômicas, dos meios de comunicação ferroviários, marítimos, aéreos, postais, telegráficos, radiofônicos, ou de outra qualquer espécie, e o rompimento das relações diplomáticas" (art. 41 da Carta).

No caso de beligerantes, o CS pode decretar um embargo sobre o fornecimento de armas e de assistência técnica militar. É o caso que ocorre com a RDC, que está sob o embargo de armas devido à circulação e ao comércio indiscriminado de armas no leste do país. Opor-se às decisões da ONU significa negar o direito internacional, da multilateralidade que o caracteriza e da legitimidade da mesma.

A grande indagação é saber até que ponto as decisões do CS são respeitadas pelos beligerantes, uma vez que as ameaças da entidade internacional, na maioria das vezes, não surtem os efeitos esperados. Tal situação acarreta a desmoralização das tropas da ONU e, ao mesmo tempo, o enfraquecimento da própria instituição pela ineficácia das medidas. As conseqüências são desastrosas pela falta da força moral do CS que, ao invés de aplicar medidas enérgicas e dissuasivas, esconde-se atrás de uma retórica que não deixa de colocar em xeque a credibilidade do próprio órgão.

Dessa forma, perde-se a confiança na ONU e em suas operações do tipo *peacemaking*, quando se sabe que muitos países ocidentais se recusam a enviar suas tropas nas regiões de conflitos onde eles não têm nenhum interesse econômico ou político para proteger.

Consoante essa desconfiança em relação ao CS no que diz respeito à tomada das medidas necessárias para manter e paz e a segurança internacionais, declara o Brigadeiro-General Kenneth Hague[141] que

> será muito difícil montar uma operação da paz pela ONU, pois a maioria dos países ocidentais não tem interesse nacional para defender (por exemplo, na Ruanda, no Zaire, no Sudão); por esta razão, as organizações regionais devem ter um papel importante nas operações que não sejam as da guerra, as quais ocorrem em sua região. A maioria dos meus colegas do curso aceitou esta conclusão.[142] (Hague, 2000, p.10, tradução nossa)

---

141 O Brigadeiro-General Kenneth Hague é comandante na Academia Militar Real (CMR) do Canadá; participou das campanhas das Forças da ONU na ex-República de Iugoslávia (FORPRONU), durante sete meses, de fevereiro a setembro de 1993.

142 "Ce sera très difficile de monter une operation de paix par l'ONU car la majorité des pays occidentaux n'ont pas d'intérêt national à défendre (par exemple au Rwanda, au Zaïre, au Soudan); pour cette raison, les organisations régionales doivent jouer un rôle plus importante dans les opérations autres que la guerre qui ont lieu dans leur région. La majorité de mes collegues dans les cours ont accepté cette conclusion."

Considerando as conseqüências dos atos de agressão, o CS, em sua Resolução n. 1.265, sublinhou a responsabilidade de os Estados perseguirem os responsáveis de genocídio, crimes contra a humanidade e violações graves do direito internacional humanitário.[143]

Urge recordar que consta no Estatuto de Roma, isto é, o Estatuto da Corte Penal Internacional (CPI), os crimes de sua competência. Eles são definidos como violações graves do direito internacional humanitário, também mencionados nas Convenções de Genebra (1949) e em seus Protocolos Adicionais de 1977. De acordo com o art. 25 do Estatuto, a CPI exercerá sua competência sobre indivíduos, e não sobre Estados. Entre os crimes da competência do CPI, pode-se enumerar os crimes de guerra (art. 8º do Estatuto), o genocídio (art. 6º)[144], os crimes contra a humanidade (art. 7º)[145] e os crimes de agressão (art. 5º, § 2º).

Em relação aos conflitos dos Grandes Lagos, a ONU viu-se obrigada a adotar medidas drásticas (tolerância zero) em razão da pedofilia e de estupros, também a prostituição organizada em que foram apontados o envolvimento e a participação de alguns membros da MONUC.[146]

As resoluções analisadas nessa primeira fase destacam, também, do ponto de vista jurídico, a Convenção de 1994 sobre a segu-

---

143 Foram instituídos, em 1993 e 1994, os tribunais especiais para punir os crimes contra a humanidade, ou seja, as graves violações do direito internacional humanitário. Trata-se do Tribunal Penal Internacional sobre os crimes ocorridos na ex-Iugoslávia (TPIY) e o Tribunal Penal Internacional sobre o Ruanda (TPIR) para julgar os responsáveis do genocídio, sendo, ambos tribunais *ad hoc*.

144 O presente artigo reitera o disposto na Convenção de Genebra de 1948 sobre a Prevenção e a Repressão do crime de Genocídio.

145 Após muitos anos de guerra e impunidade, pela primeira vez na República Democrática do Congo, o estupro foi considerado crime contra a humanidade, com o julgamento de doze militares acusados de terem estuprado 119 mulheres cuja maioria tinha menos de dezoito anos na Província de "Equateur" (RDC). Tal fato abre um precedente jurídico importante considerando os incontáveis crimes cometidos contra as populações civis. Disponível em: www.africatime.com/rdc/popup.asp?no_nouvelle=216799. Acessado em: 8/10/2005.

146 Disponível em: www.rfi.fr/actufr/articles/069/article_38512.asp. Acessado em: 8/10/2005.

rança do pessoal das Nações Unidas. Diante dos reiterados ataques das milícias, o CS estuda adotar medidas apropriadas, de conformidade com a Carta da ONU, para proteger os civis e facilitar o encaminhamento da ajuda humanitária, e outras medidas específicas no tocante ao desarmamento, desmobilização e inserção dos ex-combatentes na vida social, especialmente, as crianças e adolescentes[147] alistados pelos grupos armados.

Tais medidas específicas baseiam-se no art. 41 do Capítulo VII da Carta que proclama:

> O Conselho de Segurança decidirá sobre as medidas que, sem envolver o emprego de forças armadas, deverão ser tomadas para tornar efetivas suas decisões e poderá convidar os membros das Nações Unidas a aplicarem tais medidas. Estas poderão incluir a interrupção completa ou parcial das relações econômicas, dos meios de comunicação ferroviários, marítimos, aéreos, postais, telegráficos, radiofônicos, ou de outra qualquer espécie, e o rompimento das relações diplomáticas.

O mesmo CS felicitou a entrada em vigor da Convenção de 1997, sobre a interdição do uso, armazenamento, produção e translado das minas antipessoais e sobre a destruição e protocolo modifi-

---

147 Em 20 de novembro de 1959, a ONU fez a Declaração dos Direitos da Criança com 10 artigos: 1) a criança deve ter condições para desenvolver-se física, mental, moral, espiritual e socialmente com liberdade e dignidade; 2) a criança tem direito a um nome e uma nacionalidade, desde o seu nascimento; 3) a criança tem direito à alimentação, lazer, moradia e serviços médicos adequados; 4) a criança deve crescer amparada por seus pais e sob sua responsabilidade, num ambiente de afeto e de segurança; 5) a criança prejudicada física ou mentalmente deve receber tratamento, educação e cuidados especiais; 6) a criança tem direito a educação gratuita e obrigatória, ao menos nas etapas elementares; 7) a criança, em todas as circunstâncias, deve estar entre os primeiros a receber proteção e socorro; 8) a criança deve ser protegida contra toda forma de abandono e exploração. Não deverá trabalhar antes de uma idade adequada; 9) a criança deve ser protegida contra prática de discriminação racial, religiosa, ou de qualquer índole; 10) a criança deve ser educada num espírito de compreensão, tolerância, amizade, fraternidade e paz entre os povos. Disponível em: www.pt.wikipedia.org/wiki/Direitos_da_crian%C3%A7a. Acessado em: 1/12/2005.

cado sobre a interdição ou limitação do uso de minas, armadilhas e outros dispositivos (Protocolo II), anexados à Convenção de 1980.

4.8.3 Ações específicas oriundas das resoluções: primeira fase

As resoluções da primeira fase abarcam ações concretas do CS, porém, sem maior efetividade nas zonas de conflitos. Na Resolução n. 1.234, o CS exige dos países cujas tropas encontram-se em território congolês o fim imediato das hostilidades, mediante a assinatura de um cessar-fogo, incluindo a retirada de todas as forças estrangeiras a fim de restabelecer a autoridade do Governo da RDC em todo território, propiciando o desarmamento dos grupos armados não-governamentais.

Dentro do contexto de solução pacífica duradoura, embasada no Capítulo VI da Carta, o CS evocou a necessidade do diálogo político aberto a todos os congoleses, culminando na reconciliação nacional e organização, em curto prazo, de eleições democráticas, livres e justas, mantendo-se a segurança ao longo das fronteiras internacionais pertinentes à RDC.

Destaca-se, nessa fase, o apoio do CS ao processo de mediação regional conduzida pela OUA e SADC, tendo em vista a busca de uma solução pacífica dos conflitos com o auxílio da comunidade internacional.

Observa-se que o CS privilegiou, num primeiro momento, o uso dos meios pacíficos; no caso concreto, a mediação regional com o apoio da comunidade internacional, evitando-se qualquer ato que pudesse agravar a situação. Para tanto, tornou-se imperativa a organização de uma conferência internacional sobre a paz, a segurança e a estabilidade na região dos Grandes Lagos, com a participação de todos os governos da região e de todas as partes interessadas.

Com a Resolução n. 1.258/1999, o CS autorizou o envio de 90 membros do pessoal militar de ligação das Nações Unidas, no máximo, incluindo o contingente civil, político, humanitário e administrativo nas capitais dos Estados signatários e no quartel-geral provisório da Comissão militar mista.

Quanto à Resolução n. 1.265/1999, juridicamente, o CS apelou para o respeito do direito internacional humanitário e para o direito relativo aos direitos humanos e dos refugiados, especialmente os direitos contidos nas Convenções da Haia de 1899 e 1907, e nas Convenções de Genebra de 1949 e os Protocolos adicionais de 1977, bem como o respeito às decisões do orgão.

Partindo desses pressupostos normativos, o CS conclamou os países que ainda não o fizeram a ratificar os principais instrumentos relativos ao direito internacional humanitário e aos direitos humanos dos refugiados e a tomar medidas legislativas, judiciárias e administrativas. O reforço da Missão na RDC aconteceu na Resolução n. 1.291/2000 com a presença de 5.537 militares e 500 observadores, aos quais foi acrescido o efetivo dos civis para servir de apoio, notadamente, nas áreas de direitos humanos, assuntos humanitários, informação, proteção às crianças, assuntos políticos, assistência médica e apoio administrativo.

Em 2000, após sucessivas Resoluções (n. 1.304, n. 1.316, n. 1.323 e n. 1.332) para prorrogar o mandato da MONUC, o CS resolvou dar mais chance às atividades diplomáticas e à reflexão sobre o futuro mandato da MONUC, pois cabe-lhe "recomendar procedimentos ou métodos de solução apropriados" (art. 36 da Carta), e "recomendar as condições que lhe parecem apropriadas à sua solução" (art. 37 da Carta).

No caso dos conflitos dos Grandes Lagos, preconizou-se a mediação com a nomeação do ex-presidente de Botsuana, Ketumile Masire, sob os auspícios da ONU e da UA, optando-se por uma diplomacia regional entre beligerantes.

4.8.4 Resoluções de 2001 a 2004: aplicação do Plano DDR e do Capítulo VI da Carta

Constatam-se, nessa fase, alguns progressos realizados pelos beligerantes e uma pressão intensa do CS. Na Resolução n.

1.341/2000, as partes são convidadas a elaborar um plano de desarmamento, desmobilização e reinserção dos combatentes. Esse plano concerne aos combatentes nacionais, pois, para os combatentes estrangeiros, não se trata de reinserção, mas de *rapatriement* em seus países de origem.

Todavia, na Resolução n. 1.355/2001, o CS se declarou impressionado pelas conseqüências desastrosas na população civil provocadas pela continuidade dos conflitos em território da RDC e destacou o aumento do número de refugiados e de pessoas deslocadas, bem como a urgência de uma ajuda humanitária para a população congolesa. Concernente às violações dos direitos humanos e do direito internacional humanitário, tais quais as atrocidades cometidas contra as populações civis, particularmente nas províncias do leste da RDC, o CS se diz extremamente preocupado quanto à taxa de infecção pelo vírus da Aids, de modo particular entre as mulheres e meninas.

Em virtude do Capítulo VII da Carta das Nações Unidas, o Conselho de Segurança constatou com satisfação que o cessar-fogo havia sido respeitado e convidou a todas as partes a aplicarem o Acordo de cessar-fogo, incluindo os Acordos de Kampala e de Harare e suas resoluções pertinentes. Exigiu, mais uma vez, a retirada das forças de Uganda e Ruanda, junto com as outras forças estrangeiras, conforme o § 4º da Resolução n. 1.304/2000 e o Acordo de cessar-fogo de Lusaka.

Com a retomada das hostilidades em Moliro, o CS, além de condená-las, convida os beligerantes a cumprir as obrigações assumidas no ato da assinatura do cessar-fogo. Pensa-se em aumentar o número de pessoas no efetivo da MONUC (Resolução n. 1.445/2002) para até 8.700 e, mais tarde, a 10.800 militares, autorizando-os a utilizar todos os meios necessários para cumprir seu mandato em Ituri e nas duas regiões de Kivu.

Em relação à exploração ilegal dos recursos naturais e outras riquezas da RDC, o CS expressou seu apoio ao Grupo de especialistas enviados àquela região e ressaltou que o relatório dos mesmos (Resolução n. 1.453/2003) contém informações inquietantes sobre a exploração ilegal dos recursos congoleses por indivíduos, governos e grupos armados envolvidos no conflito e sobre a ligação existente entre a exploração dos recursos naturais e outras riquezas da República Democrática do Congo e a continuidade do conflito.[148] (Resolução n. 1.355/2001, n. 21, tradução nossa)

Essa segunda etapa caracteriza-se pela abertura do Diálogo Intercongolês e a assinatura do Acordo Global e Inclusivo em Sun City, na África do Sul, dando início à elaboração de uma Constituição de transição, promulgada em 4 de abril de 2003, e à formação de um governo de transição com quatro vice-presidentes e um presidente da República. É a famosa fórmula 1 + 4, calcada nos moldes do governo do Afeganistão.

Tal acordo tornou-se um marco histórico para pôr fim às hostilidades e permitir a partilha do poder entre facções beligerantes.

4.8.5 Da situação fática e jurídica

A etapa atual caracteriza-se pelo engajamento firme da MONUC dentro do cumprimento do seu mandato e da aplicabilidade das resoluções do Conselho de Segurança no que concerne à violência étnica em Ituri, na Província Oriental da RDC e nas duas províncias de Kivu.

Ocorreu uma mudança significativa nas atividades da MONUC, várias vezes acusada de cumplicidade ou de inércia ante as graves violações dos direitos humanos e do direito internacional humanitário. Amparada pelas resoluções do CS, cada vez mais claras quanto ao uso de todos os meios necessários para fazer cumprir o acordo de cessar-fogo, o respeito aos direitos humanos e o direito

---

148 "Contient des informations inquietantes sur l'exploitation illégale des ressources congolaises par des individus, des gouvernements et des groupes armés impliqués dans le conflit et sur le lien existant entre l'exploitation des ressources naturelles et autres richesses de la République Démocratique du Congo et la poursuite du conflit."

internacional humanitário, a MONUC viu-se dotada de mais poder para agir nas zonas de conflitos contra os grupos armados, a fim de assentar a autoridade do governo, principalmente no território de Ituri e região oriental e nas duas províncias de Kivu.

Trata-se de uma nova fase que autoriza direta e expressamente o uso da força pela MONUC, conforme o Capítulo VII da Carta das Nações Unidas e o novo conceito de operações contido no relatório do Secretário-geral (S/2001/970), conclamando a desmilitarização da cidade de Kisangani, palco de enfrentamentos entre as tropas de Uganda e Ruanda.

O CS, preocupado com as graves violações dos direitos humanos e do direito internacional humanitário e com a exploração ilegal dos recursos naturais e outras riquezas da RDC, em suas Resoluções n. 1.457, n. 1.468, n. 1.484, n. 1.493 e n. 1.501 (todas de 2003), autorizou o aumento do efetivo da MONUC para 10.800 elementos, utilizando-se de "todos os meios necessários" e do deslocamento de uma força multinacional provisória de urgência na Bunia, em coordenação com a MONUC.

Fiel aos propósitos e princípios da Carta, o CS, em sua Resolução n. 1.533/2004, fazendo uso das prerrogativas que lhe conferem os arts. 41 e 42, decretou uma série de medidas para reforçar o embargo sobre as armas imposto pela Resolução n. 1.493 de 28 de julho de 2003.

Percebe-se que, na primeira fase da MONUC na RDC e na região dos Grandes Lagos, o CS procurou prevalecer a busca de soluções pacíficas pelos meios diplomáticos, dando ênfase à diplomacia regional, conforme recomenda a Carta da ONU.

A situação de conflitos armados *in loco* não condiz com os propósitos e princípios da ONU, como vertentes normativas para a manutenção da paz e segurança internacionais. Nota-se, pelo menos, um enfraquecimento moral do CS, cujas decisões sobre a retirada das tropas estrangeiras em território congolês não foram obedecidas de imediato e nunca se sentiram incomodadas pelas exigências da ONU, por falta de medidas coercitivas eficazes e dissuasivas.

4.8.6 Resoluções de 2004 a 2005: uso da força conforme o Capítulo VII da Carta

O processo de paz na região dos Grandes Lagos, em geral, e na RDC, em especial, atingiu uma fase decisiva com a organização das eleições democráticas em Burundi e, ao mesmo tempo, com o início do processo eleitoral na RDC com o registro dos eleitores.

Vale assinalar, também, a implicação efetiva das forças da MONUC no programa de DDRR dos rebeldes após o assassinato dos nove "capacetes azuis" paquistaneses por um grupo de milícias. O CS autorizou o uso da força em caso de ataques contra as forças da MONUC e também para desarmar os grupos armados que não aderirem, voluntariamente, ao programa em curso.

Com aplicabilidade do Capítulo VII da Carta ante a violência mediante uma reação à altura, evita-se tratar a MONUC de cumplicidade e parcialidade, como tem insinuado a imprensa local.

> A verdade é que o Conselho de Segurança é chamado a reagir, de uma maneira conseqüente, para que a MONUC não seja taxada de cúmplice ou qualificada de parcial. Como poderia explicar que "os senhores de guerra no Kivu" se beneficiam de uma proteção da comunidade internacional, mesmo nos territórios vizinhos, enquanto os de Ituri são atualmente interpelados? Tal tratamento que lhes é favorável interpela neste momento preciso em que o povo congolês se prepara para ir às urnas.[149] (tradução nossa)

---

[149] "Ce qui est vrai, c'est que le Conseil de Sécurité est appelé à réagir de façon conséquente pour que la Monuc ne soit pas taxée de complice ou qualifiée de partiale. Comment pourrait-on expliquer que les "seigneurs de guerre du Kivu" bénéficient d'une certaine protection de la communauté internationale, même dans les territoires voisins, pendant que ceux de l'Ituri sont maintenant interpellés ? Ce traitement de faveur interpelle em ce moment précis où le peuple congolais se prépare à aller aux urnes." Disponível em: www.digitalcongo.net. Acessado em: 19/3/2003.

4.8.7 Aspectos jurídicos das resoluções

A complexidade dos conflitos dos Grandes Lagos, de modo geral, e os da RDC, em particular, revela um jogo de competências dentro do direito internacional.

Em primeiro lugar, urge destacar a repartição de competências entre a ONU e a UA para a busca de soluções pacíficas para os conflitos. Em seguida, depara-se com a competência paralela dos órgãos da ONU, notadamente do CS, no que diz respeito aos Capítulos VI e VII em caso de ameaça à paz e segurança internacionais.

Nota-se uma ambigüidade quanto ao fato da expressão "utilizar todos os meios necessários" subtender o uso de força armada. Pode-se entendê-la por "todos os meios de que dispõe". Será que no caso dos conflitos envolvendo facções armadas, autoras de várias atrocidades na RDC, deve-se levar em conta o princípio da proporcionalidade quanto ao uso da força.

Com a autorização de "usar todos os meios necessários", refere-se ao uso da força armada em situações de conflitos. Não se trata mais de legítima defesa, mas de uma ação dura em relação às atrocidades cometidas pelos diferentes grupos armados. Com embasamento no Capítulo VII da Carta, cabe à MONUC tomar iniciativas para coibir a violência sob todas as suas formas e convencer os grupos armados a participarem do processo de DDRR e colaborar para a construção da paz.

Revela-se, ainda, a interdependência entre a exploração dos recursos naturais e outras riquezas da RDC e o comércio de armas na RDC, acarretando uma condenação firme do CS. Dentro do contexto econômico dos conflitos, ressalta-se o apoio do CS, quanto ao projeto da criação de uma Comissão da Bacia do Rio Congo composta pelas partes congolesas, pelos organismos das Nações Unidas e por alguns países vizinhos, sob a direção da MONUC.[150]

---

150 A preservação da Bacia do Rio Congo é fundamental, uma vez que o Congo é o segundo maior rio após o Amazonas e que, hoje em dia, fala-se muito em preservação do patrimônio da humanidade, conforme dito no ECO 92, no Rio de Janeiro (Brasil). O II Encontro do Alto nível da Parceria para as florestas da Bacia do Congo foi realizado em 4 e 5 de fevereiro de 2005 em Brazaville, capital da República do Congo, examinando-se um plano de convergência.

Faz-se necessário trazer à baila a questão das violações dos direitos humanos e do direito internacional humanitário em tempo de guerra ou de conflitos armados, como tem ocorrido no leste da RDC. Em certos casos, o CS mostrou-se inerte e impotente para coibir os massacres e civis, alguns cometidos nas zonas já controladas pela MONUC. A reação, curiosamente, veio quando nove "capacetes azuis" foram mortos por uma facção rebelde. Indaga-se, todavia, pela pronta reação da MONUC: é para obrigação relativa a missão da manutenção da paz, com base no Capítulo VII da ONU, ou por dever de vingar-se de colegas, num claro sinal de represálias?

Sem sombra de dúvida, o incidente corroborou para uma revisão do mandato da MONUC na RDC e acelerou o processo de desarmamento das milícias no leste do país, e, também a execução do programa de encaminhamento para o país de origem dos Interahamwes e ex-FAR até 30 de setembro de 2005.

4.8.8 Busca de uma solução regional: conferência sobre a paz

A instauração de uma paz duradoura será possível, segundo o CS, se todos os países da região chegarem a definir entre eles as regras que convêm aplicar para promover a segurança e o desenvolvimento. Preconiza-se uma solução regional com base no art. 52, § 3º do Capítulo VIII da Carta da ONU, segundo o qual

> o Conselho de Segurança estimulará o desenvolvimento da solução pacífica de controvérsias locais mediante os referidos acordos ou entidades regionais, por iniciativa dos Estados interessados ou a instância do próprio Conselho de Segurança.

No art. 53, menciona-se a ação coercitiva pelo CS, utilizando-se de "tais acordos e entidades regionais para uma ação coercitiva sob a sua própria autoridade". Desse modo, "nenhuma ação coercitiva será, no entanto, levada a efeito, de conformidade com acordos ou entidades regionais sem autorização do Conselho de Segurança (...)".

Para isso, reafirma o CS, há necessidade de organizar uma conferência internacional sobre a paz, a segurança, a democracia e o desenvolvimento na região dos Grandes Lagos[151], com a participação de todos os governos da região e de todas as partes envolvidas, sob os auspícios da ONU e OUA. Preocupado com a insegurança e violência, o CS propôs a criação de uma unidade da polícia civil e de uma seção civil/militar integrada para coordenar as operações de DDRRR e o fortalecimento da presença da MONUC, dotando-a de capacidades de apoio logístico, tendo em vista um terceiro deslocamento das forças da mesma. Tal presença se faz necessária para proteger e garantir o trabalho dos conselheiros em matéria de proteção dos direitos humanos e sobre a situação das crianças-combatentes arroladas pelas partes em conflito. Do ponto de vista da informação, o CS julga importante a ampliação das estações de rádio das Nações Unidas, para melhor difundir o processo de paz e o papel da MONUC junto à população local e às partes.

Considerando o conflito no âmbito regional, percebe-se que existe relação entre o processo de paz no Burundi e o outro desenvolvido na RDC. Conseqüentemente, os dois países são obrigados a melhorar suas relações e fazer avançar os dois processos de paz, contribuindo, dessa maneira, para estabilidade regional. Na mesma linha, a RDC preconiza um diálogo direto entre RDC e Ruanda para criar um clima de confiança e instalar um mecanismo em conjunto de coordenação e proceder a trocas de informações relativas ao processo de DDRRR.

---

[151] A Primeira Conferência Internacional pela Paz, Segurança, Democracia e Desenvolvimento ocorreu em Dar-es-Salaam (Tanzânia), de 19 a 20 de novembro de 2004. Os 11 chefes de Estado comprometeram-se em acabar com os diferentes conflitos na região dos Grandes Lagos e fazer desta uma região aberta a outras regiões do continente "baseando a cooperação (entre elas) sobre as áreas prioritárias que são: a paz, a segurança, a boa governança e democracia, o desenvolvimento econômico, bem como as questões de ordem humanitária e social." Disponível em: www.africatime.com. Acessado em: 1/11/1999.

Constata-se, nessa resolução, o reconhecimento implícito da Ruanda pelo CS como país que sustenta e alimenta a rebelião do RCD. Seu reconhecimento explícito implicaria na condenação da mesma por ter violado os objetivos e princípios da Carta da ONU com a invasão e ocupação do Congo por suas tropas e a exploração ilegal dos recursos naturais e outras riquezas por seus agentes em território congolês.

Nesse caso, caberia à ONU aplicar o Capítulo VII da Carta, invocando o uso da força para fazer respeitar o cessar-fogo e, como ocorreu no Oriente Médio com a invasão do Kuwait pelas tropas do Saddam Hussein, obrigar Paul Kagame a desocupar o território congolês, em flagrante violação dos princípios da inviolabilidade de território e da soberania, princípios estes defendidos pela Carta da ONU e a da já extinta OUA e da atual UA.

Além de convidar as partes a prestar uma atenção especial a todos os aspectos no que diz respeito à igualdade entre sexos, conforme a Resolução n. 1.325/2000, o CS encorajou o governo da RDC e, respectivamente, os de Uganda e Ruanda a tomarem medidas no intuito de normalizar suas relações e a cooperarem para garantir a segurança mútua das respectivas fronteiras, como previsto nos acordos de Pretória e de Luanda, encorajando, igualmente, os governos da RDC e de Burundi a agir da mesma maneira. Reafirmando, de um lado, a necessidade da organização de uma conferência internacional sobre a paz, a segurança, a democracia e o desenvolvimento na região com a participação de todos os governos da região e partes envolvidas sob os auspícios da ONU e União Africana, do outro, condenou vigorosamente a perseguição de que são vítimas os jornalistas da rádio Okapi.[152]

As negociações iniciadas em Sun City, na África do Sul, culminaram na assinatura do Acordo Global e Inclusivo (AGI) entre todas as partes protagonistas do Diálogo Intercongolês (DIC), com

---

152 Trata-se da Rádio das Nações Unidas na RDC inaugurada em 25 de fevereiro de 2002, no mesmo dia em que iniciaram-se os trabalhos das negociações intercongolesas. "Okapi" é um animal cuja espécie é encontrada apenas na República Democrática do Congo e distingue-se pelo seu temperamento pacífico.

aceitação de uma gestão consensual de transição política capaz de levar o país à organização de eleições democráticas, transparentes e livres num prazo de dois anos; a cessação das hostilidades e a elaboração de um projeto de Constituição, a criação de um exército para garantir a segurança das instituições e de todos os animadores na capital, Kinshasa. Foi nessas circunstâncias que a MONUC inaugurou, em 26 de dezembro de 2002, em Lubero, o centro de acolhida aos combatentes candidatos ao programa de DDRR.

No § 24, o CS pede aos Estados vizinhos da RDC – particularmente à Ruanda e à Uganda devido à influência destes sobre os movimentos e grupos armados atuando em território da RDC – para exercê-la positivamente para que os territórios em conflito consigam resolver suas controvérsias por meios pacíficos e participem do processo de reconciliação nacional.

Devido às reiteradas violações dos direitos humanos e do direito internacional humanitário, bem como as violações do cessar-fogo e os ataques às pessoas das forças das Nações Unidas, o CS, em conformidade com o Capítulo VII da Carta, autorizou a MONUC, no § 26, a utilizar todos os meios necessários[153] para cumprir seu mandato no distrito de Ituri e, quando o puder, dentro dos limites de suas capacidades, no norte e sul de Kivu, condenando a exploração ilegal dos recursos naturais e outras fontes de riquezas da RCD, expressando, para tanto, a sua intenção de examinar os meios a serem usados para pôr fim à citada exploração.

Percebe-se uma mudança efetiva no posicionamento do CS tendo em vista as reiteradas violações dos direitos humanos e a

---

153 Percebe-se a dificuldade enfrentada pela MONUC para cumprir a missão de manutenção da paz no leste da RDC devido aos ataques de milícias. Constata-se também que a MONUC não dispõe de recursos e efetivos suficientes para proteger os civis e pacificar a região, palco de massacres e violações de direitos humanos. Para conter as facções rivais, o CS permite, nessa resolução, que as forças da MONUC assumam postura enérgica dentro dos limites de suas capacidades, isto é, utilizando-se de armas suscetíveis de dissuadir as milícias, respeitando-se, desse modo, o princípio de proporcionalidade quanto ao uso de força, conforme o Capítulo VII da Carta das Nações Unidas. Trata-se de uma nova postura nas operações de manutenção da paz na RDC após uma série de massacres e ataques contra os civis.

banalização da violência pelas facções rebeldes que desencadearam, também, uma série de ataques contra as populações civis e membros das organizações humanitárias, sobretudo, nas regiões anteriormente citadas.

Quanto à Resolução n. 1.552, de 27 de julho de 2004, o CS, constatando o comércio ilícito de armas em território congolês e com destino a RDC, em total violação do embargo sobre as armas imposto pela Resolução n. 1.493, de 28 de julho de 2003, decide, à luz dos fatos que demonstram a não-conformidade das partes às exigências dos arts. 15, 18 e 19 da Resolução, reconduzir, até 31 de julho de 2005, os dispositivos dos arts. 20 a 25 da Resolução n. 1.493 e o conjunto dos dispositivos da Resolução n. 1.533. Tais medidas tornaram-se necessárias uma vez que o conflito continua no leste da RDC e os recursos naturais são explorados ilicitamente, bem como a proliferação de armas na região.[154]

No tocante à Resolução n. 1.592, de 30 de março de 2005, em que ficou determinada a prorrogação do mandato da MONUC até 1 de outubro de 2005, tendo em vista as eleições na RDC, o CS se diz preocupado com as graves violações dos direitos humanos e do direito internacional e pede ao governo de unidade nacional e de transição o julgamento imediato dos responsáveis. Considera, obviamente, que a presença dos elementos das ex-Forças Armadas Ruandesas (FAR) e interahamwes continuam sendo uma ameaça para as populações civis locais e um obstáculo nas relações de boa vizinhança entre a RDC e Ruanda.

Além de saudar o apoio da UA em favor da paz, o CS pede que a mesma defina o papel que pretende assumir na região, trabalhando em estreita colaboração com a MONUC.[155]

---

154 Em seu último relatório, a organização não-governamental Human Rights World (HRW) acusa Ruanda de fornecer armas aos grupos rebeldes, autores de massacres no leste da RDC.

155 A Unidade Africana anunciou o envio de soldados para desarmar os rebeldes hútus ruandeses que têm atormentado as populações civis, praticando uma série de massacres e violações de direitos humanos mediante abusos sexuais e seqüestros de crianças e adolescentes.

Em decorrência das eleições previstas no mês de junho de 2005,[156] o CS pediu às partes congolesas para levar em consideração a escolha dos candidatos aos cargos-chaves dentro do governo da unidade nacional e de transição, bem como nas Forças Armadas e Polícia Nacional relativa às ações dos mesmos no passado no que concerne ao respeito ao direito internacional humanitário e aos direitos humanos.

A mensagem é clara. Nesse caso, as pessoas que participaram ou cometeram atrocidades não podem pleitear cargos no governo da RDC. Pelo contrário, devem ser julgadas pelos crimes praticados em desrespeito aos direitos humanitários e ao direito internacional. Trata-se da responsabilidade individual ou coletiva dos criminosos em relação às violações dos direitos humanos. A maior preocupação do CS refere-se à amplitude das violências de caráter sexual, ou seja, os abusos sexuais contra mulheres, crianças e adolescentes.

Impõem-se obrigações sobre os indivíduos quanto à aplicabilidade do Direito Penal Internacional, considerando os crimes de guerra cometidos pelos países agressores e milícias interpostas durante a ocupação do território congolês, sobretudo, no leste do país. Não há como deixar de responsabilizar os culpados, em conformidade com o Estatuto de Roma, mesmo se tivessem obedecido a ordens superiores.

Assinala, ainda, a questão fundamental da integração das Forças Armadas e da Polícia Nacional, requerendo, para tanto, um soldo e um apoio logístico apropriados, seguido da implementação do Programa Nacional de Desarmamento, Desmobilização e Reinserção dos combatentes congoleses.

Na Resolução n. 1.616/2005, referindo-se às anteriores, o CS decide, à luz do fato de que as partes não cumpriram suas obrigações, reconduzir, até 31 de julho de 2006, as disposições dos arts.

---

156 A data das eleições foi postergada para 2006 por questões de logística e infraestrutura adequadas.

20 a 22 da Resolução n. 1.493,[157] emendados e ampliados pelo art. 1º da Resolução n. 1.596, e reafirmar os arts. 2º, 6º, 10 e 13 a 16 da Resolução n. 1.596.

O CS pediu ao Secretário-geral para restabelecer o grupo de especialistas no prazo de 30 dias subseqüentes à adoção da presente resolução, prorrogando seu mandato até 31 de janeiro de 2006.

Quanto à Resolução n. 1.621/2005, adotada em 6 de setembro de 2005, o CS, agindo em virtude do Capítulo VII da Carta das Nações Unidas, aprovou as recomendações e o conceito de operações contidos nos parágrafos 50 e 57 do relatório especial do Secretário-geral e autorizou, conseqüentemente, o aumento do efetivo da MONUC em 841 pessoas, compreendendo até cinco unidades de polícia constituídas por 125 homens cada uma e os funcionários da polícia adicionais. Autorizou, também, a MONUC, conforme seu mandato, como definido nos arts. 5º (f) e 7º (c) da Resolução n. 1.565 e agindo em estreita coordenação com o Programa das Nações Unidas pelo Desenvolvimento, a fornecer um apoio suplementar à Comissão Eleitoral Independente (CEI) no transporte de material eleitoral.

---

157 Os parágrafos 20 a 22 da Resolução n. 1.493 referem-se à proibição de armas e de todo o material conexo, bem como o fornecimento de qualquer assistência, de conselho ou de formação relativa às atividades militares, a todos os grupos armados e milícias estrangeiras e congolesas atuando em território do Norte e Sul-Kivu e de Ituri, e aos grupos que não fazem parte do Acordo Global e Inclusivo, na República Democrática do Congo. Tais medidas não se aplicam aos fornecimentos destinados à MONUC, à força multinacional intermediária de urgência deslocada de Bunia e às forças integradas do Exército e da Polícia Nacional congolesas, bem como aos fornecimentos de material militar não-letal destinado exclusivamente ao uso humanitário ou de proteção, e à assistência técnica e às formações conexas, com prévia notificação do Secretário-geral pelo intermédio do seu representante especial. O CS promete reexaminar a situação na RDC num prazo de 12 meses, sobretudo, no leste do país, tendo em vista a possibilidade de renovar as medidas estipuladas no § 20 caso não houvesse progresso no tocante a apoio dado aos grupos armados, ao cessar-fogo efetivo e os progressos no programa DDRR dos grupos armados estrangeiros e congoleses.

CAPÍTULO 5

Análise seletiva e interpretativa das resoluções

5.1 MANDATO DA MONUC E ACORDO DE LUSAKA

Em todas as resoluções, o Conselho de Segurança tem reafirmado suas convicções quanto ao respeito à soberania, à integridade territorial e à independência política da RDC, bem como de todos Estados da região e seu apoio ao processo do Acordo Global e Inclusivo (AGI) sobre a transição na RDC, assinado em Pretória, na África do Sul, em 17 de dezembro de 2002.

O essencial do mandato da MONUC está claramente definido na Resolução n. 1.493, de 28 de julho de 2003, em que o CS das Nações Unidas, agindo em virtude do Capítulo VII de sua Carta, autoriza o aumento do efetivo militar da MONUC em até 10.800 pessoas. Inicia-se, desse modo, uma mudança na missão da manutenção da paz nas zonas de deslocamento de suas unidades armadas, autorizando-a a tomar medidas necessárias a fim de assegurar a proteção das pessoas, dos dispositivos, das instalações e dos materiais das forças de paz.

No ato de sua criação, em 24 de fevereiro de 2000, por meio da Resolução n. 1.291, o CS confia à MONUC a missão de vigiar a aplicação do Acordo de cessar-fogo e investigar as violações do mesmo, elaborando, em 45 dias, um plano de ação pela aplicação do acordo por todas as partes com os seguintes objetivos: coleta e verificação da informação militar concernentes às forças das partes, manutenção do fim das hostilidades e desobrigação e recolocação das forças das partes beligerantes, desarmamento, desmobilização, reinstalação e reintegração de todos os grupos armados.[158]

Remetendo-se à gênese dos conflitos latentes na região dos Grandes Lagos, percebe-se que a guerra na RDC tornou-se possível em razão da cumplicidade de alguns países ocidentais sobre os erros de Mobutu ao longo do seu reinado de 32 anos. Ao mesmo tempo, querendo se redimir do genocídio de Ruanda, o CS deixou os presidentes tútsis de Ruanda, Uganda e Burundi fomentarem rebeliões para derrubar Mobutu, sem preocupação nenhuma com as conseqüências gravíssimas sobre as populações civis. A conquista de Ruanda, dando-se o direito de perseguir os responsáveis pelo genocídio em território congolês, deu a entender que inexiste Estado do direito no Congo, que a sua soberania era discutível. Isso caracteriza uma gravíssima violação dos princípios de intangibilidade territorial, de soberania e de independência política, reconhecidas pelos tratados ou convenções internacionais.

Ora, com a invasão do Kuwait pelo Iraque, o CS, após reiteradas advertências e condenações, resolveu autorizar o uso da força por parte de coalizões, mediante as Resoluções n. 665 e n. 678. Indaga-se o porquê das decisões tímidas quanto à situação na RDC em face da invasão de países vizinhos e dos massacres de milhões de pessoas. Viu-se, de fato, com uma retórica burocrática, tão pouco diplomática, o CS condenar timidamente os invasores cujos exércitos enfrentaram-se por duas vezes em território congolês, ocasionando a morte de centenas de civis e o êxodo de milhares de refugiados.

---

158 Sobre a Resolução n. 1.291, acesse www.monuc.org/Mandante Fr.aspx.

É criticável a permissividade do CS no que diz respeito ao direito de perseguir os autores de genocídio e invadir um país soberano a que se outorgaram os presidentes de Ruanda, Uganda e Burundi, em detrimento dos princípios da Carta da ONU e do direito internacional. Cabe à ONU desarmar os rebeldes ou grupos armados que representam ameaça à paz e à segurança internacionais, em cumprimento das normas internacionais.

O direito de legítima defesa alegado por esses países não condiz com a situação fática, uma vez que, durante cinco anos de presença militar em território congolês, os grupos denominados forças negativas[159] nunca foram desarticulados nem incomodados. Resta questionar as agendas ocultas dos mesmos, no que diz respeito à soberania da RDC sobre seus recursos naturais.

Vale, ainda, indagar sobre os objetivos velados dos conflitos dos Grandes Lagos, fomentados, criados e gerenciados pelos países em tela que, estrategicamente, por razões econômicas, apoderaram-se das riquezas da RDC com o patrocínio do ocidente, devedor de Ruanda por ter subestimado as informações sobre o planejamento e a prática do genocídio.[160]

Espera-se do CS uma condenação inequívoca da presença das tropas ruandesas e ugandesas no Congo para, depois, pleitear a aplicabilidade do uso da força conforme o Capítulo VII da Carta da ONU, evitando-se, dessa forma, dar pretexto aos países citados para fazer justiça com as próprias mãos, desrespeitando os arts. 33, 36 e 37 da Carta Magna da ONU e submetendo qualquer controvérsia não-solucionada à competência do CS.

Assim, conforme o art. 37, 2, da Carta,

> [...] o Conselho de Segurança, caso julgue que a continuação dessa controvérsia poderá realmente constituir uma ameaça à manutenção da paz e da segurança internacionais,

---

159 Trata-se dos interahamwes, dos ex-membros das Forças Armadas Ruandesas (FAR), os mai-mai não-integrados à Forças Armas da RDC (FARDC) e demais milícias que operam nas duas províncias do Kivu da RDC.

160 A ONU foi acusada de omissão quanto ao genocídio e a França de cúmplice por ter dado proteção aos autores dos massacres por meio da operação "Turquoise".

decidirá sobre a conveniência de agir de acordo com o art. 36 ou recomendar as condições que lhe parecerem apropriadas à sua solução.

Em princípio, qualquer ação que exigir o uso da força deve ter o amparo jurídico e político do CS, salvo o direito natural de legítima defesa, reconhecido no art. 51 da Carta, em caso de agressão. Esta pode ser de natureza individual ou coletiva. Requer-se, *ipso facto*, a autorização do CS após esgotar todos os meios pacíficos narrados no art. 33 da Carta da ONU.

O caso dos conflitos dos Grandes Lagos requer um minucioso estudo ante a sua complexidade tanto no âmbito regional quanto no internacional. Os países vizinhos da RDC sentiram-se ameaçados pela presença dos ex-FAR e interahamwes, hútus que participaram do genocídio, porém, não submeteram o caso ao CS, já que eles mesmos resolveram fomentar e armar milícias dentro da RDC para dividir o território e livrar-se da exploração dos recursos naturais do país.

Trata-se de uma inversão de valores, uma vez que os países que alegaram agressão e possíveis vítimas de agressão da parte de ex-FAR e interahamwes, protegidos pelo governo da RDC, tornaram-se agressores e responsáveis por crimes contra a humanidade e o direito internacional, na medida em que se separam das competências do CS em caso de ameaça ou de agressão. Tal atitude deliberada deve ser vista como "ruptura da paz" da parte de países-membros da ONU e reforça a idéia de que o CS deveria ter tomado, imediatamente, medidas apropriadas com base no Capítulo VII, condenando energicamente a agressão de um país-membro a partir da constatação prevista no art. 39 da Carta da ONU.

De fato, esses países evocaram para si competências mitigadas em perseguir os autores de genocídio em um país-membro da ONU para, finalmente, cometer os mesmos crimes alegados, rasgando, desse modo, a Carta da ONU, os princípios e as normas elementares que regem os Estados em suas relações internacionais alicerçados nos princípios de cooperação, igualdade jurídica e relações amistosas e harmoniosas.

Repara-se que, no Direito Internacional, em caso de situação de conflitos, pode-se recorrer às medidas coercitivas e não-coercitivas, dentro das normas contidas no Capítulo VII da Carta da ONU. Do ponto de vista operacional, as ações coercitivas podem ser usadas ou autorizadas em reação a um ato de agressão, como foi o caso da MONUC com a morte dos nove "capacetes azuis" paquistaneses. Não se trata de represálias, mas de legítima defesa em caso de agressão. As ações não-coercitivas referem-se às operações tradicionais da manutenção da paz exercidas pelos "capacetes azuis".

É preciso ressaltar que, do ponto de vista teórico e jurídico, as atividades da manutenção da paz têm por objetivo prevenir as hostilidades, contando com a moderação e o consentimento das partes envolvidas em controvérsias. As missões são confiadas às tropas levemente armadas, agindo em nome da ONU, como seu órgão subsidiário, nos moldes dos arts. 22 e 29 da Carta da entidade, com a seguinte redação:

> Art. 22. A Assembléia-geral poderá estabelecer os órgãos subsidiários que julgar necessários ao desempenho de suas funções.
>
> Art. 29. O Conselho de Segurança poderá estabelecer órgãos subsidiários que julgar necessários para o desempenho de suas funções.

Como praticado atualmente, a manutenção da paz comporta duas principais atividades. A saber: a) as missões de observadores, compostas por pessoal civil não-armado, cuja tarefa pode ser, por exemplo, assegurar a aplicação de um Acordo de cessar-fogo, como é caso dos países dos Grandes Lagos no que diz respeito ao Acordo de Lusaka, determinar uma linha de demarcação entre beligerantes, redigir relatórios sobre a retirada das tropas conforme o acordo de paz assinado pelas partes em conflitos; b) as atividades de forças de urgência, contendo contingentes militares das Nações Unidas, permitindo, por exemplo, a criação de uma zona de separação entre as partes beligerantes, a verificação do respeito a armistício e a supervisão da retirada das tropas.

À luz da internacionalização dos conflitos dos Grandes Lagos, dá-se a entender que as operações militares autorizadas pelas Nações Unidas na RDC são de maior relevância porque emanam do âmbito dos conflitos armados de ordem internacional.

No caso dos Grandes Lagos, especialmente com a invasão do território congolês pelas tropas de Ruanda e Uganda que se enfrentaram por duas vezes em Kisangani, na parte oriental da RDC, a ONU encontra-se nas encruzilhadas dos caminhos de busca de soluções pacíficas dos conflitos, dividida entre o uso da força no tocante à invasão do território de um país-membro por outros países, também membros, e a prevalência da força do direito para solucionar as controvérsias por meio de diplomacia, negociações, mediação, reconciliação, arbitragem ou, ainda, aplicar sanções contra os agressores, citando-os nominalmente para não ser tratado como cúmplice ante as violações dos direitos humanos e direitos humanitários.

Assim, torna-se imperioso substituir a força do direito pelo direito da força para pôr fim às atrocidades perpetuadas pelas tropas invasoras contra as populações civis. É um anacronismo para o CS esconder-se atrás de princípios que alguns países não respeitam, deixando, durante anos de conflitos, populações inteiras à mercê de tropas indisciplinadas.

5.2 REAÇÕES DO CS: O RESGATE DA AUTORIDADE

Vive-se em um momento de espanto quanto à demora do CS em identificar e nomear, sem equívoco, os autores de crimes de guerra[161]

---

161 "Um crime de guerra é uma violação das leis e costumes da guerra. Os crimes de guerra são definidos por acordos internacionais, incluindo as Convenções de Genebra e, de maneira particular, o Estatuto de Roma (no art. 8), gerindo as competências da Corte Penal Internacional (CPI). De uma maneira geral, um ato é definido como um crime de guerra a partir do momento em que uma das partes em conflito ataca voluntariamente objetivos (tanto humanos quanto materiais) não-militares. Um objetivo não-militar compreende civis, prisioneiros de guerra e feridos. O não-respeito dos tratados internacionais, como as Convenções de Genebra, é igualmente considerado como crime de guerra." Disponível em: www.pt.wikipedia.org/wiki/crime_de_guerra. Acessado em: 1/12/2005.

e crimes contra a humanidade,[162] conforme mencionados no Estatuto de Roma. Deve-se evitar o linguajar político de desclassificar os crimes graves, oriundos de violações graves de direitos humanos em atos ilícitos, e evitar falar em graves violações de direitos humanos em vez de genocídio quando milhares de pessoas são massacradas. Menosprezam-se vidas humanas em detrimento de decisões políticas movidas por interesses ocultos e maquiavélicos.

Tem-se considerado a mesma lentidão do CS que, ao condenar, em 13 de julho de 1998, os massacres, outras atrocidades e violações do direito internacional humanitário, bem como os crimes contra a humanidade, recomenda aos governos congolês e ruandês abrir inquérito e julgar os culpados, resguardando-se a liberdade de ação e o direito de adotar "medidas adicionais" necessárias para isso.

Implicitamente, o CS deixou aberta a possibilidade de julgar os autores perante uma Corte Internacional, como recomendado no relatório dos investigadores daquele ano.

A postura do CS em face do relatório com provas cabais de massacres que, segundo os investigadores, chegaram a constituir atos de genocídio, não condiz com a sua missão em caso de guerra e de violações de direitos humanos e do direito internacional humanitário. Simplesmente, o CS esquiva-se de suas responsabilidades, transferindo-as às autoridades dos países identificados e declarados culpados para julgar os criminosos.

É óbvio que a Corte Penal Internacional não foi criada para julgar todas as questões relativas à guerra ou à agressão. Cabe, também, a cada Estado, em nome da universalidade de jurisdição, organizar-se para julgar qualquer pessoa que cometeu crime em outro país. Nesse caso, é normal que ocorra, em nível global, uma mobilização para prender os criminosos onde eles estiverem, caçá-los em qualquer lugar em que se esconderem.

---

162 Crime contra a humanidade é um termo de direito internacional que descreve atos de perseguição, agressão ou assassinato contra um grupo de indivíduos, ou expurgos, assim como o genocídio, passíveis de julgamento por tribunais internacionais por caracterizarem a maior ofensa possível. Disponível em: www.pt.wikipedia.org/wiki/Crime_contra_a_humanidade. Acessado em: 1/12/2005.

No caso de agressão de um Estado por outro, como declarada a agressão de Ruanda contra a RDC, deve-se procurar os indivíduos que a organizaram, responsabilizando-os como autores. A Carta da ONU, em seu art. 39, estabelece que a decisão do ato de agressão é da competência do CS, o que implica a definição das atrocidades cometidas no ato de agressão. Cabe-lhe pronunciar e apontar soluções.

Lamentavelmente, as decisões do CS são tão políticas que não refletem a realidade factual e favorecem, de certo modo, uma cultura de impunidade incentivada pelo oportunismo político de certos atores internacionais. Julga-se tímida a reação do CS no tocante às atrocidades na RDC, deixando clara a existência de um jogo de interesses em detrimento de uma ação penal exemplar. De acordo com o Preâmbulo da Carta da ONU, há o objetivo de "preservar as gerações vindouras do flagelo da guerra que, por duas vezes, no espaço da nossa vida, trouxe sofrimentos indizíveis à humanidade (...)".[163]

Os conflitos dos Grandes Lagos têm revelado uma retomada de mecanismos de opressão e de dominação criados pelos colonizadores e pelos presidentes tútsis da região para assentar a hegemonia tútsi no leste da RDC, visando à criação de uma *tutsiland*, e, ao mesmo tempo, aproveitando-se da comoção da comunidade internacional ante o genocídio, resolvem negar a soberania da RDC e a sua independência, chegando a colocar em xeque a divisão das fronteiras desde o tempo colonial.

5.3 EVOLUÇÃO OU INVOLUÇÃO DA MONUC E DA MISSÃO NA REGIÃO DOS GRANDES LAGOS

5.3.1 Aplicabilidade do Capítulo VII da Carta da ONU

A análise do conflito dos Grandes Lagos, especialmente a guerra na RDC, revela a evolução gradativa da intervenção da comunidade internacional, por intermédio da ONU, com o envio de

---

163 Preâmbulo da Carta das Nações Unidas, 1945.

uma força internacional no leste do país. No primeiro momento, pode-se falar em fase de indiferença com o início da guerra no leste e as conquistas de Kabila apoiado pelos vizinhos Ruanda, Uganda e Burundi. A comunidade internacional aguardou a queda de Mobutu sem maior envolvimento para conter os massacres de milhares de pessoas.

Minimizou-se a invasão de um país-membro da ONU por outros, mesmo que fosse por grupos de rebeldes. No âmbito internacional, foi difundida a idéia de que tratava-se de uma rebelião interna, reclamando o fim da ditadura de Mobutu e a criação de um Estado democrático e de direito. A segunda rebelião teve por pretexto a reivindicação da nacionalidade pelos grupos de Banyamulenge, congoleses de origem ruandesa.

Nesses dois casos, houve violação dos tratados internacionais e convenções que regem as relações entre Estados no mundo contemporâneo. Cabe aos Estados cumprir os princípios de não-agressão e de não-intervenção nos assuntos internos de outros Estados.

É sabido o predomínio do princípio *pacta sunt servanda* quando se trata da respeitabilidade e do cumprimento dos tratados. São obrigatórios e vinculam seus signatários aos compromissos assumidos livre e voluntariamente.

Para isso, o art. 26 da Convenção de Viena explica em que modalidade o Estado expressa seu consentimento quanto à obrigatoriedade dos tratados em relação ao princípio de boa fé. Isso quer dizer que, no momento em que um país aceita o tratado, fica ligado, voluntariamente, ao mesmo. Deve saber, porém que a sua vontade, automaticamente, encontra-se limitada pelas normas oriundas de técnicas convencionais.

Torna-se imperativo o respeito dos tratados, inclusive da Carta da ONU, porque o *ius cogens* é de alçada de direito internacional e incide sobre a responsabilidade interna do Estado, razão pela qual aplica-se aos direitos fundamentais da pessoa humana e ao direito humanitário.

Na segunda fase da guerra, já com o envolvimento de oito países, procura-se privilegiar o diálogo, as negociações e a mediação conforme o Capítulo VI da Carta da ONU. É nesse contexto que se iniciou *un ballet diplomatique* para levar os beligerantes a um cessar-fogo e abrir as negociações que levariam à assinatura de vários acordos de paz, entre os quais estão os de Sun City, Harare, Kampala e Luanda e Lusaka.

Após o primeiro conflito, em 1999, e a assinatura do Acordo de Lusaka, promoveu-se a terceira fase com o envio de observadores militares da ONU, tendo por missão a supervisão do cessar-fogo durante as negociações das partes sobre a partilha do poder. Denuncia-se também, nessa fase, a exploração sistemática dos recursos naturais da RDC pelas partes envolvidas nos conflitos e os massacres em território congolês.

A assinatura do Acordo Global e Inclusivo (AGI), em 17 de dezembro de 2002, inaugura uma nova fase no conflito na RDC e na região, dando mais esperança à comunidade internacional para acreditar no fim das hostilidades. Tal acordo teve por conseqüência imediata a formação de um governo de unidade nacional e de transição, congregando todas as partes em conflito. Apesar da pressão da comunidade internacional, a transição vive momentos de turbulências políticas e de rivalidades entre os povos do leste, instigados pelos Estados vizinhos que visam a manter o *status quo* para explorar as riquezas da RDC.

5.3.2   Evolução positiva dos conflitos

A análise interpretativa das resoluções demonstra que, apesar das ações tímidas no início das hostilidades da parte do CS, houve evolução da missão da MONUC ao longo dos conflitos e o engajamento tanto do CS quanto da comunidade internacional, cautelosa no início, tornou-se evidente e determinante na consecução de resultados bastante positivos e esperançosos para os povos das regiões mais atingidas pelos conflitos.

Essa evolução positiva da situação não impede de lembrar que as decisões políticas e burocráticas do CS têm perpetuado a impunidade dos beligerantes e contribuído para o aumento da violência e das reiteradas violações de direitos humanos e do direito internacional humanitário contra as populações civis. Inserem-se, nesse contexto, as declarações do CS na Resolução n. 1.592, de 30 de março de 2005, quando

> declarando-se de novo gravemente preocupado pelas hostilidades que os grupos armados e milícias continuam mantendo no leste da República Democrática do Congo, em particular nas províncias do Norte e do Sul-Kivu e no distrito de Ituri, e pelas graves violações dos direitos do homem e do direito humanitário as acompanham, pedindo ao governo de unidade nacional e de transição para levar os responsáveis perante a justiça imediatamente, e considerando que a manutenção da presença dos elementos das ex-forças armadas ruandesas e interahamwés permanece uma ameaça para as populações civis locais e um obstáculo nas relações de boa vizinhança entre a República Democrática do Congo e de Ruanda. (...)[164] (Resolução n. 1.592/2005, tradução nossa)

Amparado pela aplicação do Capítulo VII das N.U., o CS

> insiste sobre o fato que a MONUC está autorizada a usar todos os meios necessários, no limite de suas capacidades e nas zonas de deslocamento de suas unidades, para dissuadir toda tentativa de recorrer à força que ameaçaria o processo político, da parte de todo o grupo armado, estrangeiro ou congolês notadamente os ex-FAR e interahamwes e, para assegurar a proteção dos civis sob ameaça iminente de violências

---

164 "Se déclarant à nouveau gravement preocupé par les hostilités que les groupes armés et milices continuent d'entretenir dans l'Est de la République démocratique du Congo, en particulier dans les provinces du Nord et du Sud Kivu et dans le district d'Ituri, et par les graves violations des droits de l'homme et du droit humanitaire qui les accompagnent, demandant au Gouvernement d'unité nationale et de transition d'en traduire les responsables en justice sans délai, et considérant que le maintien de la présence d'éléments des ex-Forces Armées rwandaises et Interahamwés demeure une menace sur les populations civiles locales et un obstacle à des relations de bon voisinage entre la Republique démocratique du Congo et le Rwanda."

físicas, encoraja a MONUC, nesse caso, a continuar fazendo plenamente uso do mandato que lhe foi confiado pela Resolução n. 1.565 no leste da República Democrática do Congo, e sublinha que a MONUC pode, conforme seu mandato, usar as táticas de cerca e perseguição para prevenir ataques contra os civis e perturbar as capacidades militares dos grupos armados ilegais que continuem a fazer uso da violência naquelas regiões. [165] (Resolução n. 1.592/2005, tradução nossa)

As constatações em apreço revestem-se de ações concretas quanto à evolução da situação nas regiões de conflitos como Ituri e os dois Kivu. Têm acontecido entrosamento e manobras militares em conjunto entre as FARDC e as tropas da MONUC para combater as forças negativas. Os resultados oriundos da execução do programa DDRR e do desarmamento voluntário de algumas milícias em vista de sua integração às FARDC são relativamente satisfatórios.

Ademais, gradativamente, torna-se evidente a recuperação e a extensão da autoridade do Estado em todo território nacional da RDC, em particular no leste do país, território ocupado pelas forças negativas.

Desse modo, com base nos resultados já alcançados, pode-se afirmar, em nome da segurança nacional, que, internamente, há esforços para efetivar a integração das Forças Armadas e da Polícia Nacional da RDC, com a logística apropriada da MONUC, o que facilita a tarefa de executar o programa nacional de desarmamen-

---

165 "Insiste sur le fait que la MONUC est autorisée à utiliser tous les moyens nécessaires, dans la limite de ses capacités et dans les zones de déploiement de ses unités, pour dissuader toute tentative de recours à la force qui menacerait le processus politique, de la part de tout groupe armé, étranger ou congolais notamment les ex-FAR et Interahamwés, et pour assurer la protection des civils sous la menace imminente de violences physiques, encourage à cet égard la MONUC à continuer de faire pleinement usage du mandat que lui a confié la résolution 1565 dans l'Est de la République démocratique du Congo, et souligne que la MONUC peut, conformément à son mandat, utiliser des tactiques d'encerclement et de recherche pour prevenir des attaques contre les civils et perturber les capacites militaires des groupes armés illégaux qui continuent de faire usage de la violence das ces régions."

to, desmobilização e reinserção dos combatentes congoleses e, ao mesmo tempo, promover o desarmamento forçado dos combatentes estrangeiros.

Outro grande desafio da MONUC é supervisionar e garantir a organização de eleições transparentes, livres, críveis e democráticas, conforme o AGI, favorecendo, notadamente, a adoção mais rápida possível da Constituição e da Lei Eleitoral.

É lógico que, diante das atrocidades cometidas durante todo o tempo de conflitos, espera-se prender os autores de crimes de guerra e crimes contra a humanidade para que sejam julgados pelo Tribunal Penal Internacional e que os países beligerantes chamem atenção da Corte Internacional de Justiça para dirimir os conflitos e solucionar as controvérsias.

5.4 SITUAÇÃO DA RDC: AGRESSÃO OU LEGÍTIMA DEFESA?

Em virtude do Capítulo VII da Carta das Nações Unidas, o CS decidiu que a MONUC tomasse medidas necessárias nas zonas de deslocamento de seus batalhões de infantaria e, enquanto julgasse dentro dos limites de suas capacidades para proteger o pessoal, as instalações e o material da ONU, que os membros da Comissão Militar Mista que partilhassem os mesmos locais, assegurassem a liberdade de circulação do seu pessoal e protegessem os civis que se encontrassem sob ameaça iminente de violência física.[166]

Vale lembrar que, nessa fase, o CS não define em termos claros a agressão de que é vítima a RDC, colocando as tropas do governo no mesmo patamar dos grupos rebeldes apoiados por países vizinhos do leste. Mais tarde, ficou evidente a presença das tropas de Ruanda, Uganda e Burundi em território congolês, explorando as riquezas naturais sob pretexto de perseguir os ex-FAR e interahamwes. É questionável a atitude da ONU de não identificar os

---

166 Disponível em: www.monuc.org/Mandate Fr.aspx. Acessado em: 20/6/2004.

verdadeiros responsáveis pela guerra em território congolês, imputando-a aos grupos de banyamulenge, descontentes com a sua situação na RDC, principalmente no que diz respeito à questão da nacionalidade.

Já com a entrada das forças de AFDL, de Laurent-Désiré Kabila, apoiadas por tropas ruandesas e ugandesas, o CS mostrou-se ausente no momento em que tratava-se de uma violação clara do princípio de intangibilidade de fronteiras. O fato de as tropas estrangeiras atravessarem de ponta a ponta o território nacional de um outro país sem nenhuma condenação por parte do CS revela o lado cínico das decisões políticas que não levam em consideração o sofrimento de alguns povos.

Em sua Resolução n. 3.314, de 14 de dezembro de 1974, a Assembléia da ONU define a agressão, referindo-se ao uso da força enquanto força armada, qualificando-a como crime contra a paz. Conseqüentemente, declara que "o território de um Estado não deverá ser violado transformando-se em objeto, ainda que temporariamente, de ocupação militar ou de outras medidas de força tomadas por outro Estado".

No art. 1º, a Resolução define a agressão como "uso da força armada por um Estado contra a soberania, integridade territorial ou independência política de um outro Estado [...]" e, no art. 2º, ressalta que "o uso da força armada em primeiro lugar por um Estado em contravenção com a Carta deve constituir *prima facie* a evidência de um ato de agressão [...]".

Os atos descritos no art. 3º demonstram claramente a agressão de que a RDC é vítima, à luz do direito internacional, por ter sido o território invadido e atacado por tropas de países vizinhos por vários anos. Deve-se, nesse caso, submeter os crimes cometidos durante o período de ocupação à Jurisdição Internacional, ou seja, à competência da Corte, já que os crimes concernem a comunidade internacional como um todo.

É nesse contexto de agressão que deve-se analisar a intervenção solidária das tropas de Angola, Zimbábue e Namíbia ao lado das tropas do governo de Kinshasa, por tratar-se de caso de legítima defesa em decorrência da agressão externa. Cabia-lhe o direito de se defender nos casos de invasão de tropas estrangeiras, conforme o art. 51 da Carta, sendo que "nada na presente Carta prejudicará o direito inerente à legítima defesa individual ou coletiva no caso de ocorrer um ataque armado contra um membro das Nações Unidas, até que o Conselho de Segurança tenha tomado as medidas necessárias para a manutenção da paz e da segurança internacionais".

Vale registrar, ainda, que a intervenção dos outros países, ao lado das tropas da RDC, do lado governamental, justifica-se pelos acordos regionais dos países da África Austral (SADC) em situação de agressão de um país-membro.

Considera-se, nesse caso, a agressão armada como o envio, por parte de um Estado, de forma ostensiva ou não, de grupos ou bandos armados, irregulares ou mercenários, para praticar atos que envolvam as forças armadas, contra o território de um outro Estado e que esses atos sejam revestidos de tal gravidade que possam ser comparados aos seguintes: a) invasão ou ataque por meio de forças armadas de um Estado ao território de outro ou qualquer ocupação militar, que, ainda que temporária, resulte na invasão ou ataque ou ainda qualquer anexação, mediante o uso da força por parte de um Estado no território de outro; b) bombardeamento encetado pelas forças armadas ou o uso de qualquer arma de um Estado contra o território de outro; c) bloqueio dos portos ou costas de um Estado por forças armadas de outro; d) ataque por parte das forças armadas de um Estado contra forças aéreas, marítimas ou terrestres de outro; e) uso das forças armadas de um Estado em outro, que pressupõe um acordo, mas extrapola os termos mesmo com interferência no território desse Estado; f) ação de um Estado que, permitindo em seu território, colocado à disposição de um outro Estado, seja usado para perpetrar atos de agressão contra um terceiro território (Waisberg, 2004, p.40).

Ao longo do tempo, as afirmações dos países invasores perdem todo o fundamento jurídico de encontrar o embasamento na própria Carta da ONU.

5.5 O CS E OS PRINCÍPIOS DE RESPEITO À SOBERANIA, À INTEGRIDADE TERRITORIAL E À INDEPENDÊNCIA POLÍTICA

O CS reitera suas convicções em todas as resoluções nos princípios de respeito à soberania, à integridade territorial e à independência política da RDC e dos outros países da região dos Grandes Lagos. Tal atitude, desde o início dos conflitos, demonstra a ilicitude dos atos perpetrados em território congolês e sua não-aceitação pela comunidade internacional por desrespeito aos princípios do direito internacional referentes ao território de um Estado e da própria sobrevivência do Estado, em relação a seus direitos fundamentais ou essenciais dos quais decorrem os direitos à existência, à liberdade (independência ou soberania) e à igualdade.

O art. 2, § 7º, da Carta da ONU afirma que

> nenhum dispositivo da presente Carta autorizará as Nações Unidas a intervir em assuntos que dependam essencialmente da jurisdição interna de qualquer Estado ou obrigará os membros a submeterem tais assuntos a uma solução, nos termos da presente Carta; este princípio, porém, não prejudicará a aplicação das medidas coercitivas constantes do Capítulo VII.

Ora, no caso da RDC, não se trata de um assunto interno a ponto de coibir a intervenção das Nações Unidas nos conflitos de Grandes Lagos. Não se justificam as reivindicações para aquisição de nacionalidade congolesa pelos banyamulenge. Trata-se de uma agressão de um país soberano, independente politicamente, por tropas de países vizinhos diante da impotência das Nações Unidas. A não-aplicabilidade das medidas coercitivas constantes do Capítulo VII faz com que a ONU seja vista como conivente com a situação conflituosa na região de Grandes Lagos. Mesmo sabendo da presença das forças ruandesas e ugandesas em território congolês, a ONU manteve o silêncio por muito tempo, sem nomear os agressores da RCD. Nota-se que, no âmbito interno, a RDC organizou-se para conter as ameaças e agressões, recorrendo às tropas de países-membros da SADC.

Ao invadir a RDC, mesmo por milícias interpostas, Ruanda, Uganda e Burundi violaram o art. 2º, § 4º da Carta da ONU, segundo o qual "todos os membros deverão evitar em suas relações internacionais a ameaça ou o uso da força contra a integridade territorial ou a independência política de qualquer Estado, ou outra ação incompatível com os Propósitos das Nações Unidas."

No plano humanitário, tais intervenções dos países vizinhos têm acarretado uma espiral de violência caracterizada pelos massacres de civis e violações sistemáticas de direitos humanos. Em todas as resoluções, o CS da ONU declara-se preocupado com a hostilidade entre grupos armados oriundos de diferentes facções de milícias e com as graves violações de direitos humanos e do direito internacional humanitário, exigindo, para tanto, ao governo de transição e de união nacional, levar perante, de maneira imediata, a justiça os responsáveis.[167]

Ora, o uso do direito de legítima defesa justifica-se quando existe a violação de um dever ao qual corresponde um direito correlato. Caberia à Ruanda e à Uganda abster-se de atacar a RDC em suas relações internacionais, utilizando-se da força para desarmar os rebeldes acusados de genocídio. Qualquer ação militar exige o aval do CS da ONU a quem, segundo o art. 24 de sua Carta,

> a fim de assegurar pronta e eficaz ação por parte das Nações Unidas, seus membros conferem ao Conselho de Segurança a principal responsabilidade na manutenção da paz e da segurança internacionais, e concordam em que, no cumprimento dos deveres impostos por essa responsabilidade, o Conselho de Segurança aja em nome deles.

---

167 Pela primeira vez na RDC, no dia 7 de outubro de 2005, com o julgamento dos militares envolvidos em vários atos ilícitos, entre os quais o estupro de 119 mulheres, este foi reconhecido como crime contra a humanidade.

Percebe-se, nitidamente, que a intervenção militar dos países vizinhos em território congolês afronta os princípios de soberania e de independência política de qualquer país-membro da ONU. Uma vez agredido por outros países-membros da Organização, deve-se exigir a aplicabilidade das medidas coercitivas para preservar a paz e a segurança internacionais.

5.6 SEGUNDA FASE DO MANDATO DA MONUC E AS RESOLUÇÕES DO CS DE 2003 A 2005

Nota-se, nessa fase, uma verdadeira mudança de posicionamento do CS que, cansado das repetidas violações de direitos humanos e dos massacres de civis no leste, especialmente nas províncias Norte e Sul-Kivu, e na região de Ituri, resolve autorizar a MONUC a usar "todos os meios necessários" para preservar a paz e a segurança regionais e coibir as violações dos direitos humanos e do direito internacional humanitário.

A Resolução n. 1.493, de 28 de julho de 2003, traz em seu bojo uma nova abordagem dos conflitos pelo CS que, agindo em virtude do Capítulo VII da Carta das Nações Unidas, além de autorizar o aumento do efetivo militar da MONUC, autoriza-a, também, a usar todos os meios necessários no distrito de Ituri e, dentro dos limites de suas capacidades, no Norte e Sul-Kivu.

Sabe-se que, no ato de sua criação pelo CS, em sua Resolução n. 1.291, de 24 de fevereiro de 2000, cabia à MONUC a responsabilidade de assegurar a aplicação do Acordo de Lusaka, investigar as violações do cessar-fogo, elaborar um plano de ação para aplicar o referido Acordo por todas as partes beligerantes e colaborar com elas para obter a liberação dos prisioneiros de guerra e a devolução dos restos mortais em cooperação com os organismos internacionais de ajuda humanitária, além de supervisionar e controlar o deslocamento das forças armadas das partes.

Apesar de agir também em virtude do Capítulo VII da Carta da ONU, a MONUC tem poderes limitados no sentido de que suas intervenções militares se encontram restritas às zonas de deslocamento de seus batalhões de infantaria e, quando puder, dentro dos limites de suas capacidades, para proteger o pessoal, as instalações e material da ONU, assegurar a segurança e a livre circulação de seus membros e proteção dos civis que estariam sob ameaça iminente de violência física.

Observa-se que, na Resolução n. 1.291, o mandato da MONUC visava à aplicabilidade do Acordo de Lusaka e à segurança e proteção dos seus próprios membros. Foi na Resolução n. 1.445/2002 que o CS aprovou o novo conceito dado pelo Secretário-geral em seu relatório especial no tocante às operações da MONUC, autorizando sua expansão, tendo em vista o aumento do pessoal militar para 8.700.

Não é apenas o respeito do Acordo de Lusaka que interessa ao CS, mas também as questões ligadas aos direitos humanos e ao direito internacional humanitário, à exploração dos recursos naturais da RDC e uso de crianças e adolescentes como combatentes pelos diferentes grupos ou facções rebeldes e tropas governamentais.

Cresce, nessa segunda fase, o interesse pela proteção das populações civis e a necessidade de prender e julgar os responsáveis das violações de direitos humanos e instigadores de massacres em Ituri e províncias de Kivu. Procura-se unificar as milícias, convertendo-as em exército nacional, motivo pelo qual se inicia a formação da primeira brigada integrada e unificada em Kisangani sob os auspícios dos instrutores belgas com a ajuda da União Européia.

A Resolução n. 1.625/2005, adotada pelo CS reunido em nível de chefes e Estados e de governo, dispõe sobre medidas para reforçar a eficácia do papel do próprio CS no que diz respeito à prevenção dos conflitos, em particular, na África.

O CS se diz profundamente preocupado com o custo humano elevado e as perdas materiais significativas ocasionadas pelos conflitos armados e constata que a paz, a segurança e o desenvolvimento se reforçam, mútua e notadamente, por aquilo que é da prevenção dos conflitos armados.

Para isso, reafirma a importância de aderir aos princípios de abstenção nas relações internacionais, de recorrer à força ou à ameaça de recorrer à força de uma maneira incompatível com os objetivos e princípios da Carta das Nações Unidas e do regulamento pacífico das controvérsias ou desentendimentos internacionais.

Reafirma, ainda, a necessidade de adotar uma ampla estratégia para prevenir os conflitos, de tratar as causas profundas dos conflitos armados e das crises políticas e sociais de uma maneira global, favorecendo o desenvolvimento sustentável, a eliminação da pobreza, a reconciliação nacional, a boa governança, a democracia, a igualdade dos sexos, o estado de direito, o respeito e a proteção aos direitos humanos.

No caso da África, o CS declara-se ciente da necessidade de reforçar o importante papel das Nações Unidas na prevenção dos conflitos violentos, estabelecendo uma parceria eficaz com as organizações regionais, em particular com a União Africana e suas organizações sub-regionais, a fim de poder intervir desde o início dos conflitos ou desde que apareçam novas crises.

Lembrando o Ato Constitutivo da União Africana, o Protocolo relativo a estabelecimento do Conselho sobre a paz e a segurança da União Africana e o Pacto da Não-agressão e da Defesa Comum, que a União Africana, adotada pela União Africana em Abuja (Nigéria), em 31 de janeiro de 2005, como também a manifestação desta sobre as mudanças anticonstitucionais de governo, afirmadas na Declaração de Alger de 1999 e na Declaração de Lomé, o CS, reiterando sua determinação em reforçar a eficácia da ONU no que diz respeito à prevenção dos conflitos armados e ao controle das situações suscetíveis à degenerar em conflitos armados, adota uma série de medidas que se resumem em:

- avaliar regularmente a evolução da situação nas regiões em que existem riscos de conflito armado e encorajar o Secretário-geral a fornecer informações sobre a evolução, conforme o art. 99 da Carta da ONU;

- assegurar a continuidade das iniciativas de diplomacia preventiva tomadas pelo SG;
- apoiar as iniciativas de mediação em nível regional, em estreita consulta com as organizações regionais e sub-regionais visadas;
- reforçar as capacidades regionais e sub-regionais de alerta rápido e pôr em prática os mecanismos apropriados a fim de poder intervir prontamente e de maneira adequada, considerando os indicadores de alerta avançado;
- pedir, se necessário, informações e ajuda ao Conselho Econômico e Social, conforme o art. 65 da Carta;
- tomar as medidas desejadas para contribuir na luta contra o tráfico de armas sob todos os aspectos e o recurso aos mercenários;
- ajudar no fortalecimento das instituições estáveis próprias a promover a paz, a estabilidade e o desenvolvimento sustentável;
- ajudar os Estados africanos a dotar-se de instituições judiciárias nacionais independentes e confiáveis.[168]

Ainda no item 6º, o CS reafirma a sua determinação em tomar medidas contra a exploração ilegal e o tráfico de recursos naturais e de mercadorias de grande valor nos setores em que isso contribui para o desencadeamento, o aumento ou a continuidade dos conflitos.

Para tanto, o CS encoraja os Estados africanos a aderir ao pacto de não-agressão e à defesa comum da União Africana, adotada em Abuja (Nigéria), em 31 de janeiro de 2005, e a assinar, nesse caso, pactos sub-regionais relativos à paz, à segurança, à democracia, à boa governança e ao desenvolvimento. Convida, portanto, os organismos das Nações Unidas e a comunidade internacional a apoiarem a implementação dos pactos.

---

[168] Resolução n. 1625/2005, adotada pelo Conselho de Segurança, em 14 de setembro de 2005, n. 2º.

Por fim, o CS encoraja, ainda, os países africanos para continuar colaborando estreitamente com o Secretariado-geral e com os escritórios regionais da ONU, objetivando a aplicação de medidas capazes de favorecer a paz, a segurança, a estabilidade, a democracia e o desenvolvimento sustentável, de conformidade com as intenções da Nova Parceria para o Desenvolvimento da África (NEPAD).

Dessa forma, o CS exorta a comunidade internacional, em particular, os organismos das Nações Unidas e as instituições financeiras internacionais, a ajudar os países africanos em seus esforços para alcançar os objetivos enunciados nessa resolução e se diz satisfeito com as decisões tomadas na Cúpula do G-8, em Gleneagles, de 6 a 8 de julho de 2005, para lutar contra a pobreza na África.

Vale recordar a pertinente incorporação nessa resolução das Metas da Carta do Milênio, considerando as discussões na Assembléia da ONU e dos avanços em relação às oito metas assumidas como compromisso, pelos chefes de Estado e de governo, referentes à erradicação da extrema pobreza e da fome; à educação primária completa e de qualidade; ao fim das desigualdades entre gêneros; à redução da mortalidade materna e da taxa de mortalidade infantil em dois terços; ao combate ao vírus da Aids, da malária e outras doenças endêmicas; a garantir a sustentabilidade do meio ambiente; e ao desenvolvimento de um sistema comercial e financeiro aberto, baseado em normas previsíveis e não discriminatórias.[169]

5.7 COMPLEXIDADE DOS CONFLITOS DOS GRANDES LAGOS

Os conflitos dos países dos Grandes Lagos têm desafiado a comunidade internacional, inclusive as missões da ONU nos países beligerantes, em razão de sua complexidade. Antes do genocídio

---

169 Ler a respeito em: Bizawu, Kiwonghi. *Natureza jurídica da Carta do Milênio e os compromissos sociais do Brasil*. Jus Navigandi, Teresina, a. 9, n.598, 26/2/2005. Disponível em: www.jus2.uol.com.br/doutrina/texto.asp?id=6366. Acessado em: 9/10/2005.

em Ruanda, já permaneciam naquela região tropas francesas da operação "Turquoise". Lamentavelmente, ocorreram os massacres de tútsis e hútus moderados sem intervenção das mesmas, deixando as populações entregues à sua própria sorte, ou melhor, à sua própria morte.

A intervenção da ONU, depois dos massacres tanto em Ruanda quanto em Burundi, corrobora a sua missão de administrar as guerras civis, uma vez começadas. O genocídio ruandês podia ter sido impedido se não houvesse a burocracia e a letargia das tropas francesas que, aliás, são acusadas por Ruanda de omissão e de terem falhado na missão preventiva dos massacres. Todavia, a administração das guerras civis pela ONU, desde o fim da Guerra Fria e a Queda do Muro de Berlim, apresenta, no cenário internacional, um grande desafio no que diz respeito à missão de resolução de controvérsias por meios pacíficos e políticos.

Tal missão exige uma compreensão das guerras civis, qualificando-as como internas ou externas. Internas quando envolvem grupos ou etnias diferentes e externas quando ocorrem entre Estados.

Repara-se que, no cenário internacional, as guerras civis têm trazido um clima de insegurança universal, contrariando até os próprios propósitos e princípios contidos na Carta de São Francisco. Constata-se que, por trás dessas guerras, existem muitos interesses em jogo que, por questões geopolíticas, fomentam os conflitos e exploram as riquezas, abastecendo as milícias com armas num sinal de maior desrespeito às resoluções da ONU sobre o embargo de armamento.

A maioria das guerras civis extrapolou o âmbito interno e tornou-se externa, no sentido interestatal, regionalizando-se e mobilizando toda a comunidade internacional na busca de soluções pacíficas e políticas.

No caso da guerra na RDC, deu-se a entender que, de início, tratava-se de uma guerra civil interna, provocada pelos banyamulenge, os quais protestavam contra a ditadura de Laurent-Désiré

Kabila e, ao mesmo tempo, para dar uma dimensão política ao seu movimento, reivindicava a nacionalidade congolesa. Hoje, após anos de lutas armadas, percebe-se que tal movimento de banyamulenge não passa de mero pretexto para assentar a hegemonia militar dos vizinhos no leste do Congo por questões securitárias segundo Ruanda, Uganda e Burundi. Na avaliação do Human Rights Watch, trata-se de uma guerra que envolve grandes interesses econômicos e, no caso de Ruanda, assinala, também, a questão demográfica devido à superpopulação do país. Nesse caso, os conflitos dos Grandes Lagos têm um dinamismo próprio e não podem ser analisados apenas sob a vertente de guerras civis internas sob a interestaticidade. Como observa Yves Ghebali,

> guerra civil, em sua forma clássica, é uma luta bipolar, tendo por protagonistas o governo de um Estado e um grupo (mais ou menos monolítico) de insurgentes contestando, por via das armas, a legitimidade do poder estabelecido – em certos conflitos armados que afetaram a África pós-Guerra Fria. Este paradigma cedeu lugar a uma configuração mais complexa caracterizada pelo choque de uma multidão (diversidade das partes beligerantes (elas mesmas sujeitas a várias divisões e recomposições político-militares) no seio de um Estado desintegrado. (Ghebali, 2001, p.31-44, tradução nossa)

Como pode-se observar, a maioria das guerras civis tem por motivação a busca de proveito econômico oriundo da depredação sistemática do patrimônio de um Estado desestruturado ou à beira da destruição. Seria simplória e reducionista a contemplação apenas da visão geopolítica dos conflitos dos Grandes Lagos, sem considerar a vertente geoeconômica. As questões securitárias, antes consideradas essenciais, fundamentais e vitais, foram substituídas pelas questões regionais e globais. Estão em jogo os interesses econômicos, os antagonismos e as alianças efêmeras entre beligerantes. Não haverá uma segurança global sem segurança local ou regional.

O que assusta nessas guerras civis internas, mas também interestatais, é a violação dos direitos humanos e a impunidade desses crimes contra a humanidade. Nota-se uma grande hipocrisia da comunidade internacional diante da violência extrema e gratuita contra as populações civis, na maioria dos casos, contra mulheres, crianças e velhos. São atos de barbárie a serem interpretados sob a ótica da natureza humana de Thomas Hobbes, quando o homem se torna lobo para o outro: *homo homini lupus*.

As razões das guerras civis na África também podem ser de ordem revolucionária, ou seja, são guerras motivadas pela vontade de mudanças, de transformações sociais e de implementação de uma nova sociedade alicerçada em princípios democráticos. Outras são frutos de motivos político-religiosos. Outras, ainda, são ocasionadas pela sede de libertação de um povo dominado por décadas e que precisa se autoafirmar.

Aparentemente, pode-se interpretar que os conflitos dos países dos Grandes Lagos, em especial a guerra civil no leste da RDC, são motivados pela reivindicação da autonomia ou de autodeterminação do povo banyamulenge.

Ora, sabe-se que, na RDC, os banyamulenges sempre integraram o grande mosaico das populações que compõem o país. A guerra serviu de pretexto para os países vizinhos invadirem a RDC e explorarem impunemente as riquezas naturais, agitando perante a comunidade internacional a bandeira de razões securitárias em relação às forças do FNLR (Frente Nacional pela Libertação de Ruanda), movimento hútu, transformando, desse modo, todos os conflitos em "guerras étnicas" capazes de exterminar os tútsis.

Tal desvio de objetivos levou a comunidade internacional a ignorar os massacres de milhões de congoleses e as sistemáticas violações de direitos humanos, denunciadas pelas ONGs e Médicos Sem-Fronteiras (MSF) que trabalham no leste da RDC. Por trás dos conflitos e da invasão do território da RDC pelos países vizinhos dirigidos pelos tútsis, existe a política e o projeto de criar uma *tutsisland*, com objetivos específicos de contestar as fronteiras oriundas da colonização e conquistar terras para assentar os tútsis, lembrando o problema demográfico em Ruanda e Burundi.

Viu-se, por motivos praticamente políticos e econômicos, uma guerra de agressão ser transformada em guerra étnica. Invocar o etnonacionalismo nas guerras civis que assolam o continente africano, de modo especial, a do leste da RDC imposta pelos países vizinhos, é uma boa desculpa para a comunidade internacional manter-se à distância. Constata-se que, na maioria das vezes, os aparentes beligerantes, transformando-se em milícias, são meramente testas-de-ferro, ou melhor, testas-de-armas das grandes potências que, por intermédio das multinacionais, continuam a pilhagem dos recursos naturais dos países ou povos em guerra. Os grandes agem por meio dos empresários interpostos que prorrogam mais ainda a dominação colonialista. Nota-se que, na verdade, não se trata de guerras civis internas com motivação étnica, mas de guerras fomentadas e alimentadas pelos interesses econômicos, corolários de natureza predatória do Ocidente no que diz respeito às riquezas dos países emergentes.

Nesse diapasão, faz-se valer a voz de Dominique Franche quando observa:

> Do mesmo, o genocídio perpetuado em 1994 na Ruanda foi a conseqüência de um conflito em que o fator étnico se manifestava em nível de um discurso político fantasmático: apenas existia em Ruanda uma etnia com três componentes cujas relações haviam sido etnizadas artificialmente por longos anos, a ponto de adquirir o *status* de uma verdade estabelecida (...)[170,171] (Ghebali, 2001, p31-44b, tradução nossa)

---

170 Desse modo, o genocídio perpetuado em 1994 em Ruanda foi conseqüência de um conflito em que o fator étnico se manifestava em um discurso político fantasmático: não existia em Ruanda a não ser uma etnia com três componentes cujas relações haviam sido artificialmente etnizadas por longos anos a ponto de adquirir o estatuto de uma verdade estabelecida.
Ler a respeito em: Franche, Dominique. *Rwanda: généalogie d'un génocide*. Paris: Éditions des Mille et Une nuits, 1997, p.95 (coll. Les Petits Libres 12) e Prunier, Gerard. *Rwanda, 1959-1996: histoire d'un génocide*. Paris: Dagorno, 1997, 514p.

171 "De même, le génocide pérpetré en 1994 au Rwanda fut la conséquence d'un conflit où le facteur ethnique se manifestait au niveau d'un discours politique fantasmatique: il n'existait au Rwanda qu'une ethnie à trois composantes dont les rapports avaient été artificiellement ethnicisés depuis de longues années au point d'acquérir le statut d'une vérité établie." (Ghebali, 2001, p31-44b).

A guerra na RDC, inicialmente chamada de Guerra de Libertação, foi vista como uma guerra interna movida por grupos rebeldes ao governo, mas, em pouco tempo, tomou dimensões transfronteiriças e transformou-se em conflitos internacionais envolvendo nove países africanos.

Tal envolvimento de outros países revela, com o fim da Guerra Fria, a fragilidade dos Estados que sustentavam-se graças à continuidade da bipolarização, pois uma ou outra das grandes potências sustentava o regime pós-colonial, sem experiência. Alguns desses novos regimes foram declarados ilegítimos por não terem sido escolhidos democraticamente pelos povos, o que já seria mais um fator suscetível de desencadear uma guerra civil pela ausência da autoridade estatal, legitimamente constituída.

Um dos principais objetivos da ONU é a manutenção da paz e da segurança internacionais. A missão é relevante na medida em que a presença dos "capacetes azuis" nas zonas de conflitos se justifica pela prevenção de conflitos, proteção dos civis e de seus bens e pelo desarmamento dos beligerantes.

O direito internacional permitiu, em certo momento, o uso da força pelos Estados, reconhecendo-lhes o direito subjetivo de recorrer à guerra *jus ad bellum*, isto é, o direito de acabar com o estado de paz com seus vizinhos cada vez que o desejasse, e de livrar uma guerra sob qualquer pretexto, até mesmo sem pretexto.

Observa-se que, no caso dos conflitos dos Grandes Lagos, a política de Ruanda de invadir constantemente a RDC sob qualquer pretexto, inclusive com o direito de perseguir os rebeldes da FNLR, remete ao direito subjetivo de *jus ad bellum*, que não condiz com os princípios internacionais de cooperação entre Estados, de interdependência e integração, da globalização e da intangibilidade das fronteiras. Nota-se, nesse caso, que a guerra e a paz são corolárias, pois uma justifica a outra tendo, de um lado, o direito de paz e, do outro, o direito de declarar e fazer a guerra.

Na antigüidade e depois na Idade Média, sob a influência, em primeiro lugar, dos teólogos e, mais tarde, da Escola do direito natural e das gentes, defendeu-se a diferença entre uma guerra justa (*bellum justum*) e uma guerra injusta.

No século XX, inicia-se o esforço para limitar e regulamentar os recursos para a guerra. No entanto, a criação da SDN não impediu o recurso à guerra, justamente por falta da regulamentação, o que abriu o caminho para as guerras proibidas de agressão conforme o art. 10 e guerras não-proibidas lícitas. Pensou-se, na época, na condenação de qualquer guerra de uma maneira firme com o consenso de vários países no pacto Briand-Kellog, o qual desconsiderava a guerra como "instrumento de política internacional", ou seja, condenava a guerra como instrumento regulador de conflitos internacionais.

Via de conseqüência, o pacto Briand-Kellog não continha força condenatória porque não previa nenhum mecanismo de controle nem sanção, o que diminuiria sua eficácia.

Outro fato digno de nota, no que diz respeito aos conflitos internacionais, é a paz vestfaliana, adquirida pela força como principal fonte de legitimidade, contrapondo-se à concepção da paz pelas Nações Unidas que recusam toda a legitimidade do recurso à força e substitui o direito da força pela força do direito, enquanto o art. 2º, § 4º da Carta da ONU reza que todos os membros deverão evitar em suas relações internacionais a ameaça ou o uso da força contra a integridade territorial ou a independência política de qualquer outra ação incompatível com os Propósitos das Nações Unidas.

Infelizmente, os beligerantes dos Grandes Lagos sempre ignoraram esse artigo que, em si, revoluciona as relações internacionais, pois não proíbe apenas o recurso à força armada, mas também destaca que qualquer ameaça do uso da força compromete a paz e a segurança internacionais.

Essa realidade complexa dos conflitos na região dos Grandes Lagos em que se encontra a RDC, mostra que a ONU está nas encruzilhadas dos caminhos que levam à paz ou à guerra. Em outras palavras, a ONU está entre o uso da força ou a prevalência da diplomacia ou de sanções, entre a aceitação tácita da imposição do unilateralismo das grandes potências ou a continuidade do multilateralismo, porém, dilacerado pela política unilateral e imperialista de George W. Bush, como assinala Damien Lambert:

> A administração Bush tentou aplicar sua doutrina nas Nações Unidas, a qual se singulariza antes de tudo por sua rejeição do multilateralismo, visto como uma afronta intolerável à liberdade de ação dos Estados Unidos. Ela implica igualmente uma visão instrumentalista da ONU que consiste em acioná-la por caso, em função de suas necessidades. (Lambert, 2005, p.21)[172]

Zbigniew Brzezinski liga a hegemonia americana à democracia, que sempre caracterizou a sociedade americana:

> A hegemonia global americana é exercida pela democracia americana; nunca antes tal hegemonia foi regida por um Estado verdadeiramente democrático e pluralista. Os imperativos da hegemonia, entretanto, podem opôr-se fundamentalmente às virtudes da democracia, colocando segurança nacional contra direitos civis, determinação contra deliberação. É hora, portanto, de perguntar se a própria hegemonia global pode pôr em risco a democracia americana.[173] (Brzezinski, 2005, p.198, tradução nossa)

Lamentavelmente, em face dos múltiplos conflitos, o fim da bipolaridade abriu caminho ao ceticismo, ao desencanto e às incertezas. A ONU está na berlinda pela demora em se pronunciar sobre as lutas armadas que levam às violações sistemáticas dos direitos humanos, razão pela qual exige-se a reforma da Organização, que deve se adequar às novas tendências do mundo atual.

---

172 "L'administration Bush a tenté d'appliquer sa doctrine aux Nations Unies. Celles-ci se singularise avant tout par son rejet du multilatéralisme, perçu comme une atteinte intolérable à la liberté d'action des Etats-Unis. Elle implique également une vision instrumentaliste de l'ONU en ce que celle-ci n'est activée qu'au cas par cas, en fonction des besoins."

173 "American global hegemony is wielded by American democracy; never before has a global hegemony been exercised by a truly democratic and pluralistic state. The imperatives of hegemony, however, could clash fundamentally with the virtues of democracy, pitting national security against civil rights, decisiveness against deliberation. It is time, therefore, to ask whether global hegemony could endanger American democracy itself."

5.8 DESAFIOS DA MONUC E DA COMUNIDADE INTERNACIONAL

Tendo a ONU a legitimidade internacional que mesmo os Estados Unidos não podem ignorar no tocante à manutenção da paz e da segurança internacionais, cabe-lhe tomar, coletivamente, medidas efetivas com a autorização do CS, para evitar ameaças à paz e reprimir os atos de agressão, ou qualquer outra ruptura da paz, e chegar, eventualmente, por meios pacíficos e de conformidade com os princípios da justiça e do direito internacional, a um ajuste ou a uma solução das controvérsias ou situações suscetíveis de ameaçar a paz."[174] Como contraponto ao que preconizava Clausewitz, as guerras ou conflitos armados não podem mais ser vistos como "continuação da política por outros meios".

Os desafios da MONUC fazem parte da preocupação da comunidade internacional com a segurança coletiva, visando, em primeiro lugar, à desmilitarização das milícias na região de Ituri no leste da RDC e, em segundo lugar, uma vez a autoridade do governo central restabelecida nas regiões ocupadas pelos grupos rebeldes, organizar as eleições democráticas, transparentes e livres.

A legitimidade do poder passa pelo voto popular, pois a marcha para a democracia não será garantida pela simples substituição dos dirigentes políticos. Sem dúvida, não há um modelo único de democracia, porém, a legitimidade do poder exige melhores condições para exercê-lo, levando-se em conta que a liberdade, os direitos humanos[175] e a dignidade humana são imperativos in-

---

174 Fundada em 25 de maio de 1963, a Organização da Unidade Africana (OUA) foi dissolvida em 9 de julho de 2002 por seu último presidente sul-africano, Thabo Mbeki, e substituída pela União Africana. O objetivo era o de promover a unidade e solidariedade dos Estados Africanos e de fazer ato de voz coletiva do continente. Ela preconizava, também, a erradicação do colonialismo e havia estabelecido um Comitê de liberação a fim de ajudar os movimentos de libertação, ou seja, os que almejavam a independência. A Carta da Organização foi assinada por 32 Estados africanos independentes.

175 Referindo-se à obra de Genaro R. Carrió, *Los derechos humanos y su protección*, Valério de Oliveira Mazzuoli observa que "os direitos humanos derivam de três princípios basilares, bem como de suas contribuições e influências recíprocas,

dispensáveis. Em nome da segurança coletiva, deve-se pensar em democratizar as Operações para a Manutenção da Paz (OMP), privilegiando as operações de "consolidação da paz após os conflitos" (*peacebuilding post conflicts*).

No caso da RDC, torna-se imperioso o respeito aos Acordos de Lusaka e de Sun City para uma paz duradoura na região, por meio da organização das eleições democráticas, transparentes e livres. O que evitaria a instabilidade atual observada em vários países africanos devido a instauração de regimes ditatoriais e sem legitimidade.

Discorrendo sobre as estratégias das potências no que concerne a luta pela África, Gerard Chaliand afirma que

> a instabilidade política da África está ligada, em grande medida ao artificialismo da constituição dos seus Estados atuais. Esse artificialismo pode ser visto em três aspectos. Primeiro, o traçado arbitrário das fronteiras coloniais de que resultou a balcanização da maior parte deles inviável economicamente e que deu origem à partição de uma mesma etnia por três ou mais Estados vizinhos. No entanto, a manutenção dessas fronteiras herdadas do colonialismo é a regra de ouro das relações internacionais da África e assim tem sido mantida pela OUA (Organização de Unidade Africana). (Chaliand, 1982, p.12)

No mesmo sentido, Zartman observa que

> A instabilidade é tão endêmica na África que o fornecimento de armas constitui um convite para a crise e, partindo

---

quais sejam: a) o da *inviolabilidade da pessoa*, cujo significado representa a idéia de que não se pode impor sacrifícios a um indivíduo em razão de que tais sacrifícios resultarão em benefícios a outras pessoas; b) o da *autonomia da pessoa*, pelo qual toda a pessoa é livre para a realização de qualquer conduta, desde que seus atos não prejudiquem terceiros; e c) o da *dignidade da pessoa*, verdadeiro núcleo de todos os demais direitos fundamentais do cidadão, através do qual todas as pessoas devem ser tratadas e julgadas de acordo com os seus atos e não em relação a outras propriedades suas não alcançáveis por eles.

disso, às intervenções ulteriores das grandes potências. (Zatman, 1990, p.19-20, tradução nossa)[176]

A instabilidade política acarreta, também, instabilidade econômica, ou seja, não há segurança coletiva do ponto de vista de lutas armadas, sem pensar em outros tipos de segurança de que necessitam os povos africanos, tais quais a segurança alimentar, ambiental e judiciária. Dentro da lógica da segurança alimentar, percebe-se a necessidade da cooperação entre Estados africanos e a União Européia (UE) por meio da Política Externa e de Segurança Comum (PESC).

Nesse sentido, Seitenfus afirma que "a necessidade de estabelecer vínculos de cooperação entre os Estados, as OI e as ONGAT para minimizar a indigna situação em que vive parte ponderável da população do Sul tornou-se consenso, pois trata-se de imperativo moral e ético a moldar as relações internacionais." (Seitenfus, 2001, p.221b).

A União Européia condiciona, também, qualquer ajuda econômica referente à sua PESC na promoção dos aspectos humanos nas relações internacionais, tais quais a solidariedade, os direitos humanos e a democracia.[177] As mesmas prioridades permeiam a NEPAD no que diz respeito à paz, à segurança, à democracia, à boa governança política, econômica e empreendedora e ao reforço das capacidades. É dentro desse programa de ação da NEPAD que se pode compreender a posição firme da UA e da Comunidade Econômica dos Estados da África Ocidental (CEDEAO), em termos regionais, quando ocorreu, em Togo, o golpe de Estado que levou ao poder Faure Gnassingbé, filho do então presidente Eyadema Gnassingbé, falecido em 5 de fevereiro de 2005.

Faz parte da missão dos chefes de Estado regionais assumir a mediação para uma solução pacífica do problema, endossando as aspirações imediatas relativas à NEPAD, segundo as quais a África

---

176 "L'instabilité est si endémique en Afrique que la fourniture d'armes constitue une invitation à la crise et, pourtant, à des interventions ultérieures des grandes puissances."

177 Sobre a PESC, acesse www.europa.eu.int.

deveria ser mais eficaz na prevenção dos conflitos e na instauração de uma paz duradoura no continente e adotar e implementar os princípios da democracia e da boa liderança política, econômica e de empreendimento, reforçando, em cada país, a proteção aos direitos humanos.

A União Africana tem insistido sobre a resolução pacífica dos conflitos, reprovando o recurso às armas e o uso da força unilateralmente em caso de conflitos entre Estados. Desse modo, lança um sinal claro, sem equívoco, àqueles que ainda pensam em resolver as controvérsias, usando a força que o tempo de recorrer às velhas práticas das ditaduras militares e da lógica realista do equilíbrio do poder pela paz armada está ultrapassada.

O art. 33 da Carta das Nações Unidas assinala os meios pacíficos a serem usados para solucionar as controvérsias entre Estados. Assim, a construção e a reconstrução de uma sociedade democrática na África não podem ser fundadas na repressão sanguinária, como ocorre em vários países, menos ainda com a invasão de outros países fracos militarmente. Muitas atrocidades e atos ilícitos são cometidos no contexto da ilegitimidade do poder de muitos chefes de Estado africanos, ditadores, denominados dinossauros, que vivem em um realismo banhado em paradigma do estado de natureza hobbesiana. Nessa esteira é que Jean-Jacques Roche analisa o paradigma de estado de natureza como fator da sobrevivência do Estado:

> Considerando que por natureza o homem é egoísta e calculista, Hobbes considera que ele somente se associa a suas semelhanças por medo. É por interesse, então, que ele renuncia à sua liberdade e, sempre em nome desse interesse que ele respeita o pacto social. O nascimento de uma sociedade é tributário antes da criação de um Estado detentor de direitos originais do homem. A sobrevivência da sociedade passa pela sobrevivência do Estado que deve, para isso, ficar atento para eliminar qualquer resistência à sua autoridade. Depositário de uma soberania absoluta, o Estado não dispõe, no entanto, de um

poder sem limites. Para os mais duros teóricos do absolutismo, a autoridade real está condicionada ao respeito da obrigação de garantir a segurança. (Roche, 2001, p.21-2c)[178]

Ora, num mundo globalizado onde as tendências convergem para a construção de estados democráticos e de direito, a violência não tem mais sentido diante das aspirações dos povos para um mundo de paz e de respeito aos direitos humanos. A legalidade e a legitimidade de recorrer à força, consideradas por Raymond Aron como a principal característica da vida internacional, terão relevância no caso de urgência e de ameaça aos interesses superiores da nação. Isso supõe uma paralisia total das instituições e uma verdadeira anarquia[179] no sentido realista de ausência de soberano e do Estado.

Cria-se, infelizmente um precedente nas relações internacionais com o desrespeito das normas e dos princípios que asseguram a cooperação entre Estados e a vontade de manter relações amistosas.

Para Rousseau, quando o Estado se dissolve, o abuso do governo, seja qual for, toma o nome comum de anarquia. Afirmação

---

178 "Considérant que par nature l'homme est egoïste et calculateur, Hobbes envisage qu'il ne s'associe à ses semblables que par peur. C'est donc par intérêt que l'homme renonce à sa liberté et c'est toujours au nom de cet intérêt qu'il respecte le pacte social. La naissance de la société est tributaire de la création en préalable d'un Etat détenteur des droits originels de l'homme. La survie de la société passe donc par la survie de l'Etat qui doit, pour ce faire, veiller à éliminer toute résistance à son autorité. Dépositaire d'une souveraieté absolue, l'Etat ne dispose cependant pas d'un pouvoir sans limites. Même chez les plus rigoristes théoriciens de l'absolutisme, l'autorité royale est conditionnée par le respect de l'obligation d'assurer la sécurité."

179 A palavra anarquia no realismo contemporâneo não significa "caos", "desordem", mas deve ser entendida no sentido da política internacional anárquica, isto é, ausência da autoridade política central que governe as unidades políticas independentes que constituem o sistema internacional.
Observa Andrew Ross, ao abordar a Teoria e Prática das Relações Internacionais – Perspectivas Analíticas em Disputa, dentro do pensamento de K. Waltz, que "a soberania reside nos estados, precisamente devido à ausência de uma autoridade política central capaz de impor a ordem". A soberania estatal significa que, "formalmente, cada um é igual a todos os outros. Ninguém tem direito a ordenar, ninguém tem a obrigação de obedecer".

polêmica na concepção do Estado moderno, porém atual, quando se observam os acontecimentos em vários países africanos ou latino-americanos nas décadas de 1960 e 1980 onde ocorrem verdadeiras ondas de militarização dos Estados com a cumplicidade do Ocidente e dos Estados Unidos.[180] Sabe-se, segundo Rousseau, que o abuso da aristocracia leva à dissolução de Estados, guerras civis e à instalação de monarquias despóticas.

A experiência dos golpes militares no continente africano tem mostrado que a maioria dos países havia mergulhado no caos e no despotismo. Os adeptos das teses revisionistas têm imputado o desastre atual aos próprios africanos e que os erros do colonialismo pertencem ao passado.

---

180 "Durante este período, a guerrilha e os golpes de Estado proliferam na América Latina, transformando-a em uma das regiões mais instáveis do planeta. As causas desta instabilidade são sobejamente conhecidas. A fragilidade das estruturas econômicas, as desigualdades sociais e a fraqueza dos sistemas políticos propiciam a expansão do marxismo e o desenvolvimento das correntes marxistas. O domínio norte-americano torna-se cada vez mais insuportável para os países da América Latina, particularmente para os da América Central, que manifestam a sua vontade de se tornar independentes da potência vizinha. Entretanto, a política dos Estados Unidos também mudou." (Vaissse, 1996, p.160-1f).
Em fevereiro de 1982, apresenta-se para a América Central o Plano Reagan, cujo objetivo é promover a democracia, o diálogo, o desenvolvimento e a defesa. Com isso, o governo Reagan procura mostrar a sua determinação em reafirmar a sua autoridade nas Caraíbas, invadindo a ilha Granada em 25 de outubro de 1983, sem falar da intervenção americana na Nicarágua dando apoio a Samoza e, mais tarde, aos contras.

CAPÍTULO 6

Conclusão

Como demonstrado ao longo deste livro, as Cartas das Nações Unidas e da OUA fincaram as bases para consolidar as relações de cooperação e de interpendência entre os Estados e as relações amistosas entre os povos. A ONU sempre se empenhou na consecução dos objetivos, propósitos e princípios contidos na Carta. A manutenção da paz e da segurança internacionais tem levado a ONU a enviar "capacetes azuis" a fim de evitar graves crises e catástrofes indizíveis. Em suas resoluções, o Conselho de Segurança tem reafirmado os princípios de não-ingerência nos assuntos internos de outros Estados-membros, da integridade territorial e da soberania política, bem como o respeito aos direitos humanos e à proteção do pessoal das causas humanitárias.

Pensava-se que o fim da Guerra Fria e a queda do Muro de Berlim inaugurariam uma nova ordem para o mundo e trariam mais paz e harmonia entre os povos. Viu-se, infelizmente, uma escalada de violência no continente africano, na América Latina e no Oriente Médio, sem falar das lutas armadas e do terrorismo em nome do princípio da autodeterminação dos povos. Devido ao aumento de conflitos no mundo e a burocracia que impede, em certos momentos, soluções rápidas, o papel da ONU tem sido muito questionado e vozes têm se levantado a favor da reforma da Organização, que não atende mais às novas tendências do direito internacional, e à nova ordem mundial, marcada pelo unilateralismo americano desde a invasão do Iraque sem autorização do CS.

Em casos de conflitos, como ocorre na região dos Grandes Lagos, espera-se uma efetiva participação da comunidade internacional, especialmente da ONU, com base nos Capítulos VI e VII, para solucionar os velhos conflitos e, ao mesmo tempo, promover uma verdadeira reconciliação entre as etnias para que, em vez de semear o ódio e a vingança entre os povos, consigam valorizar a vida e a convivência harmônica para a construção de uma África próspera, pacífica e desenvolvida, onde todos gozarão dos recursos naturais. Hoje, tais recursos fazem dela, paradoxalmente, um continente rico, porém empobrecido pelos anos de conflitos armados.

Espera-se da ONU, que nasceu sob o signo de duas tragédias e do fracasso da SDN, uma participação efetiva com uso da força para dissuadir os adeptos da violência e das violações dos direitos humanos na África, de modo geral, e nas regiões dos Grandes Lagos, em especial, em consonância com o enunciado do preâmbulo de sua Carta Magna, preservando, de fato e de direito, as gerações africanas das atrocidades e do flagelo das violações dos direitos humanos e do direito internacional humanitário.

Faz-se necessário, para tanto, a criação de mecanismos eficazes de prevenção de conflitos e de reformulação do papel da própria instituição, uma vez que a nossa humanidade não é mais a mesma dos anos da assinatura da Carta de São Francisco e os sinais dos tempos apontam para uma cooperação entre Estados assentada nos princípios de reciprocidade e solidariedade, como novos paradigmas suscetíveis de transcender os parâmetros antigos fundados no *jus ad bellum* e na dominação motivada pelos interesses e pelas relações de poder, dando resposta, para tanto, às novas demandas e aos novos desafios do direito internacional. Com a atuação da ONU mediante a MONUC, acredita-se em uma nova era nas relações amistosas e de cooperação entre todos os países beligerantes dos Grandes Lagos.

O continente africano vive em uma época de muitos conflitos, os quais comprometem seriamente a implementação da tríade democracia, desenvolvimento e boa governança. Sem dúvida, os desafios são grandes e a África é um continente que surpreende, de um lado, pela beleza infindável de sua natureza e pela quantidade dos recursos naturais que detém, e, do outro, pela quantidade de conflitos locais ou regionais que não interessam mais à comunidade internacional e contribuem para o subdesenvolvimento do continente.

A África mostrada hoje e que muitos têm conhecimento é o continente das imagens de milhares de refugiados fugindo das guerras e de crianças com armas, uma terra de violações dos direitos humanos.

Com efeito, são cenas alarmantes que não condizem com a realidade do mundo globalizado atual, civilizado como pretende ser, na era da informática e da tecnologia de ponta. São vários os fatores do fracasso, entre outros, os conflitos armados, a corrupção em todas as esferas estatais, a falta da democracia e da transparência no tocante ao uso da ajuda financeira, a confusão entre bens públicos e bens pessoais e a falta de projetos voltados para as populações mais pobres.

Cabe ao povo africano, em primeiro lugar, refletir sobre a situação econômica do continente e propor soluções adequadas no que diz respeito ao desenvolvimento regional.

Procurou-se abordar, nesta obra, de modo específico, os conflitos dos Grandes Lagos inseridos na problemática da segurança coletiva como aspiração primordial da comunidade internacional à luz dos Princípios e Propostas da Carta da ONU. A análise das resoluções do Conselho de Segurança sobre a RCD demonstrou a evolução ocorrida ao longo desses anos de guerra para dirimir os conflitos e a participação efetiva da comunidade internacional preocupada com as violações dos direitos humanos e do direito internacional humanitário.

Demonstrou-se, então, que os conflitos armados vigentes na região dos Grandes Lagos são antigos e as raízes de suas origens são remotas, ou seja, surgiram antes da chegada do colonizador, quando a África ainda vivia o tempo dos impérios dos mwami e dos banyarwanda, entre os atuais Estados de Ruanda e Burundi que, hoje, manifestam em relação à RDC a mesma visão expansionista. Não se pode imputar toda a culpa aos colonizadores. A elite africana, em parte, tem uma parcela de responsabilidade sobre os conflitos atuais.

A visão unilateralista de alguns chefes africanos de invadir Estados soberanos e independentes politicamente é um desrespeito flagrante às normas internacionais, uma verdadeira ameaça ao equilíbrio regional e à paz e à segurança regionais. Nenhum Estado tem as prerrogativas de invadir outros, sob pretexto de perseguir criminosos, violando os princípios de soberania, independência e integridade territorial.

As Resoluções da ONU sobre a RDC, invadida pelos vizinhos dos Grandes Lagos, são uma verdadeira demonstração da indignação que tomou conta da comunidade internacional *vis-à-vis* da política ruandesa em matéria de direito internacional. É de interesse das partes privilegiar os meios pacíficos para solucionar as controvérsias, poupando, assim, milhares de vidas, vítimas das crueldades dos beligerantes.

Apesar desses conflitos, sabe-se que a África tem condições de se levantar e se desenvolver, desde que saiba incorporar no seu plano de reajuste estrutural a tríade democracia, direitos humanos e boa governança e resolva os conflitos por meios diplomáticos e outros meios pacíficos, como a negociação, o inquérito, a conciliação, a arbitragem, a solução judicial, o recurso à entidade ou os acordos regionais, conforme o art. 33 da Carta da ONU.

As condições para uma paz duradoura virão da sabedoria com a qual os africanos administrarem os conflitos regionais com fulcro na Carta das Nações Unidas e nos ideais e princípios que guiaram os Fundadores da OUA, atualmente denominada União Africana (UA), cujos princípios no Ato Constitutivo lembram, mais uma vez, o respeito às fronteiras existentes desde o acesso dos países à independência. Isto é, a intangibilidade das fronteiras dos países soberanos é sagrada e inquestionável, bem como o repúdio ao uso da força entre Estados-membros, o respeito aos direitos humanos, à vida e à proteção ao meio ambiente.

Nota-se, cada vez mais, os esforços dos países africanos em promover eleições democráticas, visando a alcançar a paz e a respeitar as normas de direito. Porém, faz-se necessária a supervisão por parte da comunidade internacional para evitar fraudes nas eleições e corrupção nas funções públicas.

A construção da paz em termos regionais exige encarar o desafio da pobreza da maioria das populações africanas oriundas do subdesenvolvimento, à qual se acrescentam as doenças endêmicas que têm dizimado as bases das sociedades civis e produtivas já enfraquecidas pela escassez de produtos de primeira necessidade e pela falta de água potável.

Em termos de desenvolvimento, são obstáculos que desafiam o continente local e globalmente. Não haverá superação destes enquanto perdurarem os conflitos e as violações dos direitos humanos e do direito internacional humanitário.

A construção da paz exige uma série de medidas estruturais de natureza política, social, econômica, militar, jurídica, humanitária, educacional e ecológica e de estratégias para a resolução dos conflitos, pensando na prevenção imediata e estrutural dos mesmos.

Em suma, a África precisa reconciliar-se consigo mesma, cicatrizar as feridas abertas pelos anos de guerras, olhar para o futuro e construir as esperanças quebradas e diluídas no sangue de muitos mártires, reescrever a história, tendo por base novos valores morais e éticos abarcados nos princípios de respeito à integridade territorial, à soberania e à autodeterminação dos povos, como, também, nos princípios dos direitos humanos. A paz é possível se houver a consciência de que pertencermos a uma única família: a raça humana.

A África é, ao mesmo tempo, protagonista de sua história e vítima de seu patrimônio histórico. Protagonista porque depende dela mesma para se distanciar das políticas antidemocráticas alicerçadas nas rivalidades políticas e lutas entre os povos, implementadas e sustentadas pelas potências coloniais, sobretudo a França na lógica de *diviser pour mieux regner*.[181] Vítima porque tem potencialidades enormes que, ao longo dos tempos, têm provocado a cobiça de outros povos e, de modo especial, das multinacionais que, sem escrúpulo, não se intimidam a orquestrar e financiar golpes de Estado para explorar as riquezas a preço ínfimo e em detrimento da pobreza e miséria das populações.

Para se livrar desse paradoxo, alguns especialistas em Ciências Políticas apresentam argumentos possíveis, como a implementação de modelos democráticos inspirados no Ocidente, de um lado, e do modelo democrático baseado na organização da sociedade africana pós-colonial, de outro. Esse é o entendimento de Ngoma-Binda a partir da teoria da democracia liberal comunitária, na tentativa de conciliar as visões políticas das duas sociedades. Em contrapartida, Paulo Bonavides apresenta o modelo da democracia-participativa, fundada na negação da ordem capitalista que corrompe as sãs consciências, e na efetividade do Estado democrático-participativo – fruto do Estado liberal e social –, tendo por pilares a liberdade e a igualdade.

O destino da África, nesse caso, encontra-se nas mãos dos próprios africanos, apoiados pela comunidade internacional na luta para o desenvolvimento, para a construção da democracia e

---

181 Trata-se da política de dividir para melhor reinar.

para o respeito dos direitos humanos, requisitos fundamentais e indispensáveis na era da globalização, da cooperação internacional e da interdependência entre Estados e outras organizações internacionais governamentais e não-governamentais.

A sobrevivência da democracia dependerá da maturidade política dos dirigentes e do funcionamento das instituições sem interferência do poder, como tem acontecido atualmente, em um ato de despotismo e favoritismo de uma minoria de privilegiados em detrimento da grande maioria, que padece na pobreza absoluta em um continente paradoxalmente rico em tudo.

Bibliografia

ACCIOLY, Hildebrando. *Manual de direito internacional público*. 12.ed. São Paulo: Saraiva, 1996.

ÁFRICA. *Conflits en Afrique: analyse des crises et pistes pour une prévention. La communauté internationale: quelle responsabilité*. Bruxela: Grip, 1997

ALBUQUERQUE, Newton de Menezes. *Teoria política da soberania*. Belo Horizonte: Mandamentos, 2001.

AMAÏZO, Yves Ekoué. *Crises et rébellions dans le "pré carré" français: ce qui paralyse le pouvoir ivoirien*. Disponível em: www.monde-diplomatique.fr/2003/01/AMAIZO/9858. Acessado em: 1/3/2005.

ATLAS DA HISTÓRIA UNIVERSAL. *The Times*. Rio de Janeiro: O Globo, 1995.

ATLAS DE HISTÓRIA MUNDIAL. Rio de Janeiro: Reader's Digest Brasil Ltda., 2001.

AYISSI, Anatole. *Crises e rébellions dans le "Pré Carré" français. Ordre militaire e désordre politique em Afrique*. In: Le Monde diplomatique. Disponível em: www.monde-diplomatique.fr/9857/597f289a3b. Acessado em: 1/3/2005.

BACELLAR FILHO, Romeu Felipe. *Elementos de direito internacional público*. Barueri: Manole, 2003.

BAZELAIRE, Jean-Paul & CRETIN, Thierry. *A justiça penal internacional: sua evolução, seu futuro de Nuremberg a Haia*. Barueri: Manole, 2004.

BEM ACHOUR, Rafãa & LAGHMANI, Slim. *Le Droit International à la croisée des chemins: force du droit et droit de la force. Colloque des 14, 15 et 16 avril 2004*. Paris: Editions A. Pedone, 2004.

BENCHIKH, Madjid. *Les organisations Internationales et les conflits armés*. Paris: L'Harmattan, 2001.

BINDA, Ngoma. *Une démocratie libérale communautaire pour la République Démocratique du Congo et l'Afrique*. Paris: L'Harmattan, 2001.

BOBBIO, Norberto. *A Era dos direitos*. Rio de Janeiro: Campus, 1992.

BONAVIDES, Paulo. *Teoria constitucional da democracia participativa: por um direito constitucional de luta e resistência por uma nova hermenêutica por uma repolitização da legitimidade*. 2.ed. São Paulo: Malheiros, 2003.

BONIFÁCIO, Artur Cortez. "Limitações materiais ao poder constituinte originário". *Revista de Direito Constitucional e Internacional*, ano 11, n. 42, 2003.

BOSON, Gerson de Britto Mello. *Constitucionalização do direito internacional: internacionalização do direito constitucional – direito constitucional internacional brasileiro*. Belo Horizonte: Del Rey, 1996.

BRAECKMAN, Colette. *L'enjeu Congolais: l'Afrique Centrale après Mobutu*. Paris: Fayard, 1999.

BRAECKMAN, Colette. *Les nouveaux prédateurs. politique des puissances en Afrique centrale*. Paris: Fayard, 2003.

BRELET, Claudine. *Anthropologie de l'ONU: utopie et fondation*. Paris: L'Harmattan, 1995.

BROWNLIE, Ian. *Princípios de direito internacional público*. Lisboa: Fundação Calouste Gulbenkian, 1997.

BRZEZINSKI, Zbigniew. *The choice: global domination or global leadership*. Nova York: Basic Books, 2004.

BUAKASA, Gérard. *Réinventer l'Afrique: de la tradition à la modernité au Congo-Zaïre*. Paris: L'Harmattan, 1996.

CAMPOS, Maria da Conceição Oliveira. *O princípio da nacionalidade nas relações internacionais*. Belo Horizonte: Del Rey, 2003.

CASTRO JR., Osvaldo Agripino de. *Considerações sobre o processo histórico de consolidação da cidadania brasileira*. In: Direitos Humanos: uma abordagem interdisciplinar. Rio de Janeiro: América Jurídica, 2002.

CHALIAND, Gerard. *A luta pela África: estratégias das potências*. São Paulo: Brasiliense, 1982.

CHURCHILL, Sir Winston. *Memórias da Segunda Guerra Mundial*. Rio de Janeiro: Nova Fronteira, 1995.

COMBACAU, Jean & SUR, Serge. *Droit International Public*. 5.ed. Paris: Montchrestien, 2001.

COPPENS, Thierry. "L'Afrique des Grands Lacs ou le monde humanitaire en désarroi". In: *Conflits en Afrique: analyse des crises et pistes pour une prévention*. Bruxela: Grip, 1997.

CORREIA, Pedro de Pezarat. *Império mundial e acções preventivas* (*comunicação*). Disponível em: resistir.info/serpa/comunicacoes/pezarat_correa.rtf. Acessado em: 23/10/2005.

DAILLIER, Patrick; DINH, Nguyen Quoc & PELLET, Alain. *Direito internacional público*. Lisboa: Fundação Calouste Gulbenkian, 1999.

DALLARI, Dalmo de Abreu. *Elemento de teoria geral do Estado*. 24.ed. São Paulo: Saraiva, 2003.

DAVID, Charles-Philipe & ROCHE, Jean-Jacques. *Théories de la sécurité: définitions, approches et concepts de la sécurité internationale*. Paris: Montchrestien, 2002.

DEPARTMENT OF PUBLIC INFORMATION. *Basic facts about the United Nations*. Nova York: United Nations, 1995.

DINSTEIN, Yoram. *Guerra, agressão e legítima defesa*. Barueri: Manole, 2004, p.250.

DUPUY, Jean-René. *O direito internacional*. Coimbra: Livraria Almedina, 1993.

DWORKIN, Ronald. *Levando os direitos a sério*. São Paulo: Martins Fontes, 2002.

ENCYCLOPEDIA BRITANNICA ONLINE. *Association Internationale du Congo*. Disponível em: www.britannica.com/eb/article_9009950. Acessado em: 28/11/2005.

FERRAZ, Daniel Amin & HAUSER, Denise (org). *A nova ordem mundial e os conflitos armados.* Belo Horizonte: Mandamentos, 2002.

FERREIRA FILHO, Manoel Gonçalves. *Comentários à Constituição Brasileira de 1988.* v.1. São Paulo: Saraiva, 1990.

FONSECA JR., Gelson. *A legitimidade e outras questões internacionais: poder e ética entre as Nações.* 2.ed. São Paulo: Paz e Terra, 2004.

FOUCAULT, Michel. *A verdade e as formas jurídicas.* Rio de Janeiro: Nau, 1999.

FOUCAULT, Michel. *Microfísica do poder.* Rio de Janeiro: Edições Graal, 1979.

FOUCAULT, Michel. *Vigiar e punir: nascimento da prisão.* Petrópolis: Vozes, 1987.

FRANCHE, Dominique. *Rwanda: généalogie d'un génocide.* Paris: Éditions des Mille et Une nuits, 1997.

GENTILI, Alberico. *O direito de guerra.* Ijuí: Unijuí, 2005.

GHEBALI, Victor-Yves. "Les guerres Civiles de la Post-bipolaridade: Nouveaux acteurs e nouveaux objectifs". In: *Relations Internationales,* n. 105, printemps 2001, p.31-44. Disponível em: hei.vinge.ch/ri/articles/GhebaliArt_2.pdf. Acessado em: 23/4/2005.

GONÇALVES, Williams. *Relações internacionais.* Rio de Janeiro: Jorge Zahar Editor, 2002.

GROSS, Ernest A. *As Nações Unidas: estrutura da paz.* Rio de Janeiro: Edições GRD, 1964.

GUERRA, Sidney. "Soberania e globalização: o fim do Estado-Nação?" In: GUERRA, Sidney & SILVA, Roberto Luiz (coords.). *Soberania: antigos e novos paradigmas.* Rio de Janeiro: Freitas Bastos, 2004, p. 236-345.

GURGEL, José Alfredo Amaral. *Segurança e democracia: uma reflexão política.* Rio de Janeiro: José Olympio, 1975.

HABERMAS, Jürgen. *A inclusão do outro: estudos de teoria política.* São Paulo: Edições Loyola, 2002.

HABERMAS, Jürgen. "Sobre a legitimação pelos direitos humanos". In: MERLE, Jean-Christophe & MOREIRA, Luiz (orgs.). *Direito e legitimidade.* trad. Cláudio Molz e Tito Lívio Cruz Romão. São Paulo: Landy Livraria Editora, 2003.

HOCHSHILD, Adam. *O fantasma do Rei Leopoldo: uma história de cobiça, terror e heroísmo na África colonial.* São Paulo: Companhia das Letras, 1999.

HUGON, Philippe. *Économie de l'Afrique*. 4. ed. Paris: La Découverte, 2003.

JO, Hee Moon. *Introdução ao direito internacional*. 2.ed. São Paulo: LTr, 2004.

KIRSCHBAUM, Stanislav (dir.). *La paix a-t-elle un avenir? L'ONU, l'OTAN et la sécurité internationale*. Paris: L'Harmattan, 2000.

KISSINGER, Henry. *A diplomacia das grandes potências*. 2.ed. Rio de Janeiro: Livraria Francisco Alves Editora, 1999.

LACOSTE, Yves. "Géopolitique des tragédies africaines". In: HÉRODOTE. *Revue de géographie e de géopolitique*. Paris: Éditions La Découverte, 2003.

LAFER, Celso. *A internacionalização dos direitos humanos. Constituição, racismo e relações internacionais*. Barueri: Manole, 2005.

LAMBERT, Damien. *L'Administration de George W. Bush et les Nations Unies*. Paris: L'Harmattan, 2005.

LEWANDOWSKI, Enrique Ricardo. *Globalização, regionalização e soberania*. São Paulo: Juarez de Oliveira, 2004.

LIMA, Alexandre Lopes Rocha. *Análise histórica e jurídica da legitimidade do uso da força na sociedade internacional*. Belo Horizonte, 2004, 149p. Dissertação (Mestrado). Pontifícia Universidade Católica de Minas Gerais, Faculdade Mineiro de Direito.

L'HOMMEAU. Géraldine. *Le droit international à l'épreuve de la puissance américaine*. Paris: L'Harmattan, 2005.

MALUF, Sahid. *Teoria geral do Estado*. 22.ed. São Paulo: Saraiva, 1993.

MARTINS NETO, João dos Passos. *Direitos fundamentais: conceito, função e tipos*. São Paulo: Revista dos Tribunais, 2003.

MATHIEU, Paul; LAURENT, Pierre-Joseph & WILLAME, Jean-Claude. *Démocratie, enjeux fonciers et pratiques locales en Afrique: conflits, gouvernance et turbulences en afrique de l'Ouest et centrale*. Paris: L'Harmattan, 1996.

MATTOS, Adherbal Meira. *Direito internacional público*. 2.ed. Rio de Janeiro: Renovar, 2002.

MAZUOLLI, Valério de Oliveira (org.) *Coletânea de Direito Internacional*. 2.ed. São Paulo: Revista dos Tribunais, 2004b.

MAZZUOLI, Valério de Oliveira. *Direito internacional: tratados e direitos humanos fundamentais na ordem jurídica brasileira*. Rio de Janeiro: América Jurídica, 2001.

MAZZUOLI, Valério de Oliveira. *Tratados internacionais: comentários à Convenção de Viena de 1969*. 2.ed. São Paulo: Editora Juarez de Oliveira, 2004a.

MÉDECINS SANS FRONTIÈRES. *Conflits en Afrique: analyse des crises et pistes pour une prévention. Rapport de la Commission "Régions Africaines en crise"*. Bruxela: Grip, 1997.

MÉDECINS SANS FRONTIÈRES. *RDCONGO: Silence on meurt: Témoignages*. Paris: L'Harmattan, 2002.

MEIRA MATTOS, Adherbal. *Direito internacional público*. 2.ed. Rio de Janeiro: Renovar, 2002.

MELLO, Celso D. de Albuquerque. *Curso de direito internacional público*. v.1, 14.ed. Rio de Janeiro: Renovar, 2002.

MELLO, Celso D. de Albuquerque. *Direito constitucional internacional*. 2.ed. Rio de Janeiro: Renovar, 2000.

MESTRE-LAFAY, Frédérique. *L'Organisation des Nations Unies*. 17 ème édit. Paris: Presses Universitárias de France, 2004.

MINHOTO, Antonio Celso Baeta. *Globalização e direito: O impacto da ordem mundial global sobre o direito*. São Paulo: Juarez de Oliveira, 2004.

MONBIOT, George. *A Era do consenso*. Rio de Janeiro: Record, 2004.

MORGENTHAU, Hans Joachim. *A política entre as nações: a luta pelo poder e pela paz*. Brasília: Editora Universidade de Brasília, Imprensa Oficial do Estado de São Paulo, Instituto de Pesquisa de Relações Internacionais, 2003.

M'POYO KASA-VUBU, Justine. *Douze mois chez Kabila (1997-1998): pour comprendre le Congo. Un voyage au paradis et en enfer*. Bruxelas: Édition Le Cri, 1998.

NEVES, Marcelo. "Do consenso ao dissenso: o Estado democrático de direito a partir e além de Habermas". In: *Democracia hoje: novos desafios para a teoria democrática contemporânea*. Brasília: Editora Universidade de Brasília, 2001.

ORGANIZAÇÃO DA UNIDADE AFRICANA (OUA). Disponível em: www.fd.uc.pt/CI/CEE/OI/OUA/Ficha-oua.htm. Acessado em: 25/11/2005.

PAUPÉRIO, Arthur Machado. *Teoria democrática da soberania*. Rio de Janeiro: Forense Universitária, 1997

PECEQUILO, Cristina Soreanu. *Introdução às relações internacionais. Temas, atores e visões.* Petrópolis: Vozes, 2004.

PEREIRA, José Maria Nunes. "A integração regional na África". In: BRIGADÃO, Clóvis (org.). *Estratégias de negociações internacionais: uma visão brasileira.* Rio de Janeiro: Aeroplano, 2001. p.153-174.

POURTIER, Roland. "L'Afrique Centrale dans la tourmente: les enjeux de la guerre et de la paix et alentour". In: HÉRODOTO. *Revue de géographie et de géopolitique.* n. 111, Paris: La Découverte, 2003.

PRUNIER, Gérard. *Rwanda, 1959-1996: génocide.* Paris: Dagormo, 1997. 514p.

QUOC DINH, Nguyen; DAILLIER, Patrick & PELLET, Alain. *Droit International Public.* 7.ed. Paris: Librairie Générale de Droit et de Jurisprudence, E.j.A., 2002.

RANGEL, Vicente Marotta. *Direito e relações internacionais: textos coligidos, ordenados e anotados* (com prólogo). 7.ed. São Paulo: Revista dos Tribunais, 2002.

RASI, Humberto M. *Onde na Terra está o Terceiro Mundo.* Disponível em: www.dialogue.adventist.org/articles/09_1_rasi_pp.htm. Acessado em: 28/11/2005.

RAWLS, John. *O direito dos povos.* trad. Luis Carlos Borges. São Paulo: Martins Fontes, 2001.

RÉMOND, René. *O século XX: de 1914 aos nossos dias.* São Paulo: Cultrix, 2004.

REYNTJENS, Filip. *La guerre des Grands Lacs: allianes mouvantes et conflits extraterritoriaux en Afrique centrale.* Paris: L'Harmattan, 1999.

REZEK, José Francisco. *Direito internacional público: curso elementar.* 9.ed. São Paulo: Saraiva, 2002.

RIBEIRO, Fernando Armando. *Conflitos no Estado constitucional democrático: por uma compreensão jurídica da desobediência civil.* Belo Horizonte: Mandamentos, 2004.

ROCHE, Jean-Jacques. *Théories des relations internationales.* 4.ed. Paris: Montchrestien, 2001.

ROCHE, Jean-Jacques & DAVID, Charles-Philippe. *Théories de la sécurité.* Paris: Montchrestien, 2002.

RODRIGUES, Simone Martins. *Segurança internacional e direitos humanos: a prática da intervenção humanitária no pós-Guerra Fria.* Rio de Janeiro: Renovar, 2000.

RODRIGUES, Vitor Marcelo Aranha Afonso. *Temas de direito internacional.* Rio de Janeiro: Impetus, 2003.

ROSENEAU, James N. & CZEMPIEL, Ernst-Otto (orgs.). *Governança sem governo: ordem e transformação na política mundial.* Brasília: UNB, 2000.

ROULOT, Jean-François. *Le crime contre l'humanité.* Paris: L'Harmattan, 2002.

ROUSSEAU, Jean-Jacques. *Do contrato social: princípios de direito político.* Tradução e comentários de J. Cretella Jr. e Agnes Cretella. São Paulo: Revista dos Tribunais, 2002.

SAMPAIO, José Adércio. "O retorno às tradições: a razoabilidade como parâmetro constitucional". In: SAMPAIO, José Adércio Leite (org.). *Jurisdição constitucional e direitos fundamentais.* Belo Horizonte: Del Rey, 2003.

SEITENFUS, Ricardo Antônio Silva. *Manual das organizações internacionais.* Porto Alegre: Livraria do Advogado, 1997.

SEITENFUS, Ricardo Antônio Silva. *Relações internacionais.* Barueri: Manole, 2004.

SILVA, Carlos Augusto Canêdo Gonçalves da. "A proteção jurídica internacional contra o terrorismo e o tribunal penal internacional". In: BRANT, Leonardo Nemer Caldeira. (coord.) *Terrorismo e Direito: os impactos do terrorismo na comunidade internacional e no Brasil: perspectivas politico-jurídicas.* Rio de Janeiro: Forense, 2003. p.239-55.

SILVA, José Afonso da. *Curso de direito constitucional positivo.* 11.ed. São Paulo: Malheiros, 1996.

SILVA, Roberto Luiz. *Direito internacional público.* In: GUERRA, Sidney & SILVA, Roberto Luiz (coords.). *Soberania: antigos e novos paradigmas.* Rio de Janeiro: Freitas Bastos, 2004.

SINDJOUN, Luc. *Sociologia des Relations Internationales Africaines.* Paris: Karthala, 2002.

SMITH, Dan. *Atlas des guerres et des conflits dans le monde: peuples, puissances militaires, espoirs de paix.* Brighton: Myriad, 2003.

SOARES, Guido Fernanda Silva. *Curso do direito internacional público.* 2.ed. São Paulo: Atlas, 2004.

STRENGER, Irineu. *Relações internacionais*. São Paulo: LTr, 1998.

TRINDADE, Antônio Augusto Cançado. *Direito das organizações internacionais*. 2.ed. Belo Horizonte: Del Rey, 2002.

TRINDADE, Antônio Augusto Cançado. *O direito internacional em mundo em transformação*. Rio de Janeiro: Renovar, 2002.

VAISSE, Maurice. *As relações internacionais desde 1945*. Lisboa: Edição 70, 1996.

VERSCHAVE, François Xavier. *La Françafrique: le plus long scandale de la République*. Paris: Stock, 2003.

VERSCHAVE, François Xavier. *Noir silence: qui arretera la Françafrique?* Paris: Lês Arênes, 2004.

VILLERS, Gauthier de. "Les crises chroniques et leurs causes: le cas du Zaïre". In: *Conflits en Afrique: analyse des crises e pistes pour une prévention*. Bruxella: Grip, 1997.

VILLERS, Gauthier de & WILLAME, Jean-Claude. *République Démocratique du Congo: chronique politique d'un entre-deux-guerres*. Paris: L'Harmattan, 1998.

VILLERS, Gauthier de & WILLAME, Jean-Claude. *République Démocratique du Congo: chronique politique d'un entre-deux-guerres, actobre 1996-juillet 1998*. Cahiers Africains, n. 35-6. Paris: L'Harmattan, 1998.

VIOTTI, Paul & KAUPPI, Mark V. *International relations theory: realism, pluralism, globalism*. 3.ed. Boston: Allyn & Bacon, 2003.

WAISBERG, Tatiana. *Do direito de legítima defesa do Estado contra Estados patrocinadores do terrorismo internacional*. Pontifícia Universidade Católica de Minas Gerais, Belo Horizonte, 2004.

WALTZ, Kenneth Neal. *Teoria das relações internacionais*. Lisboa: Gradiva, 2002.

WANDERLEY JR., Bruno. "A cooperação internacional como instrumento de combate ao terrorismo". In: BRANT, Leonardo Nemer Caldeira (coord.) *Terrorismo e Direito: os impactos do terrorismo na comunidade internacional e no Brasil: perspectivas político-jurídicas*. Rio de Janeiro: Forense, 2003. p.279-97

WILLAME, Jean-Claude. *Banyarwanda et banyamulenge: violences ethniques et gestion de l'identitaire au Kivu,* n. 25. Paris: L'Harmattan, 1997.

ZARTMAN, Ira William. *La résolution des conflits en Afrique*. Paris: L'Harmattan, 1990.

Impressão e Acabamento

Prol EDITORA GRAFICA